성서의 현장을 찾아서

Israel
이스라엘
성지순례 가이드북

성서의 현장을 찾아서

Israel
이스라엘
성지순례 가이드북

예수님은 역사다! 성경과 성지순례는 아는 만큼 보인다

부록
요르단 수록

이철규 | 지음
장흥길 | 감수

보리별

머리말

Israel

예수님은 팩트다

"하나님께서 창조하신 이 세상에서 나의 빛과 소금의 역할은 무엇일까?" 라는 질문에 저는 이 책으로 응답하고 싶습니다.

이스라엘을 처음 알게 되었던 1994년은 저에게 커다란 인생의 전환점이었습니다. 이전에는 성경 말씀이 팩트라는 것에 대한 강한 믿음이 없었습니다. 그러나 갈릴리호수의 모습을 처음 보는 순간 제 마음에 막혔던 신앙의 갈증이 확 풀리는 것을 경험했습니다. 무지했던 제가 예수님께서 십자가를 지고 가신 고난의 길을 총 700회 이상 걷고, 매년 수천 명의 성지순례 단체를 행사하면서 이제는 믿음의 확신을 갖게 되었습니다. 그동안 이스라엘에 거주하면서 체험하고 축적했던 경험들을 성지순례를 생각하시는 분들과 함께 나누고 싶습니다.

이 책은 교회, 교역자 모임, 선교단체 등 성지순례를 준비하시는 분들에게 필요한 최적의 솔루션을 제공하여 더욱 은혜로운 순례의 길잡이가 되고자 합니다.

하나님과 함께하는 여행이 성지순례다

예전부터 성지순례 가이드북을 만들어 달라는 요청을 제법 받았습니다. 그때마다 '선수는 책을 만들지 않고 라이브로 전달한다'는 핑계로 미뤘습니다.

 그러나 이스라엘 정부 공인 가이드이자 기독교 성지순례 전문가로서 성지순례를 좀더 현장감 있게 전달하는 하나의 가이드북이 필요하다는 시대의 요청 앞에 이 책을 출간하게 되었습니다.

 현재 우리나라 기독교인 중에서 성지순례를 경험하지 못한 분이 85% 이상이나 됩니다. 그중에는 현재 이스라엘의 정세가 불안해서 미루는 분이 계시기도 하고, 아직은 부족한 믿음이 더 자라야 갈 수 있다는 분도 계십니다. 그러나 그런 걱정은 안 하셔도 됩니다. 성지순례를 목적으로 정해진 길만 다니면 별일 없이 안전하게 다니실 수 있습니다. 믿음이 부족한 분은 성지순례를 통해 믿음이 더욱 굳건해질 것입니다.

 예수님을 영접하지 못하고 부정했던 불신자가 친구와 같이 이스라엘 여행을 와서 주님의 자녀가 되는 것을 경험했습니다. 같은 교회를 40년 이상 섬겼던 목사님과 성도님들이 성지순례를 통하여 좀더 폭넓고 다양하게 서로를 이해하며, 주 안에서 합력하여 선을 이루는데 결단하는 모습을 경험했습니다.

 입시와 취업으로 무거운 짐을 진 우리의 청소년들이 성지순례를 통하여 진정 주님이 원하시는 사명과 비전을 품고 세상에 담대히 나가려고 다짐하는 것도 보았습니다. 췌장암 선고를 받고 앞으로 여생이 2달 미만으로 남았지만, 열흘을 주님과 남편과 함께 성지순례를 해보고 싶다며 힘든 몸을 이끌고 오신 한 권사님이 생각납니다. 그분은 성지순례를 잘 마치고 주님 곁으로 평안히 가셨습니다.

 성지순례를 39번이나 오신 신학대 대학원장님께 "이렇게 많이 오시면 지겹지 않으세요?"라고 질문을 드렸더니, "예수님이 계셨던 그 장소예요. 지겹지 않고 또 오고 싶어요"라고 대답하셨던 기억이 납니다. 저는 신학대 대학원장님의 말씀에 공감하고 있습니다. 왜냐하면 그 말씀의 의미를 알 수 있으니까요. 저는 갈릴리호수에 수백 번 방문하는 커다란 은혜를 받았습니다. 그런데 놀랍게도 한 번도 지겹다는 생각이 들지 않았습니다. 하나님의 아들 예수 그리스도와 여행하는 성지순례는 우리에게 영적으로, 육적으로 많은 회복과 비전을 제시하는 구체적인 방법이라고 확신합니다. 이 책이 여러분의 성지순례에 도움이 되시기를 바랍니다.

그리고 이스라엘 성지순례 가이드북이 만들어지기까지 많은 도움을 주신 분들께 진심어린 감사를 드립니다. 애써주신 김수현 편집장님, 글을 더욱 돋보이게 만들어주신 신유민 디자인실장님, 예루살렘투어스의 주상욱 대표님께 깊은 감사를 드립니다. 또한 예루살렘에서 살고 있는 사랑하는 부인 서현주와 아들 이우진, 지금도 중보해주시는 전 세계 신

앙의 동반자분들께 감사의 말씀을 전하고 싶습니다. 이 책이 나오기까지 응원하시고 관심 가져주신 여러분들이 이 책의 또 다른 주인입니다. 감사합니다.

마지막으로 이 세상 모든 것의 창조주이신 하나님께 영광을 돌리고 싶습니다. 아멘

추천의 글

필자가 저자를 알고 지낸 지는 십수 년이 되었다. 2005년 9월, 필자는 섬기고 있는 장로회신학대학교가 교수에게 부여하는 연구학기를 맞이하여 대학 부설 성지연구원이 세운 예루살렘 성지연구소 파견교수로 4개월 동안 예루살렘에 머무르면서 성지를 연구하고 답사하였다. 그때 필자가 출석하던 이스라엘 한인교회에서 저자를 처음 만났다. 필자의 기억에 의하면, 저자와 그 부인 서현주는 한인교회의 집사로 교회를 정성껏 섬기고 있었다. 필자가 아는 한, 두 분은 성지를 좋아하는 애호가이자, 이를 열심을 다해 소개하는 성실한 안내자이며, 하나님의 복음을 전하는 신실한 전도자이다.

2018년 새해 벽두에 저자는 이스라엘 성지순례를 위한 안내서를 출판하게 되었다. 이는 참으로 축하하지 않을 수 없는 경사다. 본서는, 한 마디로 말하면, 현장 경험이 풍부한 저자가 한국교회의 성지 순례객들에게 실용적으로 이스라엘의 성지를 소개하고 안내하는 '여행 가이드북'이자 '성지순례핸드북'이다. 저자는 이스라엘 현지 여행사를 오랫동안 운영한 경험이 있는 베테랑 경영인이며, 이스라엘 관광청의 안내 허가증을 소지하고 있는 정식 가이드이자, 장기간 성지순례를 안내한 경험이 풍부한 성지안내 분야의 달인이다. 무엇보다도, 이스라엘 한인회장을 지낸 저자는 진실하고 성실하며, 다른 사람을 섬기는 일에도 탁월하다.

본서는 총 3부로 구성되어 있다. 제1부는 성지순례에 필요한 준비사항을, 제2부는 이스라엘 성지에 대한 안내를, 제3부는 현대 이스라엘 이해를 위한 참고

자료를 다루고 있다. 말미에는 요르단의 주요 성지를 소개하는 부록을 첨가하여 이스라엘뿐 아니라 '요단 건너편$^{Trans-Jordan}$' 땅의 주요 성지를 다룸으로써, 이스라엘과 요르단을 함께 방문하는 여행자들에게 도움을 준다. 이 책의 특징으로는, 현장성, 편의성, 실용성, 가독^{可讀}성을 들 수 있다. 간단하게 풀어서 말하면, 이 책은 읽기가 쉽고, 내용도 너무 어렵지 않고, 유적지를 방문할 때 현장감 있게 고려되어 있을 뿐 아니라, 독자가 실제 유용하게 이용할 수 있는 성지 안내서이다.

끝으로, 본서가 세상에 나와 빛을 볼 수 있음을 필자는 기쁘게 생각하며, 이 책을 저술하신 이철규 님에게 축하를 드리고 심심한 감사를 표하고 싶다. 우리가 알고 있는 것처럼, 책은 단순한 지식을 모아둔 글모음이 아니다. 그것은 저자의 사상과 신앙과 삶의 결정체^{結晶體}이다. 이 책에는 저자의 믿음과 삶, 앎과 실천, 관심과 사상이 담겨 있다. 성지를 방문하고 순례하고 답사하는 한국교회 교인이라면 누구에게든지 일독^{一讀}을 권하고 싶다. 좋은 책을 읽게 한 저자에게 박수갈채를 보내며, 그 삶을 응원한다. 물론, 이 찬사는 "모든 영광은 오직 하나님께$^{Soli\ Deo\ gloria}$"라는 대전제 아래서다. 할렐루야!

2018년 무술년 광나루에서
이 책을 추천하는 이 **장홍길**
(장로회신학대학교 교수, 한국성서학연구소장)

차례

- 머리말 5
- 추천의 글 8

1부 성지순례, 그 준비부터가 시작 16

1장 성지순례 준비 19

1. 성지순례를 어디로 갈까? 19
   - 성지순례 하면 이스라엘! 19
   - 이스라엘 성지순례는 얼마 동안 가는 게 좋을까? 20

2. 이스라엘 성지순례를 바르게 이해하기 20
   - 성지순례를 사전에 올바르게 이해하자 20
   - 가족과 주변 지인들에게 올바른 이스라엘 정보를 알려주자 21
   - 성경 말씀 묵상 21

3. 성지순례 전 준비해야 할 사항 22
   - 하루 10,000걸음 걷기 운동 22
   - 사전에 건강 체크는 필수 22
   - 성지답사 준비물 안내 23
   - 성지순례에 맞는 복장 26

4. 성지순례 전 알아야 할 사항 27
   - 텔아비브 공항으로 입국 27
   - 텔아비브 공항에서 출국 28
   - 성지순례 여행사 어디로 알아봐야 하나? 30

2장 역사의 땅 이스라엘 33

1. 이스라엘 33
2. 언어 35
3. 종교 36
4. 세겔 38
5. 지도 39
6. 음식 42

7. 가나 68
   - 혼인 잔치 기념교회 69
8. 티베리아스 71
9. 다볼산 73
10. 악고 77
11. 로쉬하니크라 81
12. 욥바 83
13. 찌포리 84

2장 갈릴리호수 (예수님 사역의 길) 89

1. 가버나움 91
2. 팔복교회 98
3. 오병이어 교회 101
4. 베드로 수위권 교회 104
5. 벳새다 107
6. 거라사 108
7. 고라신 109
8. 막달라 112

2부 성지순례, 그곳이 거기 있음에 44

1장 텔아비브에서 티베리아스까지 (복음 전파의 길) 47

1. 텔아비브 47
2. 가이사랴 50
3. 갈멜산 55
4. 하이파 57
5. 므깃도 58
6. 나사렛 62
   - 수태고지 교회 63
   - 요셉 교회 67
   - 회당 교회 67
   - 절벽산 67
   - 나사렛 빌리지 68

3장 텔단에서 헬몬산까지 (베드로의 신앙 고백의 길) 115

1. 텔단 115
2. 가이사랴 빌립보 118
3. 하솔 120
4. 헬몬산 122

4장 요단계곡과 사해
(예수님께서 세례받으신 길) 127

1. 요단강 세례터 127
2. 여리고 129
   - 텔여리고 130
   - 엘리사의 샘(술탄의 샘) 131
   - 시험산 전망대 132
   - 삭개오의 뽕나무(돌무화과나무) 134
3. 쿰란 136
4. 엔게디 142
5. 마사다 144
6. 사해 149
7. 벧산 153
8. 하롯샘 155

5장 아라드에서 사마리아
(중앙 산지로 가는 길) 157

1. 아라드 157
   - 텔아라드 157
2. 헤브론 159
   - 막벨라 굴 160
3. 베들레헴 162
   - 예수 탄생 기념교회 162
   - 목자들의 들판교회 166
4. 기브온 167
5. 기브아 169
6. 벧엘 170
7. 실로 171
8. 세겜 174
   - 텔발라타 175
   - 그리심산 177
   - 야곱의 우물 기념교회 178
9. 사마리아 180

6장 예루살렘 (예수님 고난의 길) 183

✡ 성전산 185
   - 예루살렘 성전 185
   - 황금돔 189
1. 올드시티 191
   - 다메섹문(세겜문) 193
   - 헤롯문(꽃문) 194
   - 스데반문(사자문) 195
   - 황금문(자비의 문) 196
   - 분문(오물문) 197
   - 시온문 197
   - 욥바문 198
   - 새문 198
2. 베데스다 못, 성안나 교회 199
3. 십자가의 길(비아 돌로로사) 201
   - 1지점. 본디오 빌라도 법정 204
   - 2지점. 가시면류관 쓰고 채찍 맞으신 장소 205
   - 3지점. 처음 쓰러지신 장소 206
   - 4지점. 어머니를 만나셨던 장소 207
   - 5지점. 구레네 시몬이 대신 십자가를 진 장소 208
   - 6지점. 베로니카가 예수님의 땀을 닦아준 장소 209
   - 7지점. 두 번째 쓰러지신 장소 210
   - 8지점. 예루살렘의 여인들을 위로하신 장소 210
   - 9지점. 골고다 언덕 앞에서 세 번째 쓰러지신 장소 212
   - 10지점. 예수님을 십자가에 못 박기 위해 옷을 벗긴 장소 212
   - 11지점. 손과 발에 못 박히신 장소 214
   - 12지점. 십자가에 달려 운명하신 장소 214
   - 13지점. 운명하신 예수님을 십자가에서 내린 장소 217
   - 14지점. 부활하신 장소 217

4. 성묘교회, 골고다 언덕 218
5. 통곡의 벽 222
6. 성전산 지하터널 226
7. 다윗성 227
8. 기혼샘 229
9. 히스기야 터널 230
10. 실로암 못 232
11. 워렌의 수갱 232
12. 오펠 233
13. 번트하우스 233
14. 시드기야 동굴 233
15. 정원 무덤 235

✡ 감람산 238
1. 승천교회 240
2. 주기도문 교회 241
3. 눈물교회 245
4. 겟세마네 동산(만국교회) 247

✡ 시온산 252
1. 마가의 다락방 252
2. 다윗왕의 가묘 254
3. 베드로 통곡 교회 256

✡ 그 외 지역 258
1. 이스라엘 박물관 258
2. 육백만 학살 추모 기념관(야드바쉠) 260
3. 엔케렘 261
4. 세례 요한 탄생 교회 262
5. 마리아 방문 교회 263

7장 예루살렘에서 브엘세바까지
(다윗이 도피했던 길) 267

1. 나비 사무엘 267
2. 엠마오 268
3. 벧세메스 269
4. 엘라 골짜기, 아세가 270

5. 아둘람 272
6. 벧구브린(마레사) 274
7. 라기스 278
8. 브엘세바 279
   📍 텔브엘세바 279

8장 네게브광야
(말씀의 기억을 찾아가는 길) 283

1. 아브닷 283
   📍 에인 아브닷 284
2. 맘쉬트 286
3. 미츠페라몬 286
4. 팀나 국립공원 287
5. 에일랏 290
   📍 코랄비치 국립공원 292
   📍 홍해 수족관 292

3부 이스라엘, 그곳을 알고 싶다 294

1. 역사 연표 297
2. 정치와 외교 307
3. 경제 309
4. 교육 312

부록 성서의 땅 요르단 315

1. 마다바 317
2. 느보산 319
3. 암만 322
4. 제라쉬 323
5. 아르논 골짜기 327
6. 모세의 샘 328
7. 페트라 330
8. 와디럼 336

① 성지순례,
그 준비부터가 시작

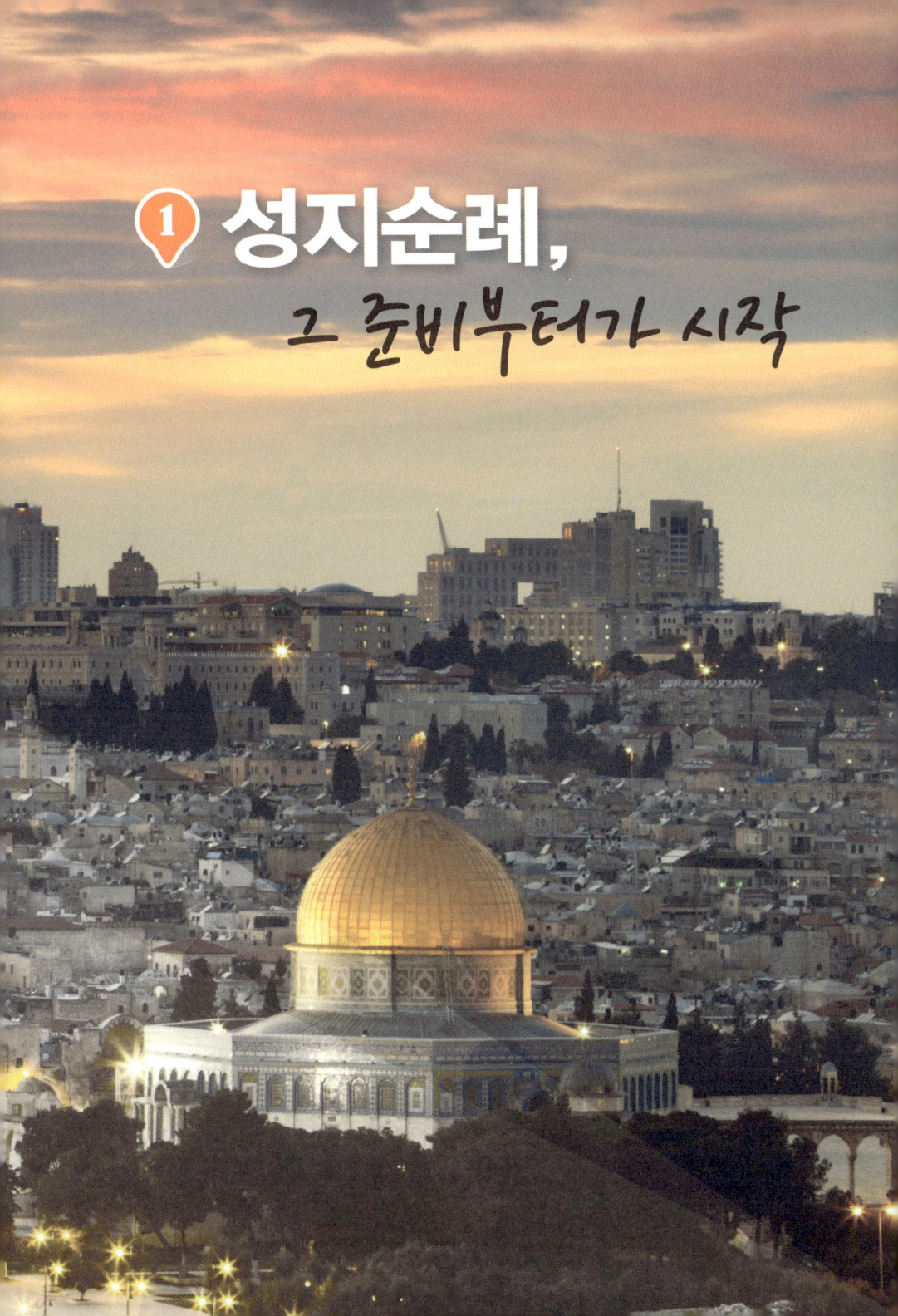

1장 성지순례 준비

성지순례는 하나님을 믿는 신앙인들이 이천 년 전 인류의 구원자인 예수님의 흔적을 따라 여행하면서 자신의 신앙을 돌아보고 더욱 하나님께 가까이 가고자 하는 복음의 여행이다. 일반 관광이 대단한 자연과 유명한 건축물 그리고 문화 예술을 보면서 감탄하며 즐거움을 추구하는 여행이라면, 성지순례는 고행이며 진부한 여행일 수 있다. 그러나 기독교 신앙인들에게 성지순례는 하나님께로 받는 선물이다. 성경의 땅(오늘날 이스라엘 외 다수 국가)을 방문하여 성경 말씀을 묵상하고, 그 현장에서 전해 내려오는 역사와 배경을 올바른 신앙의 해석으로 듣는 것이야말로 하나님의 축복이고 은혜이다.

다음은 성지순례 하는 분들이 가장 많이 하는 질문을 모은 것이다. 잘 준비하여 은혜로운 순례가 되기를 바란다.

1. 성지순례를 어디로 갈까?

📍 성지순례 하면 이스라엘!

'성지순례' 하면 크게 구약, 신약, 종교개혁의 3가지 코스로 나뉜다. 우선 '구약 코스'는 하나님의 인도하심으로 애굽을 떠나 약속의 땅 가나안으로 가는 모세의 출애굽 여정을 모티브로 한다. 이집트를 시작으로 이스라엘과 요르단으로 이어지는데, 최근에는 이집트의 여건이 불안하여 이스라엘 일주나 이스라엘과 요르단을 함께 하는 코스로 바뀌고 있다. '신약 코스'는 소아시아 전도여행으로, 사도 바울과 믿음의 동역자들이 함께 떠난 그 발자취를 따라가는 여정이다. 터키와 그리스를 위주로 하지만, 추가로 이탈리아의 로마에서 순교한 사도 바울의 마지막 전도여행지까지 순례하기도 한다. 끝으로 '종교개혁 코스'는 마틴 루터, 얀 후스, 울리히 츠빙글리, 장 칼뱅, 존 웨슬리 등과 같은 유럽의 종교개혁자들의 숨결을 찾아 걷는 여정으로, 독일, 체코, 스위스, 프랑스, 영국 등의 현장을 찾아다닌다.

그중에서도 성지순례 하면 제일인 곳이 역시 '이스라엘'이다. 구약과 신약의 배경이며 예수님의 탄생과 죽음 그리고 부활의 장소이기 때문이다.

📍 이스라엘 성지순례는 얼마 동안 가는 게 좋을까?

이스라엘 성지순례는 아무리 짧아도 3박 4일 이상 머무는 것이 좋다. 예루살렘 지역 2박, 갈릴리 지역 1박을 하면 핵심 장소를 순례할 수 있다. 그리고 이스라엘 완전일주 코스는 대략 1주일 이상의 시간이 필요하고, 이스라엘, 요르단 2개국을 순례하는 경우에는 약 8일에서 11일의 일정이 일반적이다. 이외에 이스라엘에 업무출장과 기타 사유로 인해서 잠시 머무는 분들이 있다면 하루 정도는 시간을 만들어 예루살렘을 꼭 순례하길 바란다.

2. 이스라엘 성지순례를 바르게 이해하기

📍 성지순례를 사전에 올바르게 이해하자

가는 장소마다 보이는 교회와 나무, 돌 등이 예수님 때에도 있었는지 물어

보며 관심을 갖는 순례객이 있다. 예수님의 사역은 지금으로부터 이천 년 전에 있었던 오래된 역사적 사실이다. 예수님께서 계셨던 시대와 똑같은 유적이나 건물은 그리 많지 않다. 따라서 성지순례 장소에서는 역사적 배경과 자연환경을 경험하면 좋다. 성서적 배경의 지형과 지리를 올바르게 확인한다면 진리에 더욱 다가갈 수 있다. 특히 눈으로만 보지 말고 직접 만지고, 체험하고, 걸어보고, 기도하자. 순례할 때 내 마음에 동행하시는 성령 하나님께서 더 깊게 많은 것을 보여주실 것이다.

성지순례는 여러 번 오는 것이 유익하다. 나는 늘 최소 네 번을 와야 이스라엘을 좀더 알 수 있다고 말한다. 주변에 아는 장로님들은 "세 번 이상은 와서 봐야 성지순례에 대한 하나님의 뜻을 좀더 알 것 같다"라고 말씀하신다.

📍 가족과 주변 지인들에게 올바른 이스라엘 정보를 알려주자

한국에서 뉴스를 보면 이스라엘은 항상 전쟁과 테러만 있는 나라다. 자연히 이스라엘 성지순례를 가려고 하면 가족과 주변 아는 분들의 거센 만류에 내 마음도 흔들린다. 이스라엘은 주변 국가와 전면전 상태가 아니면, 치안상태가 좋은 나라다. 특히 단체 순례객은 치안이 민감한 지역은 피하고 안전한 지역 위주로 다닌다. 오히려 이스라엘 사람들은 자기 나라는 안전한데 한반도 국제정세가 불안하다고 대한민국을 늘 걱정해주고 있다. 그래도 우려가 된다면 주한 이스라엘 관광성 인터넷 홈페이지나 재 이스라엘 한인회와 같이 이스라엘에 사는 교민들의 모임에 확인해도 좋다.

📍 성경 말씀 묵상

성지순례는 성경의 말씀을 모두 포함하고 있어서 매우 방대한 시공간을 다루는 집중코스이다. 시간이 된다면 성경 전체를 일독하고 오면 좋다. 현실상 어렵다면 최소한 신약성경의 마태복음, 마가복음, 누가복음, 요한복음 (4복음서라 명칭)과 사도행전을 필독하고 오면 영적인 은혜가 더할 것이다.

3. 성지순례 전 준비해야 할 사항

📍 하루 10,000걸음 걷기 운동

이스라엘을 순례할 때 예루살렘 지역은 하루 평균 15,000걸음, 그 외 지역은 하루 평균 10,000걸음을 걷게 된다. 발로 걸으면서 순례하는 여정은 좋지만, 평상시에 준비를 안 하면 정말 고생한다. 때문에 성지순례를 결정하는 순간 하루 평균 10,000걸음은 필수다.

이전에 95세 장로님과 92세 권사님들과 같이 순례한 경험이 있다. 그분들은 이날을 위해 하루도 빠짐없이 3년 동안 준비하셨다는 말씀을 하셨다. 성지순례 비용만 내고 막연하게 '가서 잘 되겠지'라는 안일한 생각은 하지 말고 열정적으로 체력 준비를 잘 하길 바란다.

📍 사전에 건강 체크는 필수

건강검진과 자신이 처한 건강상태를 잘 준비해서 필요한 처방과 조치를 미리 한다. 특히 지병이 있는 분들은 상비약을 미리 준비하고 혹시라도 여행 중에 약을 분실하거나 약이 부족하여 어려움을 겪지 않도록 좀 넉넉하게 약을 준비하여 최소한 두 군데 이상 분리해 보관하길 바란다.

순례 중에도 체력이 힘든 경우에는 무리하게 일정을 진행하지 말고 여행사 인솔자나 현지 가이드에게 상황을 설명하고 적절한 조치를 받길 바란다.

📍 성지답사 준비물 안내

■ 시차

이스라엘은 한국보다 7시간이 늦다. 단, 서머타임이 시작되는 3월 마지막 일요일에서 서머타임이 끝나는 10월 마지막 일요일까지는 6시간이 늦다.

서머타임 전 : 7시간 차이	예) 한국 오후 10시 (이스라엘 오후 3시)
서머타임 : 6시간 차이	예) 한국 오후 10시 (이스라엘 오후 4시)

■ 가방

메인가방	하드 및 소프트 케이스
보조가방	백팩 또는 크로스 백

■ 복장

속 옷	
긴 바 지	
여 벌 옷	필요한 만큼 준비
양 말	
긴팔셔츠	
점 퍼	기내 및 버스에서 사용
신 발	운동화 등 걷기 편한 신발

■ 세면도구

비누/샴푸	
수 건	호텔에 비치되어 있음
목욕수건	
치약/칫솔	개인준비
슬 리 퍼	

화 장 품	개인준비
면 도 기	필요한 분만 준비
무스/젤	
드라이기	

■ **약품**

상비약	개인준비(영문 진단서 지참 추천)
생리용품	개인준비

■ **노트 / 필기구 / 도서류**

다이어리	개인준비
펜	
성 경	휴대하기 편한 것으로
읽을거리	개인준비

■ **먹거리**

고 추 장	튜브용으로
마른반찬	멸치볶음, 김, 깻잎 통조림 등
비 타 민	필요한 만큼 준비
스 낵	간식거리(땅콩, 과자, 사탕, 육포 등)
컵 라 면	필요한 분만 준비(with 젓가락)

■ **중요품**

여 권	필수(유효기간 확인 요망)
항 공 권	출발 전 메일 발송 또는 공항에서 직접 전달
신 분 증	개인준비(해외에서는 여권 사용)
사 진	여권 분실 시 재발급용 사진(2매)
한화/달러	교통비, 비상금/소액권 위주로 준비(비상 주머니에)
환 전	환전 달러($)나 이스라엘 화폐인 세켈(NIS)로 환전

신용카드	비상용 또는 쇼핑할 때 사용가능

■ 기타

선글라스	강한 햇빛으로부터 눈 보호
선 크 림	강한 햇빛으로부터 피부 보호
계 산 기	쇼핑 시 환율계산 등 사용
비 닐 팩	빨래, 젖은 옷(사해, 온천 시 사용) 등 보관
화 장 지	여행용 물티슈(추천)
전 대	현찰 보관 시 유용
우산/양산	소형
선 물	여권커버, 수하물 네임텍(출발 전 발송)
손목시계	개인준비
타 월	사해 수영 또는 온천 시 필요(개별 준비)
수 영 복	
충 전 기	휴대폰, 노트북, 카메라 충전 시 필요
국제 콘센트	전기용품 사용 시 필요
카 메 라	필요하신 분만 준비
모 자	사방으로 챙이 넓은 모자(햇빛가리개로 용이)
생 수	개별적으로 구입하는 생수비(물) - 1$ 준비

■ 기내 반입 금지 물품

금지 물품	과도, 액체류, 건전지, 가위, 스프레이 등

참고로, 이스라엘에 와서 옷을 입을 때는 양파 같아야 한다. 안에 얇은 옷을 입고 그 위에 겉옷을 입어서 더울 때는 벗고, 추울 때는 입는 것이 좋다. 신발은 걷는 일정이 있으니까 잘 미끄러지지 않는 운동화 종류가 좋고, 자외선이 강한 곳이므로 선글라스, 양산, 모자 등도 잘 챙겨야 한다.

📍 성지순례에 맞는 복장

이스라엘의 계절은 크게 건기와 우기로 구분된다. 이스라엘은 경상북도 크기의 땅임에도 갈릴리 고원 지대에서 네게브의 건조한 사막지대까지, 골란 고원의 헬몬산(2,814m, 이스라엘 점유 최고봉은 2,236m)에서 사해(해수면 -431m)까지 다양한 지리적 조건을 갖고 있는 나라다. 따라서 1시간 거리임에도 온도 차가 심하고 일교차가 심해서 4계절 옷이 다 필요한 경우도 있다. 일 년 날씨와 성지순례에 필요한 복장을 월별로 정리하였다. 춥다고 두꺼운 옷만 가져오면 낭패를 보게 되니 잘 참고하길 바란다.

■ 〈계절별〉 성지순례 준비 복장 - 4박 5일 기준

우 기	12월	10~22℃ (초겨울)	패딩 필수, 긴팔 옷 위주 준비, 반팔 옷 2개
	1월	4~15℃ (겨울) 눈도 내림	
	2월	5~16℃ (겨울) 눈도 내림	
우기 끝 건기 시작	3월	8~20℃ (봄) 꽃 만개 시기	패딩 필수, 긴팔/반팔 옷 절반씩 준비
건 기	4월	14~24℃ (봄~초여름)	가벼운 패딩, 긴팔 옷 2개, 반팔 옷 위주 준비
	5월	18~28℃ (초여름)	
	6월	18~30℃ (여름)	긴팔 옷 2개, 반팔 옷 위주 준비
	7월	20~32℃ (한여름)	
	8월	22~34℃ (한여름)	

건 기	9월	20~30℃ (늦여름)	긴팔 옷 2개, 반팔 옷 위주 준비
	10월	18~28℃ (늦여름~초가을)	가벼운 패딩, 긴팔 옷 2개, 반팔 옷 위주 준비
건기 끝 우기 시작	11월	16~26℃ (가을)	가벼운 패딩, 긴팔 옷 2개, 반팔 옷 위주 준비

4. 성지순례 전 알아야 할 사항

◉ 텔아비브 공항으로 입국

인천공항에서 출발하여 텔아비브 벤구리온 공항으로 바로 들어오는 대한항공편은 보안심사가 까다롭지 않지만, 경유 항공편을 이용해서 입국하는 경우에는 간혹 까다롭다. 반드시 출발 전 본인 여권의 유효기간이 남아있는지, 여권에 본인 사인이 되어 있는지 확인해야 하며, 맨 뒷면에 비상 연락망도 기재하여야 한다.

입국심사를 할 때에는 단체 리더의 지시에 잘 따르자

이스라엘 사람이 아닌 외국인들이 대기하는 곳에 줄을 서서 자신의 순서가 되면 긴장하지 말고 여권을 제시하자. 그리고 영어로 "그룹^{Group}"이라고 하고 대기하자. 추가로 호텔이나 머무는 기간 등을 영어로 물어볼 수 있으니, 영어가 가능하면 최대한 친절하게 대답해 주어야 한다. 뭐 이렇게 많이 물어보냐며 기분 나쁜 표정으로 불성실하게 대답하는 비협조적인 태도는 오히려 나에게 불리한 결과를 줄 수 있다. 꼭 명심하자. 공항과 국경은 내 맘대로 안 되는 곳이니 최대한 친절하게 협조하도록 하자. 입국심사 후에 주는 명함 크

기의 파란색 비자카드는 잘 보관하고 있다가 나중에 출국할 때 출국심사대에 제시하면 된다.

세관검사

이스라엘 공항 안에는 두 가지의 세관검사 통관대가 있다. 녹색 통관대는 사전 신고가 필요 없는 물품을 소지했을 경우이고, 적색 통관대는 사전 신고가 필요한 물품을 소지했을 경우이다. 신고할 물품이 없다면 녹색 통관대로 나가면 된다.

◉ 텔아비브 공항에서 출국

이스라엘에서는 보안이 중시되는 곳이므로 무기, 화약류, 마약, 노트북 컴퓨터, 식료품 등이 없으면 비교적 통관이 쉽다. 성지순례 단체 중에 간혹 마이크와 앰프시설을 가지고 오는 경우가 있는데 그럴 때는 공항 출국 시 유의

해야 한다.

 이스라엘은 입국보다 출국이 더 까다롭기 때문에 항공시간보다 최소 3시간 전에 공항에 도착하는 것이 안전하다. 출국 시에는 테러 대비 엄격한 검색과 보안 관계자의 질문 공세가 반복되므로, 공항에 도착하기 전에 단체의 방문 기간, 지역, 중간 이탈자, 개인 가방 소지 유무 등을 잘 기억하고 공항 보안검사에 임하도록 한다. 질문에는 차분히 사실대로 대답하고, 항의를 할 경우 오히려 상황이 악화될 수 있으니 조심해야 한다.

 보안검사과정을 마치고 나면 다른 공항과 마찬가지로 체크인을 하면 된다.

세금 환급 Tax Refund

 이스라엘 내에서 면세품을 구입하거나, 이스라엘 여행 중 귀금속 등의 고가품을 구입했을 때에는 면세가 가능한지 확인하고 면세 관련 서류를 요구하도록 하자. 그리고 벤구리온 공항에서의 세금 환급을 받기 위해서는 간단한 2가지 절차가 있다. 어렵지는 않지만 간혹 줄이 길어질 수 있으니 일정의 마지막 날 면세품을 미리 구분하여 정리해 놓자.

 1단계 : 짐을 부치기 전에 'V.A.T REFUND'라고 적힌 카운터에서 면세상품과 영수증을 확인시켜준다. 구매한 면세상품 전부를 검사하지 않지만, 가끔 확인을 요구하고 있으니 면세상품을 소지할 필요가 있다.

 2단계 : 출국 심사대를 통과한 후 길을 따라 내려가서 우측으로 돌아가면 'Tax Refund'라고 적힌 곳이 있다. 이곳에서 달러나 유

로, 이스라엘 통화인 셰켈로 환급 받을 수 있고, 한국 화폐인 원화로도 받을 수 있다.

♥ 성지순례 여행사 어디로 알아봐야 하나?

이스라엘 성지순례는 한국에서 약 5200km 떨어져 있는 먼 지역을 순례하는 것이라 개인이 가볍게 순례하기에는 아직 상황과 비용이 만만치 않다.

오늘날 가장 대중적으로 계획할 수 있는 방법은 교회나 교단 지방회 그리고 여러 기독교 선교단체 단위로 각각 모여서 이스라엘 성지순례를 하는 것이다. 인원은 최소 10명 이상 다양하게 모여서 성지순례를 계획할 수 있다. 반면 소수의 인원인 경우에는 여행사에서 일정 기간을 미리 계획하여 홍보하는 일명 패키지 성지순례 상품을 이용할 수 있다. 최근에는 소규모 인원이어도 패키지 성지순례를 이용하지 않고 순례객끼리 성지순례를 하는 경우도 늘어나고 있다. 인터넷 검색 사이트를 이용하면 해당 소규모 단독 행사 상품도 어렵지 않게 찾을 수 있다.

성지순례는 전문적인 지식과 다양한 성지순례를 기획할 수 있는 여행사인지 잘 판단해야 한다. 예를 들어 성지순례 10일 일정인데 여행사마다 각각 홍보하는 상품과 기획 의도가 달라서 상품가격의 차이가 엄청나게 다를 수 있다. 가격만 싸다고 섣불리 계약하지 말고 나의 상황과 모든 조건을 잘 보고 결정하는 것이 현명하다. 그리고 어디를 가는지, 어디서 자는지 일정표를 꼼꼼하게 점검해야 한다. 여행사의 얼굴은 일정표이다.

성지순례 여행사를 이용하면 좋은 점은 우수한 한국 가이드를 이용할 수 있고 전문적인 지식과 최신 정보를 받을 수 있다는 것이다. 무엇보다 이스라엘 지역은 여행자 보험을 개인이 가입하기에는 까다롭고 쉽지 않다. 하지만 여행사를 통하면 가입이 쉽다. 간혹 단체인데 여행사를 통하지 않고 현지 지인과 다니거나 무작정 다니는 분들을 보게 된다. 그러면 안타까운 마음이 앞서고, 소탐대실이란 사자성어가 생각난다.

최근에는 비용을 줄이려고 내가 직접 항공권을 알아보고 구입한 후에 여행사에 현지 이스라엘의 행사만 알아보는 사람이 있다. 현지 이스라엘에 경험과 장점이 많은 여행사를 선정하면 이 방법도 좋은 트렌드가 될 것이다.

■ **대사관 연락처**

〈주한 이스라엘 대사관〉

주소	서울시 종로구 청계천로 11, 청계11빌딩 18층 (우)03187
연락처	전화: 02-3210-8500 / 팩스: 02-3210-8555 홈페이지: http://embassies.gov.il/seoul 이메일: info@seoul.mfa.gov.il

〈주 이스라엘 한국 대사관〉

주소	6 Hasadnaot St. Herzliya Pituach 4672833
연락처	전화: +972-(0)9-951-0318/22 팩스: +972-(0)9-956-9853 홈페이지: http://isr.mofa.go.kr 이메일: israel@mofa.go.kr

2장 역사의 땅 이스라엘

1. 이스라엘 State of Israel

📍 위치

아시아 서남부에 위치하며, 서쪽으로는 지중해가 있고 남쪽으로는 홍해의 아카바만을 인접하고 있다. 유일한 3개의 대륙(유럽, 아시아, 아프리카)을 연결하는 땅으로 전략적 가치가 많은 곳이다

이스라엘의 위도와 경도는 31°47′N, 35°13′E으로 최북단의 헬몬산이 한국의 마라도와 위도가 동일하다.

📍 면적

20,770km²로 육지는 20,340km²이고, 호수는 440km²이다. 이 수치는 골란고원은 포함시키고, 가자 지구와 요단강 서안 지역은 제외한 면적이다. 그러나 EIU와 같은 국제기관은 이스라엘이 1967년 6일 전쟁과 1973년 대속죄 전쟁 때 점령한 가자 지구, 요단강 서안 지역, 동예루살렘 및 골란고원을 제외한 이스라엘 국가면적을 20,325km²로 명시해놓고 있다. 따라서 우리나라 경상북도의 면적 19,028km²보다 조금 더 큰 것이다.

이스라엘의 가장 높은 산은 헬몬산으로 2,236m이다. 가장 낮은 곳은 −431m인 사해로, 사해는 세계에서 가장 낮은 곳이다. 그리고 가장 긴 강은

요단강으로 252km이고, 요단강의 직선거리는 100km이다. 가장 큰 호수는 1,020km²의 사해이고, 갈릴리호수는 164km²로 그다음으로 넓다.

📍 기후

지중해성 기후이다. 고온건조하며 12월에서 2월은 우기이다. 대표적인 도시 예루살렘은 1월 평균 기온이 섭씨 6.4~11.8도이고, 7월 평균기온이 19.4~29도이다. 텔아비브는 1월 평균 기온이 9.6~17.5도이고, 7월 평균기온이 23~29.4도이다. 그리고 이스라엘 하단부에 있는 에일랏은 1월 평균기온이 9.6~20.8도이고, 7월 평균기온이 25.9~39.9도이다.

📍 수도

수도는 예루살렘Jerusalem이다. 1948년부터 1967년까지는 텔아비브가 수도였으나, 1967년 이후 예루살렘으로 옮겨지게 되었다. 그러나 이스라엘 독립 시 UN은 예루살렘을 국제 지역International Zone으로 발표했기에, 현재까지 이스라엘 주재 각국 대사관은 텔아비브와 인근 지역에 소재하고 있다.

📍 인구

다양한 인종이 살고 있는 이스라엘에는 868만 명 정도가 이스라엘 시민권을 갖고 있다. 이스라엘 시민권을 갖고 있는 사람들을 '이스라엘리'라고 부른다. 그 이스라엘리 중에서 648만 명 정도의 사람이 유태계이고, 180만 명 정도는 아랍계이며, 40만 명 정도가 베두인, 두르즈족과 같은 소수민족들이다. 이와는 별도로 400만 명 정도의 팔레스타인 사람들이 있다. 팔레스타인 사람들이 사는 지역은 가자 지구와 요단 서안 지구이다. 이스라엘은 이 사람들을 정부 차원에서 인구수에 넣지 않는다. 그래서 이스라엘에서 발표한 인구는 2017년 기준으로 868만 명이다.

주요 도시별로 보면 예루살렘에는 약 80만 명, 텔아비브에는 약 40만 명, 하이파에는 약 27만 명이 살고 있다.

○ **건국(독립)일**   1948. 5. 14(유대력 5769년)

이스라엘은 2차 세계대전 후 2000여 년의 방랑 생활을 끝마치고 유엔 안전보장 이사회의 결정으로 나라를 건국하였다.

2. 언어 *Language*

현대 이스라엘에서 주로 사용하는 언어는 오른쪽에서 왼쪽으로 써가는 히브리어와 아랍어인데, 히브리어는 공용어이고, 아랍어는 아랍 소수민의 공식 언어이다.

인사말 *Greeting*

보케르 토브 / בוקר טוב [bo-ker tov]
이스라엘의 아침 인사말이다. '보케르'는 '아침'이고, '토브'는 '하나님이 보시기에 좋았다'는 말이다. '보케르 토브'가 생각나지 않으면 국내에 유명한 관절염약 이름을 생각하면 된다. 보케르 토브는 정오까지 하는 인사다.

샬롬 / שלום [shalom]
일반적인 히브리어 인사말이다. '평화', '평안'이라는 뜻이 있으며, 우리 인사말의 "안녕하세요"에 해당한다.

레히트라오트 / להתראות [le-hi-t-la-ot]
헤어질 때 하는 인사말이다. 우리의 "다시 만나요", 영어의 "see you"에 해당한다.

히브리어는 구약 성서에서 사용하는 사어^{死語}였는데, 19세기 말 '현대 히브리어의 아버지'라고 불렸던 벤 예후다가 소생시켰다. 이스라엘 건국 이후 이민 온 사람들은 그 전에 사용했던 언어를 버리고 애국심에서 히브리어를 배우고 사용했다. 고대 히브리어는 '성스러운 말'이라는 뜻의 '라숀 하 코데쉬'이고, 현대 히브리어는 '이브리트'라고 한다.

아랍어는 이스라엘 내부에 난민으로 남아 있는 아랍계 주민이 총인구의 20%나 되기에 사용하고 있다. 거리에서는 러시아어와 프랑스어로 이야기하는 사람도 쉽게 만날 수 있는데, 그건 러시아계 이스라엘인이 15% 이상 달하고 있고, 건국 이후 프랑스에서 이민 온 사람도 많기 때문이다. 한편 1차 세계대전 이후 30여 년 동안 영국의 신탁 통치가 있었고, 미국에서 건너온 이주민들의 영향으로 영어도 보급되어 있다. 따라서 도로 표지판과 공공장소 표시에는 히브리어, 아랍어와 함께 영어도 표기되어 있다.

3. 종교 *Religion*

이스라엘에는 3대 종교의 성지 예루살렘이 있다. 기독교의 발상지이고, 유대교의 중심이고, 이슬람의 3대 성지 중 한 곳이 예루살렘이다.

그러나 이스라엘은 정부 차원에서 유대교를 국교로 삼고 있다. 유대교와 기독교를 제일 크게 구분할 수 있는 기준은 예수님에 대한 관점이다. 예수님을 히브리어로는 '예슈아'라고 하는데, 유대교인들의 예수님에 대한 입장은 기독교인과 너무나 다르다. 기독교는 예수님이 메시아인데, 유대교는 예수님이 절대로 메시아가 될 수 없으니 그 이름도 거론하지 말라고 한다. 예수님이 우리의 죄를 대속할 필요가 없다고 그들은 생각한다. 성전이 있었고, 성전에서 하나님께 온전히 제사를 지내면 죄가 사해진다고 믿기 때문이다. 따라서 구약은 당연히 성경으로 인정하고 읽지만, 신약은 유대교에서는 금서이다. 정통 유대교인들은 '신약성경을 펴면 지옥에 간다'고 할 정도이다. 그래서 그들은 아직도 메시아를 기다린다.

현재의 유대교인 중에는 크게 정통파, 개혁파, 세속파의 부류가 있다. 검은 옷을 입고 다니는 사람들이 정통 유대교인(하레딤)인데 이 사람들은 율법 말씀과 할례와 안식일을 철저하게 지킨다. 창세기 1장 28절의 "생육하고 번성하여 땅에 충만하라"는 말씀이 있기에 이들은 산아제한을 하지 않고 낳을 수 있을 만큼 다 낳는다. 보통 한 가정에 아이가 열 명 정도 된다. 저자가 이스라엘에 1994년에 처음 왔는데, 예루살렘에 큰 차가 많이 보였다. 그 큰 차에는 여러 명의 아이들이 타고 있었는데, 옷이 비슷했고, 키는 조금씩 차이가 났고, 운전석과 조수석에 똑같은 옷 입은 사람들이 있어서 학원 차인 줄 알았다. 알고 보니 가족이 탄 차였다.

정통 유대교인 중 여자들은 아무리 더워도 긴 옷을 입고, 어떤 사람들은 머리를 가리고, 어떤 종파는 머리를 밀고 가발을 쓴다. 여인의 머리는 남자들에게 음욕을 품게 한다고 생각하기 때문이다. 지금도 유대교는 남녀평등이 엄청나게 불합리하게 되어 있다. 그러니 2000년 전에 예수님께서 여인들을 대한 그런 입장은 어마하게 파격적이었다고 볼 수 있다.

개혁파 유대교인들은 정통파보다는 훨씬 개방적으로 믿고 있다. 자녀수도 2~3명 정도 된다. 복장도 일반 옷을 입지만 남자들은 머리 위에 접시 모자를 쓴다. 그 모자를 '키파'라고 하는데 겸손을 상징한다. 이스라엘에는 검은 옷도 안 입고, 키파도 안 쓰고, 안식일도 안 지키는 세속적 무신론인(힐로님)들도 있다.

현재 이스라엘에는 유대교 75.4%, 이슬람교 17.2%, 기독교 2.0%, 드루즈

1.6%의 종교인이 있다.

4. 세겔 Shekel

셰켈(성경에서는 세겔)은 이스라엘의 통화단위다. 표기는 'NIS New Israeli shekel'이지만 읽을 때는 간단하게 '셰켈'이라고 한다. 1NIS는 2017년 12월 기준 311.75원의 가치를 갖고 있다. 지폐의 종류는 200NIS, 100NIS, 50NIS, 20NIS가 있고, 10NIS, 5NIS, 1NIS의 동전이 존재한다. 그리고 1NIS는 100Agorot(아고롯)인데, 50Agorot, 10Agorot, 5Agorot의 동전이 있다.

성경에 보면 '세겔'이란 단어가 자주 나온다. 마태복음 26장 15절에 보면 가룟 유다가 예수님을 팔아넘기고 은 30세겔을 받았다는 기록이 나온다. 세겔의 무게는 11.4g이다. 은으로 된 세겔과 금으로 된 세겔이 있는데, 은으로 된 1세겔은 당시 일반 노동자의 나흘 임금에 해당하는 돈이었다. 금으로 된 세겔은 은으로 된 세겔의 15배의 가치가 있었고, 베가는 1/2세겔이고, 게라는 1/20세겔이었다.

이외에 성경에 자주 등장하는 '달란트'는 무게로 약 34kg에 해당된다. 은으로 된 달란트는 3000세겔이었으며, 금으로 된 달란트는 은으로 된 달란트의 15배의 가치가 있었다. 유대 화폐 단위로는 이렇게 세겔, 달란트, 베가, 데라가 있었다.

참고로 성경에는 유대 화폐뿐 아니라 로마 화폐인 데나리온과 앗사리온과 고드란트, 헬라 화폐인 드라크마와 렙톤이 등장한다. 1데나리온과 1드라크마는 모두 일반 노동자의 하루 임금이었다. 따라서 1세겔은 약 4드라크마, 4데나리온에 해당했다. 그리고 앗사리온은 1/16데나리온이고, 고드란트는 1/64앗사리온에 해당했다. 그리고 렙돈은 1/2고드란트였다.

5. 지도 Map

◎ 주변국과 함께 있는 이스라엘 지도

이스라엘은 유일하게 3개 대륙을 연결하는 땅이다. 이스라엘을 중심으로 보면 아래쪽에 이집트의 시나이반도가 있고, 수단, 남아프리카까지 연결된다. 위로는 레바논, 시리아를 거쳐서 서유럽, 노르웨이, 덴마크까지 이어진다. 동쪽으로 가면 요르단, 사우디아라비아, 이란, 이라크를 거쳐서 인도, 파키스탄, 중국, 한국까지 이어진다.

아브라함은 갈대아 우르라는 곳에서 하나님의 말씀을 순종하여 이 가나안 땅에 왔다. 이 여정이 약 1700km 되는 먼 거리였다. 4000년 전에 그 먼 거리를 왔다는 것은 아브라함이 하나님을 절대적으로 순종하지 않았으면 가능치 않은 일이었다. 아브라함이 제일 먼저 와서 제사 지낸 곳은 세겜이었다. 이스라엘의 지도를 볼 때는 항상 예루살렘을 기준으로 봐야 한다. 세겜은 예루살렘에서 60km 정도 되는 거리다.

📍 이스라엘 전체 지도

이스라엘은 우리나라 국토의 4분의 1 정도밖에 안 되는 나라다. 이스라엘을 가장 넓게 잴 경우, 남북으로는 헬몬산에서 에일랏까지가 500km 정도

주요 도로

해변길 Via Maris
이스라엘 지중해 쪽에는 남북으로 길게 블레셋 민족들이 살았던 '블레셋평야', 텔아비브에서 가이사랴 사이에 있는 '샤론평야', 항구도시 하이파가 있는 '악고평야'가 있다. 평야는 평평해서 다니기가 쉬웠으며, 국제적인 항구도시들을 끼고 있기에 중요한 고대 도로가 남북으로 있었다. 이 도로는 BC 2000년경부터 이집트와 바벨론이라는 두 강대국을 연결하는 도로였기에 세계사의 유명했던 황제들, 왕들, 세계를 정복하려고 했던 사람들은 다 이 길로 다녔다. 이 길은 세계사를 볼 때 항상 나오는 길인데, 성경에서는 '해변길'이라고 언급하고 있다(사 9:1, 사 19:23, 마 4:15).

> **왕의 대로** King's Highway
> 남쪽의 항구도시 에일랏에서 북쪽의 다마스커스(다메섹)까지 연결된 고대의 길이다. 왕의 대로는 에돔과 모압지방 등 성경 속의 유명한 고대 도시들을 통과하며 요단강 동쪽에서 남북으로 뻗은 국제 도로이다(민 20:17, 민 21:22). 아프리카와 아라비아를 잇는 이 도로는 군사의 이동과 무역의 통로로 중요한 역할을 했는데, 중국의 비단과 도자기까지도 이 도로를 통해 교환했다. '왕의 대로'의 명칭은 왕(국가)이 개발하고 관장하는 중요한 도로라는 의미이기에 붙여진 것이다.
>
> **족장의 길** Patriarchs
> 국제적인 길은 아니었으나 아브라함과 이삭, 야곱, 이스라엘 민족이 가장 많이 이용했던 길이다. 이 길은 세겜에서부터 브엘세바까지 이르는 산지를 따라 형성된 길인데, 성경에서는 '에브랏 길, 베들레헴 길(창 35:19, 창 48:7)', '벧엘에서 세겜으로 올라가는 큰 길(삿 21:19)'로 불렸다.

되고, 동서로는 지중해의 가자를 중심으로 해서 오른쪽의 사해 중간까지가 140km 정도 된다.

이스라엘은 평평한 곳이 많지 않다. 50% 정도가 다 산인데, 대부분의 주거지와 요새들이 산에 있다. 산이 방어하기 좋아서 그렇다. 그래서 다른 민족들이 이스라엘 민족을 말할 때 "저들의 신은 산의 신이다"라고 했다.

6. 음식 *Food*

레위기와 신명기를 보면 먹어야 할 것과 먹지 말아야 할 것에 대한 규정이 있다. 식생활을 다루는 규율을 '코셔 Kosher'라고 하는데, '코셔'는 '적당하다', '합당하다'라는 뜻의 히브리어 '코세르'의 영어식 표현이다.

코셔의 원칙을 보자면 짐승 가운데 발굽이 갈라지고 되새김질하는 동물만 먹을 수 있다. 소, 양, 염소, 사슴을 먹을 수 있고, 돼지고기, 토끼는 금한다. 또한 육류와 유제품을 동시에 먹지 않는다. 고기를 먹고 6시간 안에는 유제품이 들어간 음식을 섭취하지 않는다. 식단에 고기가 있으면 치즈, 버터 등이 없다. 심지어 유제품이 들어간 커피도 제공하지 않고 있다. 반면 식단에 치즈나 유제품이 있을 때는 고기가 전혀 없다.

어류의 경우에는 지느러미와 비늘이 있는 것만을 먹을 수 있다. 이에 따라 새우, 게, 문어, 조개류, 뱀장어 등은 금하고 있다. 조류는 닭, 칠면조, 집오리, 비둘기 등의 가금류는 먹을 수 있지만, 야생조류와 독수리, 매 등의 육식성 조류는 금하고 있다. 그래서 유대인들은 닭고기를 많이 먹는데, 닭고기 소비량이 전 세계 10위권이라 한다.

코셔는 조리법이나 도살법도 세세하게 정해져 있다. 지금은 전기 충격기로 동물을 잡지만 예전에는 한 번 칼로 쳐서 죽지 않으면 그냥 버렸다. 죽을 때 스트레스가 살에 닿으면 좋지 않다고 해서 그렇다고 한다. 또한 피는 생명이기에 소금을 사용해서 피를 빼야 한다. 따라서 정육점에서 고기를 살 때 생고기라고 해서 주는 것도 보면 소금에 절인 것이다.

② 성지순례,
그곳이 거기 있음에

1장 텔아비브에서 티베리아스까지
(복음 전파의 길)

> "그날 밤에 주께서 바울 곁에 서서 이르시되
> 담대하라 네가 예루살렘에서 나의 일을 증언한 것같이
> 로마에서도 증언하여야 하리라 하시니라"
> 사도행전 23장 11절

1. 텔아비브

비행기를 타고 이스라엘로 입국한다면 거의 99%가 지중해 해변에서 흰색 건물이 유난히 많은 텔아비브를 보면서 내려오게 된다. 2003년 유네스코가 하얀색 건물이 가장 많은 도시로 지정할 정도로 텔아비브에는 흰색 건물이 많다. 스페인 바르셀로나의 대표적인 건축가 가우디도 텔아비브에 건물을 지을 때 기본 바탕을 흰색으로 했다.

텔아비브는 이스라엘 건국의 도시라고 할 수 있다. 유럽에서 억압받던 유대인 중에 시온주의자Zionists들이 이스라엘 건국의 아버지인 헤르쩰을 중심으로 잊혔던 나라 이스라엘을 세우기 위한 노력이 있던 대표적인 도시이기 때문이다. 1900년 동안 세계 각지에 흩어져 살던 유대인들은 텔아비브를 통해 잃었던 땅으로 들어왔다. 그리고 1948년 5월 14일 텔아비브 박물관에서 이스라엘 국가인 '하티크바(희망)'를 불렀으며, 벤구리온 수상이 독립선언문을

낭독하였다.

  이스라엘은 1967년 3차 중동 전쟁(6일 전쟁) 이후에 예루살렘으로 수도를 옮겼다. 그러나 정치적으로 주변 아랍 국가들이 이스라엘의 수도가 예루살렘인 것을 마땅치 않게 생각하여 아직도 각 나라의 대사관은 텔아비브에 있다.

텔아비브 전경

텔아비브는 '언덕'이라는 뜻의 '텔'과 '봄'이라는 뜻의 '아비브' 두 히브리어 단어의 합성어이다. '봄의 언덕'이라는 친숙한 의미의 도시 텔아비브는 이스라엘의 금융, IT 산업, 다이아몬드 산업 등의 중심으로, 최첨단 문명이 살아 숨 쉬고 있다.

2016년 기준 1인당 국민소득이 3만2천 달러 이상의 경제 대국인 이스라엘의 대부분이 텔아비브 도시를 중심으로 이루어져 있다. 한국 속담에 '말은 제주도에 보내고 사람은 서울에 보내라'는 말이 있다. 그렇듯이 이스라엘에서는 많은 유대인이 이곳으로 모여든다. 그리고 24시간 활기에 넘치는 불야성의 도시이기에 '텔아비브는 항상 잠들지 않는 도시'라고 한다.

도시의 팽창과 발전으로 인하여 텔아비브는 유럽과 선진국의 여느 도시와 다른 바가 없이 고층 빌딩이 늘어선 현대적인 모습을 갖추고 있다. 텔아비브의 상징인 샬롬 타워는 34층 건물로 중동에서는 가장 높은 빌딩 중 하나이다.

'이스라엘' 하면 '종교적인 나라'라는 인식이 큰데, 텔아비브는 종교적인 것과는 거리가 있다. 이곳의 바다는 온화한 기후이기에 11월까지도 수영을 즐길 수 있다. 이때 해변을 보면 다양한 사람들이 자유롭게 거리를 거니는 모습에서 중동 지역이지만 유럽을 느낄 수 있다. 심지어 매년 여름에는 대규모의 동성애 축제가 성대하게 텔아비브 거리에서 진행되고 있다. 반면, 예루살렘 지역의 정통 유대교 종교인들은 이러한 텔아비브를 마땅치 않게 생각한다. 그들은 텔아비브를 현대판 소돔과 고모라 지역이라고 혹평한다. 도시의 풍경을 보더라도 텔아비브와 예루살렘은 대조적이다. 자유와 다양성을 추구하는 텔아비브와 거룩한 종교적 보수를 지키려하는 예루살렘을 비교하다 보면 이스라엘의 또 다른 매력을 발견하게 될 것이다.

2. 가이사랴

샤론평야에 위치한 항구도시 가이사랴는 텔아비브에서는 약 60km 북쪽에 있다. 시간상으로는 텔아비브에서 1시간도 걸리지 않는 거리다.

가이사랴는 원래 페니키아식 항구였지만 헤롯왕이 로마식 항구로 재건한 아름다운 도시이다. 헤롯은 항상 로마의 황제를 그리워하는 충성심 덕분에 로마의 황제가 바뀌어도 헤롯의 분봉왕(지방왕)의 지위를 약 34년 동안 유지했다. BC 22년부터 BC 10년까지 12년 동안 헤롯왕은 당시에 중근동에서 가장 잘 알려져 있던 이집트의 도시 알렉산드리아에 버금가는 로마의 도시를 건설하려는 꿈을 실현했다. 약 7년 동안에 갈멜산의 발원지에서부터 약 21km에 걸친 수로를 만들어 물을 공급하였고, 헤롯의 궁전, 로마 원형극장 Roman theatre, 대전차경기장 Hippodrome 등 약 2만 명 이상의 인구가 도시에 머물 수 있도록 대규모의 토목공사를 하였다. 또한 오늘날 우리나라의 새만금 토목공사를 하듯이 2000년 전에 인공적인 콘크리트 주물을 만들어 바다를 막아 항구도시를 만들었다. 가이사랴 주변을 항공 촬영하면 2000년 전에 만든 인공 방파제의 흔적을 볼 수 있다.

가이사랴 국립공원에 들어가면 좌측으로 로마 시대의 원형극장이 보인다.

① 가이사랴 전경
② 가이사랴 원형극장
③ 가이사랴 본디오 빌라도 석판

1장 텔아비브에서 티베리아스까지

원형극장은 원래 동그란 모양이었는데 절반은 무대고 절반은 객석이었다. 약 5천 명을 수용할 수 있는 이 원형극장은 로마 시대에 연극과 오페라를 주로 공연했던 장소이다. 가장 높은 곳에 올라가면 경사가 매우 가파르고, 꽤 거리가 있는데도 불구하고 무대에서 육성으로 하는 말이나 찬양도 잘 들린다. 이곳은 보존 상태가 좋아서 아직도 콘서트 등의 행사가 열린다.

해변 쪽으로 이동하면 헤롯왕의 궁전터와 대전차경기장을 볼 수 있다. 헤롯왕의 궁전터 중앙에는 예수님께 사형선고를 내렸던 로마의 총독 본디오 빌라도의 이름이 새겨져 있는 석회암 돌판이 있다. 돌판에는 '유대인의 총독 본디오 빌라도가 티베리우스 황제에게 이 도시를 바칩니다'라는 문구가 새겨져 있다. 돌판은 1962년 가이사랴 고고학 발굴 중에 발견되었는데 이는 본디오 빌라도가 실존 인물이었다는 고고학적 증거가 된다. 참고로 '가이사'는 '황제'라는 의미이다.

궁전터를 따라 바닷가를 가면 궁전 안에 있었던 해수탕의 흔적이 있다. 그리고 바닷가에 길쭉한 마당이 있는 공간은 대전차경기장이다. 약 1만 명의 관중을 수용할 수 있는 대전차경기장이 바닷가에 인접해 있다니 헤롯의 대단한 건축기술에 감탄하지 않을 수 없다. 대전차경기장은 영화 《벤허》속의 대전차 경주 장면을 느낄 수 있는 장소이다. 실제 영화의 세트는 로마의 치네치타 촬영소에서 만들어졌는데, 세트 만드는 데만 3개월이 걸렸고 촬영 기간은 5주나 걸렸다고 한다.

로마 시대에는 보통 큰 도시에 원형극장, 원형경기장^{Amphitheatre}, 대전차경기장이 한 세트로 있었다. 원형경기장은 검투사가 맹수와 싸우는 곳이었는데, 대표적인 것이 로마의 콜로세움이다. 하지만 이곳에는 원형극장과 대전차경기장만 남아있다.

가이사랴는 항구도시였기에 로마의 총독부도 있었다. 그래서 본디오 빌라도가 예수님께 사형 선고를 내렸던 곳은 예루살렘이었지만 평소에 거주했던 곳은 가이사랴였다. 이곳에는 AD 2세기경 비잔틴 시대의 기독교 교부이자 신학자인 오리게네스가 머물렀으며, 유세비우스와 같은 신학자들도 머물면서 성서를 연구했다. 우리가 잘 아는 사도 바울도 이곳에 머물며 신학적 이론을 정리했다.

키부츠 Kibbutz

'단체Group', '협동하다'란 뜻을 가진 히브리어 '크부짜'에서 유래한 키부츠의 특징은 사유재산을 인정하지 않는 것이다. 모든 재산은 키부츠 명의로 되어 있고, 개인은 키부츠의 보호를 받는다. 그리고 키부츠는 개인의 모든 복지를 책임진다.

유럽에 흩어져 박해를 받던 유대인들은 100여 년 전부터 이스라엘에 와서 살았다. 대부분 시온주의자인 그들은 주로 지중해 연안 쪽, 이스르엘('하나님께서 씨를 뿌리다'라는 뜻) 골짜기, 요단 계곡에서 갈릴리호수 남북을 중심으로 정착하였다. 이들은 마을을 이루었고 키부츠와 같은 집단 농장 형태로 지냈다. 이들의 이념은 '다 함께 잘 살자'는 것이었으며, 같이 음식을 만들고 같이 먹었다. 옷도 내 옷과 네 옷 가리지 않고 같이 빨래하고 나눠 입었다. 키부츠는 빈부의 격차 없이 모든 사람이 잘 살 수 있게 만들어 놓은 것이다. 이들의 삶은 어찌 보면 초기 기독교 공동체와 같았다.

키부츠는 마을이 점점 커졌으며, 지중해 연안으로는 현대적인 도시들이 생겨났다. 이 도시들은 이스라엘 근대화의 기반이 되었다. 100여 년 전까지만 해도 지중해 연안은 땅이 무르고 배수로가 잘 되어있지 않았다. 비가 오면 빗물이 흘러나가지 않아서 상당히 질척했고 늪지대가 많아서 사람이 회피했다. 따라서 오히려 산지 길을 이용하곤 했다. 이렇게 버려진 땅, 남들이 살지 않는 땅을 시온주의자들이 개간해서 좋은 땅으로 만들어놓은 것이다.

키부츠는 처음에 농업을 중심으로 했으나 제조업도 했으며, 지금은 서비스업 쪽으로 옮겨진 곳이 많다. 그중 대표적인 것이 호텔이다. 다양한 업종으로 전환한 것이 키부츠가 이스라엘 안에서 없어지지 않는 이유이다.

이스라엘 건국의 개국공신 중에는 키부츠 출신이 상당히 많다. 이스라엘의 수상이었던 벤구리온도 키부츠 출신이다. 키부츠는 현대 이스라엘 건국의 모태다.

가이사랴는 성경적으로 많은 의미가 있는 도시이다. 주로 사도행전에 언급되어 있는데, 사도행전 10장에 보면, 예수님의 제자 베드로가 욥바에서 비몽사몽간에 환상을 보았다. 또한 고넬료도 환상을 보고 60km 넘는 거리에 있는 베드로의 집에 하인을 보냈다. 그 거리가 이틀이었다. 결국 베드로는 이곳을 방문하여 백부장 고넬료에게 이방인으로는 최초로 세례를 베풀어 주었다. 하나님은 외적인 모습을 보시지 않고 중심을 보신다는 귀한 깨달음을 얻은 베드로가 고넬료를 만나는 말씀은 단순한 사건이 아니다. 하나님은 유대인만의 하나님이 아니라 모든 민족의 하나님임을 유대인 중의 유대인인 베드로를 통해서 확실하게 보여주신 것이다.

다른 중요한 말씀은 사도행전 22장 이후에 나온다. 사도 바울은 선교 활동을 펼치다가 3차 전도 여행 이후에 예루살렘에 도착했다. 하지만 신학적 충돌이 심해지자 유대인들은 바울을 고소하고 구금시켜 로마의 황제에게 상고할 것을 청했다. 바울은 결국 로마의 보병 이백 명과 기병 칠십 명과 창병 이백 명의 호위를 받고 가이사랴의 감옥에 2년간 갇히게 되었다. 구금 중에도 그는 분봉왕과 로마의 총독에게 복음을 증거했다. 따라서 이곳은 로마에서의 증거의 새로운 사명을 받은 복음이 이스라엘 땅에서 유럽으로 넘어가는 중요한 교두보적인 장소라고 볼 수 있다.

시간이 허락되면 대전차경기장을 걸어서 북쪽으로 넘어가 보자. 고대 가이사랴 항구가 있던 자리와 십자군 시대의 요새 흔적을 볼 수 있다. 이곳에 가면 지중해 주변에 전망이 좋은 카페도 몇 군데 있다. 아름다운 지중해변에서 카푸치노나 아메리카노 한잔의 여유를 즐기며 여행이 주는 시간의 자유도 한번 누리자.

3. 갈멜산

갈멜산 엘리야 기념교회 동상

갈멜산은 지중해 연안의 샤론평야에서 북서쪽으로 약 20km 이동하면 나오는 산맥으로, '하나님의 포도원'이라는 의미가 담겨져 있다. 평균 해발 450m 높이의 갈멜산은 고대부터 나무가 무성하였다. 그래서 구약성경 아가서에는 아름다운 머릿결을 가진 여인을 마치 갈멜산과 같다고 하였다. 무성한 상수리나무와 다수의 소나무 숲을 지나가다 보면 어느새 척박한 광야의 모습을 잊고 가나안의 비옥한 모습을 볼 수가 있다.

갈멜산에는 들꽃도 많이 핀다. 성경에 보면 예수님께서 솔로몬의 모든 영광이 들의 백합화만도 못하다고 하셨는데, 백합은 lily가 아니라 양귀비과에 있는 꽃 아네모네다. 아네모네는 우기가 끝나고 건기가 시작되는 시기에는 갈멜산뿐만 아니라 이스라엘 위쪽에도 많이 핀다.

📍 **무크라카(엘리야 기념교회)**

북이스라엘 아합왕 통치 시대인 약 2800여 년 전에 활동했던 엘리야 선지자는 그 당시의 시대상을 매우 안타깝게 생각하며 하나님께 부르짖으며 기도했다. 이때는 경제적으로 윤택했지만 종교적으로는 패악했다. 이스라엘 민족은 하나님을 온전히 섬기지 않았다. 엘리야는 이를 질책하며 하나님의 명령대로 3년 6개월의 가뭄을 선포했다(열상 18:1, 약 5:17). 바알과 아세라의 우상을 섬기는 선지자들의 본거지인 이곳 갈멜산에서 엘리야는 목숨을 걸고 대결했다. 그리고 최후에는 하나님의 불의 응답을 받아 승리하였다. 그래서 이곳을 '무크라카'라고 했다. 무크라카는 '불의 제단'이라는 뜻이다. 열왕기상 19장에 보면 이때 우상숭배에 빠진 이스라엘 민족들은 하나님의 응답에 모두 회개하게 되었다.

갈멜산 입구에서 차량으로 약 10여 분 올라가면 정상에 있는 흰색 건물 무크라카가 보인다. 정문으로 들어가면 좌측에 양털 망토를 두른 유명한 엘리야 선지자의 동상이 있다. 비장하고 결연한 엘리야 선지자의 얼굴을 바라보면 신앙을 지키기 위한 처절한 몸부림을 느끼게 된다. 교회 내부는 크지 않고 단아하고 깔끔하다.

교회 좌측의 계단으로 올라가면 함성이 절로 나오는 광경이 펼쳐진다. 갈멜산 전망대인데 이곳에서는 주변의 지형을 모두 볼 수 있다. 갈멜산은 샤론평야와 이스르엘 골짜기를 나누고 있어서 이곳 전망대에서는 이스르엘 골짜기와 나사렛을 중심으로 한 갈릴리 산지 등의 주변 지형을 확인할 수 있다. 또한 전망대 바닥에는 주변 지형을 알려주는 원형의 표시판도 있다. 주변 지형을 알기 위해서는 우선 동서남북을 확인하면 많은 도움이 된다.

하이파 전경

4. 하이파

이탈리아에는 유명한 항구도시 나폴리가 있고 이스라엘에는 하이파가 있다. 성지순례 단체에게는 잘 알려지지 않았지만 하이파는 이스라엘에서 세 번째로 큰 도시이다.

'아름답다'라는 의미의 히브리어 '하이파'는 갈멜산 끝자락에 위치한다. 언덕에 올라가 지중해를 바라보면 근사한 유럽풍의 하이파 도시 전경을 감상할 수 있다. 그 아래로 시선을 옮기면 약 400m 크기의 아름다운 바하이 정원이 보인다. 이 정원은 현재 유네스코에 등록되어 있는 세계문화유산이다. 그리고 정원 중심부에는 황금색 지붕의 바하이 사원이 있다. 이 정원과 사원은 이슬람에서 분파되고 억압을 받았지만 지금은 전 세계적으로 약 6백만의 신도들이 있는 바하이교의 중심지이다. 하이파에는 스텔라마리스라고 하는 수도원도 있다. 전승에는 엘리야가 이세벨의 위협을 피해 도피하였던 동굴이 있다고 한다. 이렇게 하이파에는 유대교와 이교도가 공존하고 있다. 따라서 이스라엘에서는 유일하게 안식일에도 버스가 평상시처럼 운행되는 곳이다.

하이파에는 AD 12세기에 십자군이 지중해 연안 쪽에 정착하였으며, 19세기 오스만 제국의 지배 때에는 정치범들이 유배당하는 도시이기도 하였다. 하지만 현재 세계적인 IT 도시이다. 하이파대학교, 테크니온공과대학 등 이스라엘의 이공계를 대표하는 세계적인 대학들이 설립되어 있고, 구글, 마이크로소프트 등 세계적인 IT 회사들의 이스라엘 지사들이 산업단지를 이루고 있다. 미국에 실리콘 밸리가 있다면, 이스라엘에는 텔아비브에서 하이파까지 광범위하게 연결되어 있는 실리콘 와디가 있다. '와디'는 '밸리'의 히브리어이다.

하이파에는 1959년에 개통된 지하철 카르멜리트가 있다. 이스라엘에서는 유일한 지하철인데, 총구간이 1.8km이며 정차역도 6개밖에 되지 않는다. 카르멜리트는 세계에서 가장 짧은 지하철로 기네스북에도 올랐다.

5. 므깃도

므깃도 전경

므깃도 병거 모형

"세 영이 히브리어로 아마겟돈이 라 하는 곳으로 왕들을 모으더라."

'최후의 전쟁'에 대한 성경 말씀이라고 하면 이렇게 요한계시록 16장 16절에 언급된 '아마겟돈'을 떠올리게 된다. 요한계시록에는 세상의 마지막 때에 왕들이 인류 최후의 전쟁을 므깃도에서 벌인다고 나온다. '므깃도'는 '아마겟돈'의 어원이다. 히브리어로 '아마겟돈(세계 최후의 전쟁)'은 '하르 므깃도', 즉 '므깃도 언덕'을 말한다.

므깃도는 이스르엘 골짜기가 훤히 보이는 곳에 있어 주변을 잘 관찰할 수 있다. 또한 이집트와 시리아, 메소포타미아를 잇는 요충지다. 동서로 연결된 와디 아라$^{Wadi\ Ara}$ 길을 통하여 지중해 남북으로 이어진 해변길에 접근할 수 있는 아주 중요한 위치도 차지하고 있다. 따라서 므깃도는 전략적 가치가 뛰어난 장소였다. BC 14세기 이집트의 고대 문서인 《아마르나 서신》에도 언급될 정도였다. 이집트 정복의 왕이라 불리는 투트모세 3세도 므깃도가 다른 성읍 15개 이상의 가치를 지니고 있다고 높게 평가했다.

므깃도는 전쟁터의 상징이라 불릴 정도로 전쟁과 관련된 역사적 사건이 많다. 우선 여호수아가 가나안 전투 때 정복한 도시국가로 성경에는 언급된다(수 12:21). 또한 근처의 길보아 산에서는 사울의 최후 전투가 있었고, 다윗도 이스르엘 골짜기에서 전투가 있었다. 솔로몬은 그 유명한 므깃도, 하솔, 게셀에 전쟁을 위한 병거성(기마부대)을 세우도록 명령했다(왕상 9:15~22). 남유다의 아하시야왕은 북이스라엘의 예후에 의해 이곳에서 최후를 맞이했고(왕하 9:27~28), 남유다의 종교개혁에 힘썼던 요시야왕은 반 아시리아 정책을 펼칠 때 아시리아를 지지하기 위해 북진하던 이집트 군대를 대적하다 이곳 므깃도에서 최후를 맞이했다(대하 35:20~27). AD 17세기에는 프랑스의 나폴레옹이 이곳 므깃도를 차지했으며, 불과 100년 전에 있었던 제1차 세계대전에도 영국 연합군과 오스만 제국의 치열한 막후 전투가 이곳에서 있었다. 이곳에서 승리한 영국의 알렌비 장군은 "아마겟돈 장군"이라는 별칭을 얻게 되었다.

출입구로 들어가서 우측 벽면을 보면 고대 중근동의 지도가 있는데 고대의 이스라엘이 이 중근동 지방에서 얼마나 큰 역할을 하고 있었는지 알 수 있다. 그리고 므깃도 병거성의 축소 모형이 있는 작은 박물관을 보고 유적에 들어가면 두 개의 성문을 마주하게 된다.

므깃도는 성문이 중요하다. 이곳은 성문이 바깥 성문과 안쪽 성문의 이중

성문으로 되어 있다. 좌우 총 6개의 방으로 되어 있는 성문은 BC 10세기 솔로몬 시대의 것으로 추정되고, 그 위의 성문 유적은 아합왕 시대의 것으로 보인다. 당시 성문 안쪽에서는 지나다니는 사람에게 세금을 걷었다. 그리고 재판하거나 사람을 모아서 이야기할 때도 이 안에서 했다. 특히 바깥 성문으로 적들이 들어와도 안쪽 성문으로 꺾어 들어와야 하니까 쉽게 적군이 성 안으로 들어오지 못했다. 방어하기에 용이했던 것이다.

북쪽에 있는 전망대에 올라가면 마치 케이크 모양으로 생긴 둘레 10m의 돌 제단을 내려 볼 수 있다. BC 2000년 이상 된 가나안 시대 때에 희생 제사를 드렸던 곳이다. 근처에 약 4000명 이상의 병력이 주둔할 수 있는 규모의 요새 유적에는 북쪽 궁전터 식량 저장 창고와 마구간이 있다.

매우 인상적인 것은 물을 주기적으로 공급받을 수 있도록 지하 35m, 길이 70m의 수로를 인공적으로 판 유적이다. 이스라엘은 특히 물이 귀한 나라임을 알 수 있다. 더욱이 이곳을 통과할 때는 약 2800년 전 아합왕 당시의 이스라엘 사람들의 물에 대한 간절함을 체험할 수 있다. 수로의 통로는 바닥까지 계단으로 내려있는데 윗부분은 돌계단이었다가 중간 이후부터 철계단이다. 앞사람 어깨를 보면서 조심스레 내려가 보면 수로의 깊이에 놀라서 탄성이 나온다. 그리고 계단이 끝나는 지점 좌·우측에 돌을 파서 등불을 얹어 놓을 수 있는 자리를 보면 고대 이스라엘 사람들의 지혜를 배우게 된다. 수로를 통과하면 맞은편에 샘의 근원 자리도 볼 수 있다.

이곳은 지금까지도 유적이 발굴되고 있다. 이렇게 계속 오래된 것들이 나오는 것이 텔의 특징이다. 지금까지 판 것도 몇 십 년 걸린 것이다. 파고 보고하고, 또 파고 보고하니까 발굴은 몇 대에 걸려서 할 만큼 오래 걸린다.

6. 나사렛

우리는 예수님을 말할 때 '나사렛 예수'라고 말한다. 고대에는 성^{姓}이 없고 동명이인이 많아서 이름 앞에 별명이나 출신지를 자주 붙여 말하였다. 원래 나사렛이란 단어의 어원은 히브리어 '네쩨르'로, 번역하면 '뿌리'라는 의미다. 또한 '지키다', '수호하다'라는 의미도 있다.

예루살렘을 중심으로 하는 유다 지파 출신인 요셉은 예루살렘 북쪽 약 150km에 떨어진 잘 알려지지 않은 나사렛에 살았다. 그 이유에 대해 학자들은 BC 2세기경에 있었던 강제 이주 정책으로 인하여 아마도 요셉의 집안이 북쪽으로 이동하였을 것으로 추정한다.

해발 약 350m 하부 갈릴리 지역 나사렛에 도착하면 우선 우리는 커다란 도시의 모습을 보고 놀라게 된다. 복음서에 언급된 나사렛은 매우 조그만 동네로 느껴지기 때문이다. 요한복음 1장 45절에서 46절을 보면, "빌립이 나다나엘을 찾아 이르되 모세가 율법에 기록하였고 여러 선지자가 기록한 그이를 우리가 만났으니 요셉의 아들 나사렛 예수니라. 나다나엘이 이르되 나사렛에서 무슨 선한 것이 날 수 있느냐. 빌립이 이르되 와서 보라 하니라"라는 빌립과 나다나엘의 대화가 있다. 나사렛은 선한 것이 나올 수가 없는 조그만 동네였다는 말이다. 하지만 현재는 인구가 10만이나 되는 갈릴리의 커다란 도시이다.

나사렛에는 AD 4세기 이후에 많은 기독교인들이 거주하기 시작했다. 그 사이 많은 박해가 있었지만 꿋꿋이 견딘 많은 기독교인이 있기에 지금은 기독교인, 유대교인, 무슬림들이 같이 서로의 질서를 지키며 사는 특별한 도시가 되었다.

📍 수태고지 교회

나사렛 중심가에 우뚝 솟은 원추형의 검은 지붕 건물이 수태고지 교회이다. 수태고지受胎告知는 '아이를 낳을 것을 알려주었다'는 한자어다. 이곳은 누가복음 1장 26절에서 38절의 "천사가 이르되 마리아여 무서워하지 말라. 네가 하나님께 은혜를 입었느니라. 보라 네가 잉태하여 아들을 낳으리니 그 이름을 예수라 하라"는 말씀을 묵상하는 장소이다.

이곳은 AD 2세기 이후에 기독교 공동체의 중심이었다. 이후 콘스탄티누스 황제의 어머니인 헬레나 황후의 노력으로 마리아의 동굴을 중심으로 기념교회가 세워졌다. 현재의 교회는 비잔틴 기념교회가 세워진 이후 총 다섯 번째 세워진 기념교회로 1956년부터 1969년 사이에 이탈리아의 유명한 교회 건축가인 지오바니 무치오에 의해 높이 60m의 커다란 원추형의 가톨릭교회가

나사렛 수태고지 교회

나사렛 수태고지 교회 성모자상 모자이크

나사렛 수태고지 교회 정문 예수님의 생애 조각

◀ 나사렛 빌리지 목수의 집 내부 목공 도구

세워졌다.

　교회의 정문 안으로 들어가 마당에 서면 정면에 여러 개의 조각을 발견하게 된다. 맨 위쪽에는 좌측에 가브리엘 천사와 우측에 마리아가 있다. 그 아래쪽에는 4 복음서의 저자인 마태(사람), 마가(사자), 누가(황소), 요한(독수리)의 형상을 조각한 것이 보인다. 아래쪽에는 예수님의 생애를 한눈에 볼 수 있는 청동 문이 있는데, 좌측 위쪽부터 시계 반대 방향으로 보면, 베들레헴의 마구간 탄생, 애굽으로 도피, 나사렛에서의 목수의 아들 예수님, 요단강에서 세례받으시는 예수님, 공생애 기간에 갈릴리에서 말씀 선포하시는 예수님, 예루살렘에서의 죽음과 부활의 예수님의 순서로 조각해 놓았다. 교회 벽면을 중심으로는 50개국 이상의 나라에서 보내온 성모자상을 발견하게 되고 우측 중간에는 한국에서 이남규 교수님이 기증하신 성모자상을 볼 수 있다.

　웅장한 교회 내부 1층으로 가면 중앙에 동굴이 있다. 이 동굴은 가브리엘 천사가 마리아에게 예수님 탄생을 알려준 마리아의 집터다. 중앙제단에 작은 십자가가 새겨진 장소가 "말씀이 육신이 되셨다"는 수태고지 장소로 여겨진다. 동굴 앞에서 위를 바라보면 웅장한 높이의 지붕을 발견하게 되는데, 높이 60m인 천장까지의 모습은 순결을 상징하는 백합꽃을 닮았다. 2층으로 올라가는 계단 벽면에는 아주 아름다운 스테인드글라스가 있다. 햇빛에 반사된 선명한 색상을 보면 하나하나 작은 조각에도 신경을 쓴 정성을 알 수 있다. 2층에 들어서면 정면에 천국을 상징적으로 표현한 프레스코화가 있다. 예배당 좌·우측에는 각 나라에서 보내온 성모자상이 전시되어 있고 출입구 좌측에는 일본에서 보내온 성모자상이 있다.

　항상 교회 내부에 들어갈 때는 모자를 벗고 정숙을 유지해야 한다는 것을 명심하자.

📍 요셉 교회

수태고지 교회 2층 예배당에서 출구로 나가면 바로 50m 앞에 1914년에 세워진 요셉 교회가 있다. 예수님이 유년기와 청년기를 보내신 요셉의 동굴 집으로 여겨진다. 교회 지하에 들어가면 우선 동굴 주거지의 일부 복도를 볼 수가 있고, 비잔틴 시대에 사용했던 세례터가 있다. 그리고 출구 쪽에는 매우 규모가 큰 물저장소와 동굴의 출입구가 있다.

2000년 전의 나사렛 동네가 매우 작은 마을이면 요셉과 예수님은 과연 목수로서의 일감이 많았을까? 적었을 것이다. 대신 그 당시 나사렛에서 북쪽 6km 떨어진 곳에 찌포리라는 로마의 도시가 건설되었다. 따라서 학자들은 예수님과 요셉의 주된 일터를 찌포리로 추정하고 있다. 이건 '1장 13. 찌포리'에서 다시 자세히 다루겠다.

📍 회당 교회

수태고지 교회를 나와서 우측으로 약 200m 재래시장 길을 지나가면 회당 교회가 있다. 누가복음 4장에는 공생애 초기에 예수님께서 안식일에 나사렛 회당에 오셔서 이사야 61장 1절에서 3절 말씀을 인용하시고 가르치셨던 장소로 나온다. 이곳은 현재 멜카이트 희랍 가톨릭교회 소속이다. 회당이 있던 장소의 중앙 제단에는 예수님이 나사렛에서 가르치시는 성화가 정면에 전시되어 있다.

📍 절벽산

누가복음 4장에 보면, 공생애 초기에 예수님께서 회당에서 하신 메시아에 대한 말씀을 불행히도 고향인 나사렛 사람들은 믿지 않았고 오히려 예수님을 배척해서 낭떠러지에서 떨어뜨리려고 했다는 내용이 나온다. 그 낭떠러지가 있는 곳이 수태고지 교회에서 남쪽으로 약 1km 떨어진 곳에 중간부터 깎여진 모양의 절벽산이다.

선지자는 고향에서 환영받지 못한다는 성경의 말씀이 이곳에 오면 절실히 느껴진다. 절벽산 전망대에 가면 좌측부터 다볼산, 중앙에 모레산, 우측에 갈멜산, 아래쪽에 이스르엘 골짜기가 시원하게 보인다.

◉ 나사렛 빌리지

요즘 말대로 핫한 장소이다. 약 2000년 전의 사람들이 사는 마을을 재현한 작은 언덕의 마을이다.

1996년에 오픈한 나사렛 빌리지는 나사렛 YMCA 건물 뒤에 위치하고 있다. 이곳은 목동의 삶의 모습, 포도주 만들던 현장, 올리브기름 방앗간, 목수의 삶을 체험하는 가옥, 양털을 만드는 과정, 고대 회당의 모습 등을 확인할 수 있는 현장이다. 나사렛 빌리지 안에서 일하는 직원들은 모두 성서 시대에 입던 복장을 재현하고 있다. 나사렛 빌리지에서 그들과 같이 사진촬영을 하면 내가 마치 과거로 타임머신을 타고 온 것과 같은 느낌을 받을 수 있다. 이스라엘 성지순례에서 성서 시대를 체험할 수 있는 좋은 현장이니 시간이 되면 방문하길 적극 추천한다.

7. 가나

복음서에 의하면 예수님께서 처음으로 기적을 행한 곳을 '가나'라고 기록하고 있다. 그러나 '가나'라고 하는 곳은 '크파르 가나$^{Kfar\ cana}$'와 '키르벳 가나$^{Khirbet\ cana}$' 두 마을이다. 나사렛에서 북동쪽으로 약 7km 거리에 있는 것이 '크파르 가나'고, 나사렛에서 13km 떨어진 언덕 꼭대기에 있는 마을이 '키르벳 가나'다. 대부분 AD 3세기 정도에 초대 순례자가 기록한 순례기에 등장하는 '크파르 가나'를 '가나'로 알고 방문하고 있지만, 사실 고대 폐허의 흔적은 '키르벳 가나'에 있다.

'갈대'라는 의미의 '가나'는 2000년 전에는 갈릴리 지방의 중심이 되는 곳으로, 나사렛보다 규모가 큰 마을이었다. 이곳은 나다나엘의 고향이기도 했으며, 무엇보다 예수님의 첫 표적의 장소로 우리에게 알려진 곳이다.

◉ 혼인 잔치 기념교회

예수님께서는 가나의 혼인 잔치에서 첫 표적을 보이셨다(요 2:1~11).

성경 말씀에는 "사흘째 되던 날 갈릴리 가나에 혼례가 있어(요 2:1)"라고 나오는데, 여기서 '사흘째 되던 날'은 혼인 잔치의 삼 일째로도 해석되고, 세 번째 요일인 화요일로도 해석된다. 국내 번역본에는 한 번 쓰여 있지만, 히브리어 창세기에는 셋째 날에 '심히 보시기에 좋았더라'라는 토브(히브리어 구약성경에서 가장 긍정적인 의미의 낱말)가 두 번이나 써졌다. 따라서 화요일로 해석되는 이유는 이스라엘에서는 셋째 날을 가장 좋은 날로 여겨 화요일에 결혼식을 많이 올리기 때문이다.

유대인의 결혼식에서 특이한 것이 몇 개 있는데, 그중의 하나는 해가 지는 저녁에 진행된다는 것이다. 저녁에 결혼식을 하는 것은 하나님께서 천지를 창조하실 때 저녁이 먼저 언급되기에 하루의 시작을 저녁으로 여기기 때문이다. 또 하나는 결혼 1년 전부터 정혼을 하고, 각자 집에서 결혼 준비를 한다는 것이다. 그 과정에서 이미 신랑 측 부모님은 오래전부터 결혼식에 사용할 포도주를 담아놓는 풍습이 있다. 결혼식을 거행하는 날이 되면 신랑은 신부의 집에 어두울 때 방문하게 되고, 신부와 친구들은 등불을 들고 신랑을

가나 혼인잔치 기념교회

맞이하게 된다. 신랑은 신부의 집에 보상금(모하르라 명칭)을 지급하고 신부를 신랑 집에 데리고 온다. 그러면 정통 유대교 랍비의 주례로 결혼식이 거행되고 신랑은 신부에게 혼인증서를 전달하게 된다. 다음에는 포도주를 서로 나누어 마시고 마신 잔을 바닥에 일부로 떨어뜨려 발로 밟는다. 이는 깨진 잔과 같이 이 결혼을 되돌릴 수 없다는 의미라고 한다. 이렇듯 잔치에 포도주는 중요한데 이 포도주가 떨어지면 잔치가 멈추어진다.

그러니 포도주가 떨어진 것을 불쌍히 여긴 예수님께서 여섯 개의 정결례에 따른 돌 항아리의 물을 포도주로 바꾸셨던 것이다. 그 포도주가 '처음 것보다 더욱 좋았다'라는 연회장의 감탄사를 통해 예수님께서는 우리에게 가장 기쁨이 되시는 혼인 잔치에 신랑이 되심을 보여주셨다. 이때 정결례에 따른 돌 항아리는 율법을 상징한다. 율법으로도 채워지지 않는 부족함을 예수님께서는 가장 필요한 본질로 바꿔주신 것이다.

갈릴리 지역에서 예수님의 기적의 장소를 순례하였다는 기록은 AD 3세기 경에 제롬의 후원자였던 파울라와 에우도키움의 순례기를 통해 볼 수 있다. 그 이후 1879년에는 프란체스코 수도회에서 현재의 장소에 혼인 잔치 기념 교회 Wedding Church를 세웠다.

1997년에는 다시 고고학 발굴을 통하여 AD 5세기경에 회당으로 사용되었던 흔적인 히브리어의 모자이크와 여러 건축자재 그리고 오래된 돌 항아리가 발견되었다. 이곳 지하에 내려가면 이 오래된 돌 항아리를 볼 수 있다.

유대인의 중요한 인생의 전환점

① 남자아이는 태어난 지 8일 만에 할례를 한다. '브리트 밀라'라고 하는데, '브리트'는 '언약'이란 뜻이고, '밀라'는 '할례'를 뜻한다. 아브라함의 약속에 따라 유대인이 되었음을 알리는 의식이다.
② 3년 정도 되었을 때 어린아이의 첫 머리를 자른다.
③ 만 13세가 될 때 성인식을 치른다. 남자의 성인식을 '계율의 아들'이라는 뜻의 '바르 미쯔바'라고 하고, 여자의 성인식을 '계율의 딸'이라는 뜻의 '바트 미쯔바'라고 한다. 성인으로서 유대교의 계율대로 생활할 수 있음을 인정하는 의식이다. 성인식은 매주 월요일 오전에 통곡의 벽에서 제일 많이 치른다.
④ 세계 어느 곳이나 마찬가지로 결혼식이다. 전처럼 일주일을 하지는 않지만 저녁부터 밤늦도록 성대히 오래 결혼식을 한다.
⑤ 장례식이다.

8. 티베리아스

티베리아스는 갈릴리호수 서쪽에 위치하며, 인구 약 43,000명인 큰 규모의 도시이다. AD 20년경 헤롯왕의 아들 헤롯 안티파스는 이곳에 로마의 도시를 건설하여 갈릴리 왕국의 수도로 삼고, 그 당시의 황제인 티베리아스의 이름을 따서 도시 이름을 지었다. 황제에게 자신의 충성심을 증명하기 위함이다. 헤롯 안티파스는 세례 요한을 참수한 왕이다. 그 당시 세례 요한은 안티파스와 헤로디아의 부정한 관계를 비판하였다. 이에 헤로디아의 딸인 살로메의 간교한 계책에 의해 결국 세례 요한은 참수 당했다(마 14:3~11). 세례 요한을 참수한 곳은 현재 요르단 사해 동쪽 언덕 꼭대기에 있는 '마케루스' 요새이다.

티베리아스는 헤롯 안티파스가 유대인들을 강제로 이주시켜 살게 하면서 시작되었으며, 예루살렘 성전 멸망 시기인 AD 70년 이후 유대교의 중심 의결기관인 '산헤드린(성경에는 공회라고 번역)'이 야브네를 거쳐 벧세아림과 찌포리 그리고 티베리아스로 옮겨지며 성장하게 되었다. 이후 AD 132년에 일어난 제2차 유대-로마 전쟁 때에는 예루살렘에서 추방당한 유대인들이 유입되어 유대 문화의 새로운 중심지가 되었다. 그리하여 AD 200년경에는 모세오경을 해석한 법전인 '미쉬나(히브리어의 공부라는 의미)'가 많은 유대교 랍비들에 의해 편집되어 티베리아스에서 완성되었고, AD 500년경에는 미쉬나의 주석을 '게마라'라고 하는데 이 미쉬나와 게마라를 합쳐서 '탈무드(가르치는 것, 공부하는 것, 행하는 것이라는 의미)'가 완성되었다. 우리가 알고 있는 탈무드는 바벨론 탈무드이지만, 또 하나의 탈무드인 예루살렘 탈무드가 이곳 티베리아스를 중심으로 완성된 것이다.

이곳에는 비잔틴 시대에 기독교인들이 다수 거주하였다. 그러나 AD 636년에 이슬람에 의해 도시가 점령되었다가 다시 십자군들이 1099년부터 1187년까지 이 도시를 차지했다. 십자군 시대 당시의 요새의 흔적을 도심 중간에 볼 수 있다.

참고로 '유대교의 4대 성지'는 남쪽부터 헤브론, 예루살렘, 티베리아스, 츠파트다.

9. 다볼산

일반적으로 관광버스를 타고 멀리서 스쳐 지나가며 보는 장소이지만 성경적으로 매우 중요한 곳이 다볼산이다. 시편 89장 12절에 보면 "남북을 주께서 창조하셨으니 다볼과 헤르몬이 주의 이름을 인하여 즐거워하나이다"라고 다볼산을 언급하고 있고, 예레미야 46장 18절에는 "만군의 여호와라 일컫는 왕이 이르시되 나의 삶으로 맹세하노니 그가 과연 산들 중의 다볼같이 해변의 갈멜같이 오리라"라고 다볼산을 말하고 있다. 또한 신약성서에는 예수님의 변형되신 사건이 언급되어 있다.

다볼산은 히브리어로 '하르 타볼'이고, '산'이라는 뜻의 '하르'와 '높다'라는 뜻의 '타보르'의 합성어이다. 해발 약 580m의 다볼산은 이스르엘 골짜기 중심에 있다. 나사렛에서 남동쪽 약 10km 거리에 있으며, 이스라엘의 12지파 중의 스불론, 납달리, 잇사갈 세 지파의 경계이다(수 19:22).

사실 다볼산은 주변에서 정상을 확인할 수 있는 중요한 지표가 된다. 벧산에서도 다볼산 정상이 보이고 갈릴리 고라신 지역에서도 다볼산 정상이 보인다. 그래서 정상에 올라가면 모든 게 다 보인다고 해서 '다볼산'이라는 썰렁한 유머가 통하는 장소이다. 멀리서 다볼산을 보면 조각한 것같이 곡선을 일정하게 유지한 유선형 모양이다.

오래전에 아래 주차장에 차를 세우고 도보로 다볼산 정상에 올라간 적이 있다. 이유는 예수님께서 베드로와 야고보와 그 형제 요한을 데리시고 따로

다볼산 예수변화 기념교회
엘리야 소경당

다볼산 예수변화 기념교회 중앙제단

다볼산 예수변화 기념교회
모세 소경당

다볼산 예수변화 기념교회

높은 산에 올라가셨던(마 17:1) 그 '높은 산'이 헬몬산과 다볼산으로 여겨지기 때문이다. 멀리서 볼 때는 한 30분이면 올라갈 거 같았지만 역시 오르막길은 늘 우리에게 고난을 주게 마련이다. 약 1시간 정도 땀을 뻘뻘 흘리며 올라가니 정상이 나왔다.

정상에는 우뚝 자리 잡은 오래된 문이 보인다. 일명 '바람의 문'이다.

바람의 문은 1187년 하틴의 뿔에서 제2차 십자군 원정대와 이슬람의 살라딘 군대가 치열하게 대결한 하틴 전투와 관련이 있다. 갈릴리 왼쪽에 평평한 가운데 조금 올라와 있는 곳이 하틴의 뿔이다. 전투에서 십자군 원정대는 살라딘의 이슬람군대에게 패하였다. 결국 다볼산을 수호하던 베네딕도 수도사들은 물러났고, 이후 1213년 다마스쿠스 술탄의 아들 말릭 엘-무아잠이 산 정상을 요새화하였다. 그때 만들었던 것이 '바람의 문'이다.

바람의 문을 통과하여 200m 정도 사이프러스 나무가 우거진 길을 따라 들어가면 중앙에 3개의 삼각형 지붕 모양의 기념교회가 보인다. 예수님이 영광스러운 모습으로 변형되신 사건(마 17:1~13, 막 9:2~13, 눅 9:28~36)을 기념해서 세워진 교회로, 로마 가톨릭 프란체스코 수도회 소속이다.

'이스라엘에서 가장 아름다운 교회'라고 불리는 현재의 교회는 이탈리아의 유명한 교회 건축가인 바를루찌^{Barluzzi}가 설계하여 1924년에 완공한 것이다. 정원 우측에 바를루찌의 조각이 선명하게 벽에 전시되어 있다. 교회 정문 좌측에는 모세를 기념한 작은 경당이 있고 우측에는 엘리야를 기념한 경당이 있다. 교회 내부로 들어가면 예수님께서 변형하시는 성경의 말씀을 모자이크한 성화가 정면 제단 위쪽에 전시되어 있다. 교회 지붕은 나무로 만들어져 있는데 구원의 방주를 상징한다고 한다.

우측으로 나가면 다볼산에서 주변 전망을 볼 수 있는 곳이 나온다. 이곳에서는 남쪽에 있는 모래산과 동쪽에 있는 길르앗 산지 등이 보인다.

이곳은 사사기의 말씀도 있는 곳이다. 사사기 4장을 보면 사사 예훗이 죽고 나서 이스라엘 백성들이 하나님께 죄를 범하였기에 하나님께서 주변 나라를 세워 이스라엘을 괴롭게 하셨다고 한다. 하솔 왕 야빈의 군대장관 시스라를 중심으로 철병거 900대는 20년간 이스라엘 민족들을 괴롭혔다. 그제야 이스라엘 백성들은 하나님께 부르짖었다. 이에 하나님께서는 그들의 기도에 응답하셔서 여자 예언자인 드보라와 바락 장군에게 이곳 다볼산 정상에 이스라엘 군대 1만 명을 대기 시키셨다. 또한 이스라엘 군대를 치기 위해 진군하던 시스라의 철병거 900대를 향하여 엄청난 비를 내리셨다. 결국 그 무시무시한 철병거가 가장 극적인 순간에 진흙땅에 멈춰지고 시스라는 도망가게 되었다.

이렇게 다볼산은 세상에 속한 모든 것들이 항상 유리할 것 같지만 결국 가장 결정적인 순간에 약함을 가장 강하게 하시는 분이 바로 하나님이심을 온 세상에 알려주는 의미 있는 산이다.

단체 순례객들은 이곳을 방문할 때 왕복으로 셔틀밴을 이용하면 된다(셔틀 비용 약 6불). 충분한 시간적 여유가 있다면 한번쯤 방문해 보기를 추천한다.

10. 악고

악고는 하이파에서 북쪽으로 12km 떨어져 있는 지중해 항구도시이다. 이곳은 여호수아가 아셀 지파에게 분배한 장소이지만, 여호수아 사후에 아셀 지파가 악고 주민을 몰아내지 못했던 곳으로 사사기 1장 31절에 나온다. 신약성경에는 "두로를 떠나 항해를 다 마치고 돌레마이에 이르러 형제들에게 안부를 묻고 그들과 함께 하루를 있다가(행 21:7)"라며 사도바울이 3차 전도여행 중 잠시 머물렀던 장소로 나온다. 이렇듯 악고는 성경에서 크게 중요한 장소가 아니다. 하지만 악고는 약 4000년 이전부터 두로, 시돈과 함께 페니키아 지역 항구로서 중요한 역할을 하였다.

악고는 고대부터 중요한 도시였기에 BC 19세기의《이집트 저주 문서》에

악고 선착장　　　　　　　　악고 십자군 요새　　　　　　악고 십자군 기사들의 방

악고 십자군 템플러 터널 물류 수송

악고 십자군 식당홀

악고 성벽 전경

도 언급되었다. 당시 이집트인들은 그들이 적이라고 생각하는 족장들의 이름과 지명 이름을 도기와 토우에 기록하여 저주하는 주술을 행하였다. 그들은 도기와 토우를 박살내 버리면서 적의 힘도 무력화시킬 수 있다고 생각했는데, 그곳에 적힌 저주 문구에 악고가 등장한다. 악고는 BC 14세기의《아마르나 서신》에도 언급되었다. 이집트의 엘아마르나에서 발견되어 세상에 알려진 378개의 토판은 고대 근동의 강대국, 가나안과 북부 시리아에 있는 봉건제국들이 이집트와 외교서신을 교류한 것들이다.

이곳은 여러 민족에게 매력적인 장소였기에 세계사의 중요한 통치자들이 거쳐 갔던 곳이기도 하다. BC 3세기경 헬라 시대 당시 이집트의 프톨레미 왕조의 지배를 받으면서 '돌레마이'가 되었으며, AD 63년에는 이탈리아의 폼페이가 이곳을 중심으로 팔레스타인 땅을 로마의 식민지로 만들었다. 이후 AD 68년 유대 1차 반란 진압 당시에는 베스파시안과 티투스 장군을 중심으로 약 6만 명 이상의 군대가 악고 항구를 이용하였다. 악고는 AD 636년 이후 초기 아랍 시대에도 중요한 항구로 사용되었으나, 십자군 시대에 정점에 달했다. AD 1104년 1차 십자군 원정 당시에는 예루살렘 왕국과 유럽 사이의 교량 역할을 했던 악고 항구를 십자군이 점령하여 자신의 도시로 발전시켰다. 그러나 AD 1187년 살라딘 장군에 의해 잠시 이슬람의 지배를 받다가, AD 1191년경 3차 십자군 원정대에 의해 회복되어, AD 1291년까지 약 100년간 예루살렘 왕국Kingdom of Jerusalem의 수도로 사용되었다. 이런 이유로 이곳에는 아직까지도 십자군 유적이 많다.

십자군 시대의 막을 내린 사람은 맘룩 왕조의 투르크족이었다. 그들은 AD 1291년에 악고를 차지했다. 이후 악고에는 AD 16세기 이후부터 강력해진 오스만 제국의 세력이 지배했다.

악고는 나폴레옹과도 관련이 있다. 1799년 프랑스의 세력이 팽창할 때 나폴레옹은 이탈리아를 원정한 후에 시리아를 점령하고 악고를 차지했다. 하지만 나폴레옹 군대에 페스트가 창궐했고 상황이 안 좋아지자 그는 60일 후에 악고에서 후퇴했다. 이곳은 최근 1917년까지 오스만 제국의 점령 하에 있었다.

  우리는 대부분 유적이 있는 악고 올드시티(구도시)를 방문하게 된다. 악고 올드시티 입구에 들어서면 우선 십자군의 유적을 많이 볼 수 있다. 기사들의 방과 기사들이 지내는 실내공간과 감옥 등 십자군 시대를 이해할 수 있는 많은 유적과 유물이 있다. 십자군 시대에 유럽에서 넘어온 수많은 성지 순례단이 대부분 이곳에 머물면서 이스라엘 순례의 시작이 되었다고 볼 수 있다.

  해변으로 이동하다 보면 템플러 터널Templer Tunnel을 통과할 수 있다. 이곳에서는 항구라서 많은 물류를 운송했던 십자군 시대의 터널을 감상하게 된다.

  악고는 또한 오스만 제국 시대에도 중요한 도시였기에 터키식 목욕탕의 유적을 간혹 볼 수 있다. 올드시티 중간에는 초록색 지붕의 모스크도 볼 수 있는데, 이것을 '제자르 모스크Jezzar Pasha Mosque'라고 한다. '제자르'는 오스만 제국 시대 통치자의 이름이다. 전승에는 이곳에 모하메드의 수염이 보관되어 있다고 한다.

11. 로쉬하니크라

  바다와 절벽이 아주 자연스럽게 어우러진 로쉬하니크라는 이스라엘 지중해 해안선에 가장 북쪽에 있으며 예루살렘에서는 약 205km 떨어져 있다. 현재 이스라엘과 레바논의 국경지대이다. 이스라엘과 레바논의 국교가 단절되어 있어 지나갈 수 없지만, 이곳에서 북쪽으로 40km만 올라가면 성경에 나

로쉬하니크라　　　　　　　　　　　　　　　　로쉬하니크라 코끼리 모양 바위

오는 두로 지방에 갈 수 있어 아쉬움이 진하다.

　이곳은 이스라엘 관광청이 추천하는 '가보고 싶은 장소 10선'에 포함될 만큼 아름다운 명소다. 특히 파도가 오랫동안 만든 약 200m의 동굴이 있는데, 형형색색의 바위와 푸른 에메랄드 빛 파도의 아름다움은 그야말로 장관이다.

　동굴까지는 케이블카를 타고 약 70m 정도 내려간다. 짧은 거리지만 로쉬하니크라의 가장 하이라이트 전경을 보고 내려가게 되니 꼭 사진에 담아보도록 하자. 약 15분 정도 거리에는 로쉬하니크라를 소개하는 영화《로쉬하니크라 바다와 산의 사랑이야기》를 무료로 상영하고 있다.

　지중해의 아름다운 해변과 석회석 절벽의 조화가 절묘한 동굴 투어를 마치고 나오면 코끼리 머리 모양의 자연적인 석회석 절벽이 보인다.

　로쉬하니크라에서는 1918년 이후 영국이 약 40년간 이스라엘 땅을 위임 통치했던 시절에 이곳을 통과했던 오리엔탈 특급열차의 터널도 볼 수 있다.

12. 욥바

욥바는 히브리어로 '야파', '야페'이며 '아름답다'라는 의미이다. 약 4000년의 역사를 가진 지중해의 고대 항구인 욥바는 성경에 자주 언급되었다. 약 3000년 전에 솔로몬왕은 예루살렘에 성전을 7년 동안 건설하기 위해 레바논의 두로 지방에서부터 백향목을 수입하여 욥바 항구를 통하여 예루살렘으로 들여왔다(대하 2:16). 요나 선지자는 하나님께서 니느웨에 가서 하나님의 말씀을 선포하라는 명령을 불순종하고 반대쪽인 다시스 지방으로 가기 위해 욥바 항구에서 배를 탔다(욘 1:3).

신약성경 사도행전 10장에는 베드로가 다비다라는 여인을 살리고 시몬이라는 사람의 집에서 꿈속에 환상을 보게 되는 이야기가 나오는데 그 장소가 욥바 항구이다. 베드로는 이곳에서 환상을 통하여 이방인 선교에 대한 확신을 하나님께 받고, 가이사랴에 가서 이방인으로는 최초의 세례를 로마의 백부장 고넬료에게 주었다.

욥바에는 현재 아름다운 공원, 항구 주변의 볼거리, 많은 예술가의 작품이 전시된 갤러리 등이 모여 있다. 특히 공원 중심에는 베드로 환상

욥바공원 조형물

기념교회가 우뚝 솟아 있으며, 맞은편 공원 언덕에 올라가면 텔아비브 해변의 아름다운 전경을 볼 수 있다. 그리고 중앙에 흰색 조각물이 마치 문의 모양으로 있는데 성경의 세 가지 사건을 상징적으로 표현한 조각이다. 맨 위쪽은 여리고 성에 진격하는 이스라엘 민족들을, 좌측에는 모리아산에서 이삭을 번제로 드리려는 아브라함을, 우측에는 꿈을 꾸면서 천사와 씨름하는 야곱을 묘사했다.

13. 찌포리

"찌포리? 성경에 나오는 곳이에요?" 대부분의 성지 순례객들이 하는 질문이다. 찌포리는 성경에 나오는 장소는 아니지만 성경의 배경을 이해하는데 매우 중요한 곳이다. 찌포리는 예수님이 어린 시절을 보낸 나사렛과 멀리 있지 않기에 예수님의 교육적, 문화적 배경을 추정할 수 있는 장소이다.

나사렛에서 북서쪽 약 6km 떨어진 '찌포리'는 '새'라는 의미이다. 언덕 정상에 있는 성채가 마치 새가 둥지를 튼 모습과 같다고 하여 '찌포리'라는 이름이 붙여졌다. 로마 원로원으로부터 분봉왕의 지위를 받게 된 헤롯왕은 BC 38년 겨울에 갈릴리 지역의 찌포리를 점령하고 로마에 도시를 바치는 충성심을 보였다. 그때부터 갈릴리 지역의 수도로서 크게 도시는 번성하였다. 헤롯왕이 죽고 그의 세 번째 아들인 헤롯 안티파스도 갈릴리의 수도로 찌포리를 유지하였다.

찌포리에는 대대적인 토목공사를 진행하면서 주변의 많은 기술자가 유입되었다고 전해진다. 학자들은 그 당시에 목수인 요셉과 예수님도 찌포리에서 일을 하였을 것으로 추측한다. 예수님께서 큰 도시인 찌포리에 자주 방문

찌포리 전경

하셨다면 찌포리의 상당히 많은 문화를 접했을 것이고, 찌포리에 있는 극장에서 서커스나 연극 등을 구경하셨을 것이다. 고대 그리스에서 '위선자(휘포크리테스 hypocrites)'는 '연극배우'라는 뜻이다. 그리고 예수님께서는 말만 하고 행함이 없는 바리새파를 보고 '위선자'라고 말씀하셨다. 고대의 나사렛은 촌동네였다. 그렇기에 만약 예수님께서 나사렛에서만 지내셨다면 실제 삶과 다른 삶을 연기하는 배우를 염두에 둔 "위선자"와 같은 단어는 사용하지 않으셨을 것이다. 누가복음 4장에 보면 안식일에 회당에서 예수님의 가르침에 반발하여 예수님을 배척한 나사렛 사람들 이야기가 나온다. 찌포리와 성경 말씀을 비교해서 함께 본다면 성경 배경 이해에 도움이 될 것이다.

우선 성경에 '직가(행 9:11)'라고 적힌 로마 시대의 중심 도로 '카르도^{cardo}'에 가보자. 오래된 중심 도로에 아직도 선명하게 마차가 지나갔던 흔적이 바닥에 보이고, 화려하게 장식되었던 바닥 모자이크도 보인다.

근처에 갈색 지붕이 덮여있는 곳이 유명한 '나일 하우스'다. 약 5세기경에 건축된 고급 빌라로 여겨지는 나일 하우스 바닥에는 화려한 모자이크가 펼쳐있다. 모자이크는 매년 나일강의 범람을 기원하는 축제를 여러 모양으로 표현하고 있는데, 남자는 나일강을, 여자는 이집트를 상징하고 있다.

언덕으로 올라가면 AD 2~3세기에 지어졌던 또 다른 고급 빌라의 유적을 발견하게 된다. 내부에 들어가면 특히 선명하게 보이는 여인의 모자이크가 있다. 매우 작은 모자이크 조각을 사용하여 완성된 일명 "갈릴리의 모나리자"이다.

근처에는 약 4500석 규모의 로마 원형극장도 있다. 북쪽에는 회당도 있는데, 회당에 도착하면 바닥에 화려한 모자이크를 보게 된다. 우선 처음 보이는 모자이크는 천사가 아브라함에게 늦은 나이에 아이를 낳을 것이라 알려주는 장면이다. 중간에는 둥글게 12천궁도^{Zodiac}의 조각이 있고 하나님께서 우주의 주관자라는 것을 나타낸 모자이크가 있다. 맨 위쪽에는 법궤를 상징하면서 하나님께서 그 당시에 무너진 성전을 재건해서 이스라엘 민족을 구원하실 것을 기원하는 모자이크가 있다.

찌포리는 미쉬나 탈무드 시대에 유대 종교적 중심지 중의 한 도시였다. 많은 유대인이 이곳으로 몰려왔기 때문이다. 헤롯왕 사후에 찌포리에 있던 유대인들은 처음에는 로마에 대항하여 반란을 일으켰다. 반란이 실패하자 찌포리 유대인들은 AD 66년과 AD 132년에 있었던 1차, 2차 로마에 대항한 반란에 가담하지 않았다. 덕분에 상대적으로 이 지역만큼은 박해가 적었다고 한다. 그래서 예루살렘에 머물지 못하는 상당수의 유대 종교 지도자들이 찌포리에 머물렀다. 또한 363년에 갈릴리에 있던 큰 지진으로 이 도시도 무너졌지만 바로 재건하여 더욱 많은 유대인이 이곳으로 피난 오게 되었다. 특히 AD 200년경에 유명한 유대교 랍비인 유다 하나시가 찌포리에 머물렀다.

갈릴리의 모나리자

2장 갈릴리호수 (예수님 사역의 길)

"예수께서 온 갈릴리에 두루 다니사
그들의 회당에서 가르치시며 천국 복음을 전파하시며
백성 중의 모든 병과 모든 약한 것을 고치시니
갈릴리와 데가볼리와 예루살렘과 유대와 요단강 건너편에서
수많은 무리가 따르니라"

마태복음 4장 23절, 25절

"이 물이 과연 짠물인가? 민물인가?"

성지순례를 와서 가장 많이 하는 질문 중의 하나이다. 물의 맛을 보면 민물인 것을 확인할 수 있다. 그런데 왜 갈릴리바다라고 불리었을까? 현대에는 언어가 세분화돼서 짠물을 '바다', 민물을 '호수'라고 표현하지만, 고대 이스라엘에서는 물이 많은 곳을 전부 "얌"이라고 표현하였기 때문에 번역 과정에서 '바다'라고 표기한 것으로 보인다.

갈릴리는 히브리어로는 '갈갈'이고 뜻은 '둥글다', '굴러가다'이다. 갈릴리호수는 구약 시대에는 '긴네렛'이라 불렸으며, 신약 시대에는 '디베랴바다', '갈릴리호수', '게네사렛호수'라고 불렸다.

대체로 중동에는 물이 귀하다. 하지만 이곳 갈릴리호수는 놀랄 만큼 큰 규모를

자랑한다. 동쪽에서 서쪽까지 가장 긴 곳의 길이가 14km이고, 남쪽에서 북쪽까지의 길이가 20km이다. 전체 호수의 둘레는 약 55km이고 가장 깊은 곳의 수심은 약 45m 정도이다. 대부분 헬몬산에서 내려오는 3개의 북요단강의 발원지(단, 가이사랴 빌립보, 스닐)에서 갈릴리호수에 풍요로운 물을 공급하고 있다. 또한 해수면이 매우 낮다. 무려 -210m이다. 게다가 주변의 높은 산들에 둘러싸여 있어서 경사가 심하다. 그래서 바람이 세게 불면 파도가 세게 친다. 예수님께서 이곳에서 제자와 같이 배를 타고 가실 때 바다가 아님에도 큰 풍랑이 일어났던 이유가 그것 때문이다. 이스라엘 정부는 항상 최대 -208m, 최소 -215m로 호수의 해수면을 유지하고 있다. 수심이 -215m 밑으로 내려가면 주변에 염도 1%의 짠물이 갈릴리호수로 역류하여 민물로 사용하기 어렵기 때문이다. 티베리아스 선착장 우측에는 현재 갈릴리호수 해수면을 디지털로 표시해놓았다.

**갈릴리 호숫가에서 주님은 시몬에게 물으셨네
사랑하는 시몬아 넌 날 사랑하느냐
오 주님 당신만이 아십니다.**

《갈릴리 호숫가에서》를 사람들이 함께 부르며 갈릴리호수에 도착하면 항상 푸근한 고향 같은 느낌이 든다. 예수님의 전도 기간에 가장 많은 시간을 보내셨던 곳이 갈릴리호수이기 때문이다. 제자들을 처음 부르시고, 많은 병인을 고쳐주시고, 또한 천국 복음의 말씀을 가르치시고, 심지어는 갈릴리호수의 심한 파도를 잠잠하게 하셨던 예수님의 사랑이 느껴지는 곳이다.

갈릴리호수 주변 지명 위치 외우는 법

왼손을 펴서 손바닥을 바라보자. 엄지손가락이 티베리아스, 검지가 게네사렛, 가운뎃손가락이 가버나움, 네 번째 손가락이 벳새다, 마지막 손가락이 거라사다.

1. 가버나움

갈릴리 호숫가의 한 마을인 가버나움은 예수님의 공생애 활동의 중심 도시였다. 예수님은 가버나움을 전도활동의 핵심인 선교센터로 삼으시고, 전도 활동을 마치면 언제나 가버나움으로 돌아오셨다. 그래서 가버나움은 예수님을 만나기 위해 구름같이 모여든 사람들로 북적였다. 선교센터에 많은 사람이 모여드니 예수님은 식사할 겨를도 없으셨다고 한다(막 3:20). 현대의 기준으로 보면 선교센터에 부흥이 일어나고 있었던 것이다.

이천 년 전에 사람들은 하나님의 진리의 말씀을 듣기를 원했다. 아픈 사람들은 치료받을 권리도 없었으며 율법에 의해 멀리 방치되고 회복할 기회도 없었다. 그런 암울한 시대에 나사렛 출신의 청년 예수님의 "회개하라 천국이 가까이 왔느니라"는 말씀 선포는 가히 대중들에게는 혁명과도 같았다. 이 놀라운 전도 활동의 중심인 가버나움을 잘 둘러보고 깊은 묵상을 한다면 순례 여행에 중요한 전환점이 될 수 있다.

가버나움은 히브리어 '크파르'와 '나훔'의 합성어다. 크파르는 우리말로 '동네'라는 뜻이고, 나훔은 사람 이름이다. 우리말로 해석하면 '나훔의 동네'라는 뜻이 가버나움이다. 혹자는 나훔을 구약에 예언자 중 한 명이라고 하지만 그건 학자들 간에 이견이 있다. 가버나움은 마태복음 9장 1절에 "예수께서 배에 오르사 건너가 본 동네에 이르시니"라고 '본 동네'로 적혀있다. 그래서 가버나움에 가면 입구에 영어로 "Capernaum The Town of Jesus(예수님의 도시 가버나움)"이라고 쓴 파란 간판이 있다. 가버나움에 도착해서 서 있으면 우선 "와! 제법 잘 정돈이 되어있네"라는 느낌을 받는다.

입구에서 10시 방향으로 이동하면 흰색으로 된 커다란 건물이 보인다. 이천 년 전에 그 유명한 예수님의 말씀의 가르침과 이적이 있었던 가버나움의 회당이다. 이 회당을 보면 제일 먼저 생각나는 이적이 있다. 바로 중풍 병자를 메고 네 사람이 예수님을 만나고 병이 치료되었던 사건이다(막 2:1~12). 중풍 병자, 나병 환자 등과 같은 병이 있는 사람은 이천 년 전에는 마을에서 쫓겨나 마치 들에 사는 들짐승들과 같이 방치되었다. 집에도 올 수 없고 늘 "나는 부정한 사람입니다"라고 외쳐야 했다(레 13:45~46). 제대로 치료받을 방법과 권리도 박탈당한 소외계층이었다. 그러한 안타까운 중풍 병자를 네 사람이 돌에 맞을 각오하고 마을에 들어와서 회당에 도착했는데, 이들은 여기서도 절망하게 되었다. 예수님께서 회당에서 가르치실 때 구름같이 사람들이 모여 있었기 때문이다. 그럼에도 이들은 포기하지 않고 기어이 지붕에 올라가서 줄을 달아 내렸다. 그 간절한 믿음의 중심을 예수님이 보시고 중풍 병자를 고쳐주셨다.

가버나움 지역은 현무암 지대이기에 예수님께서 활동하셨던 시기에는 회당이 검은색이었을 것이다. 지금도 가버나움 회당 주변에는 현무암으로 만들어진 터가 보이고, 회당 밖으로 나가면 회당 밑에 검은 현무암층이 보인다. 현무암층은 AD 1세기에 세워진 회당 터이고, 그 위에 흰색 돌은 AD 4세기에 재건된 회당 터이다.

회당으로 들어가는 문은 3개이다. 당시 사람들은 설교하는 사람을 3면으로 둘러싸 경청했다고 한다. 나머지 열린 1면은 회당 문이 있는 방향인데, 막지 않고 열어 놓았다고 한다. 회당 문의 방향이 거룩한 예루살렘의 방향이기 때문이다. 이는 거룩한 곳을 등져서 가리지 않기 위함이다. 회당 입구 우측에는 정결례를 하던 장소가 있다.

회당은 본당과 별관으로 구분되어 있는데, 회당 본당은 2층 규모로 되어 있다. 좌측 위쪽에 철제 빔으로 고정한 곳을 자세히 보면 2층 구조였음을 알 수 있는 기둥의 흔적이 있다. 따라서 중풍 환자의 친구 네 사람은 지붕을 뜯

① 갈릴리호수 전경
② 가버나움 회당
③ 현무암층이 보이는 가버나움 회당

어내고 줄을 내려 중풍 환자를 예수님께 보낼 수 있었던 것이다.

중풍 환자를 치료해 주신 것 외에도 가버나움에서는 많은 일이 있었다. 우선 12년 동안 혈루증을 앓던 여인이 예수님의 옷자락을 만진 것만으로도 나았던 기적이 있다. 예수님의 옷자락은 단순한 옷자락이 아니라 히브리어로 '찌찌트'라는 것이다. 찌찌트는 성경에 옷술이라 표현되었는데, 옷술에는 613개의 매듭이 있다. 당시 성인 남자들이 옷에 달고 다녔던 옷술은 '말씀'을 상징한다. 이 여인은 예수님의 말씀을 잡게 되면 병이 낫는다는 마지막 희망이 있어서 잡았던 것이다. 예수님도 "내 능력이 나가는 것을 느꼈다"고 말씀하셨다. 또한 예수님은 이곳에서 회당장 야이로의 딸을 고쳐주시는 등의 놀라운 기적을 보여주셨다.

그러나 중풍 병자를 고치실 때 "인자야, 네가 죄 사함을 받았다"라고 말씀하시는 것을 본 바리새파와 서기관들은 서로 수군거렸다. "하나님 외에는 누가 죄를 사하겠는가?"와 같은 의심을 하며 이들은 예수님께 찾아가서 더 많은 표적을 보여 달라고 요구했다. 예수님은 이들에게 "악하고 음란한 세대가 표적을 구하나 요나의 표적밖에는 보여 줄 표적이 없느니라"라고 말씀하셨다. 그리고 이들의 불신에 "가버나움아 네가 하늘에까지 높아지겠느냐 음부에까지 낮아지리라. 네게 행한 모든 권능을 소돔에서 행하였더라면 그 성이 오늘까지 있었으리라. 내가 너희에게 이르노니 심판 날에 소돔 땅이 너보다 견디기 쉬우리라 하시니라(마 11:23~24)"라며 탄식하셨다.

가버나움은 예수님 시대에 대도시는 아니지만 그래도 잘 사는 마을이었다. 호숫가이기에 물고기를 사고파는 어장이 있었으며, 헤롯 안티파스의 영토인 갈릴리 지방과 헤롯 빌립의 영토인 가이사랴 빌립보 지방 사이의 국경 지역이었다. 당시는 이곳을 지나다닐 때 국경세를 내야 했다. 예수님의 제자 마태도 이곳에서 세관원으로 있었다. 또한 이곳은 맷돌석의 생산지였다.

풍요가 있고 잘살면 하나님의 말씀은 풍요에 뺏기게 된다. 가버나움 사람들은 풍요로운 현실에 안주하여 말씀을 제대로 듣지 않았다. 따라서 많은 기적을 보였음에도 바리새파와 서기관들이 모세의 자리에 앉아 예수님을 자꾸 시험했으며 회개하지 않았다. 예수님은 결국 가버나움, 고라신, 벳새다 세 개의 고을을 책망했다. 예수님의 말씀을 못 받아들인 이곳에는 AD 1세기경에 지진이 크게 한 번 일어났다. AD 79년에 이탈리아 폼페이 베수비오 화산이 터졌을 때도 영향이 여기까지 미쳤다. AD 738년에도 엄청난 지진이 있었으며, 이슬람 시대 때 마을은 쑥대밭이 되기도 했다. 이곳은 지금 잘 만들어진 것으로 보이지만 100년 전까지만 해도 폐허였다.

회당을 나오면 바로 맞은편에 현무암으로 된 AD 1세기의 공동주택의 유적이 보인다. 그 뒤에 있는 팔각형의 모습이 베드로의 집터이다. 마태복음 8장에 보면 이곳에서 예수님께서 베드로 장모의 열병을 고쳐주셨다. 열병은 전염병이었는데, 마을에서 쫓겨날 위기에 있는 베드로 장모를 예수님께서 고쳐주심으로써 베드로 장모는 후에 이곳에서 예수님의 수종을 들게 되었다.

베드로의 집터에는 AD 4세기에 가정집 모양의 교회가 세워졌다가, 5세기 중엽에 팔각형 모양의 교회가 세워져 7세기까지 사용되었다. 현재 우리가 보는 것은 1990년에 이탈리아 건축가 아베타가 새롭게 세운 교회이다.

베드로 집터 위에 세워진 교회로 올라가면 중간 바닥이 대략 가로 4m, 세로 4m 정도의 유리로 되어 있어서 베드로 집터를 내려다볼 수 있다. 이곳은 가톨릭 미사가 자주 진행되고 있어서 들어가기 전에 입구가 열려 있는지 확인해야 한다.

교회 좌측에는 오른손에 천국의 열쇠 2개, 왼손에 목자의 지팡이를 들고 있는 베드로의 동상이 있다. 동상 반석 위 오른쪽 발 앞에는 물고기가 있는

가버나움 베드로 동상

◀ 가버나움 집터와 베드로 장모 집터

데, 어부였던 베드로의 모습을 표현한 것이다. 동상 아래쪽에는 "내가 이 반석 위에 내 교회를 세우리니(마 16:18)"라는 예수님의 말씀이 적혀 있다.

여유가 된다면 가버나움에 있는 호숫가 해변도 가보면 좋다. 보통 가버나움 유적만 보고 호숫가로는 못 나가는 줄로 안다. 아니다! 여기야말로 가버나움에서 예수님을 묵상하기에 좋은 최적의 장소이다. 한적한 호숫가에서 예수님께서 제자들과 함께 많은 이들의 영혼 구원에 대해 고민했던 목자의 안타까운 심정을 헤아려 보자. 예수님께서는 "얘들아 깊은 데로 가서 그물을 던져라"라고 말씀하셨다. 순례를 통해서 신앙이 깊어지고, 복음의 그물을 깊은 곳에 가서 던지라는 것이 예수님의 뜻일 것이다. 사실 가버나움은 이천 년 전에 예수님께서 계셨던 장소에 서 있다는 것만으로도 감사의 기도가 넘쳐나는 곳이다.

2. 팔복교회

산에 올라가는 게 행복하다면? 이스라엘에 행복산이 있다면? 더구나 갈릴리호수 근처에 있는 산이라면? 그렇다면 팔복교회를 찾아가면 된다. 행복산 위에 세워진 교회이기 때문이다. 이곳에 도착하면 눈앞에 펼쳐진 둥그런 갈릴리호수의 모습이 인상적이다. 티베리아스, 게네사렛, 가버나움, 벳새다, 거라사 등 성경 상의 지명이 선명하게 잘 보이는 이곳에서는 사진을 찍어서 꼭 남기자.

팔복교회는 예수님께서 산 위에 무리를 모으시고 교훈을 내린 성서 중의 성서라 일컬어지는 '산상수훈山上垂訓' 중 여덟 가지의 참된 행복을 말씀하셨던 것을 기념하는 교회이다. 예수님께서는 이곳에서 이웃 사랑에 대한 말씀

팔복교회

팔복교회 내부 산상수훈 설교 장면

여덟 개의 복을 라틴어로 장식한 팔복교회 천장

2장 갈릴리호수 99

과 빛과 소금의 비유 등을 말씀하셨다. 그런데 확성기도 없던 당시에 예수님께서는 어떻게 5천 명 이상이나 되는 무리에게 말씀을 전하셨을까? 예수님께서는 바람의 방향을 이용하셔서 말소리가 멀리까지 나갈 수 있게 하셨다.

팔복교회는 AD 5세기경에 최초로 세워졌고, 현재 교회는 1939년에 다시 세워진 기념교회이다. 오늘날 팔복교회 건축에 가장 많은 헌금을 한 사람은 이탈리아의 무솔리니다. 따라서 지금도 이곳은 이탈리아 수녀회에서 관리하고 있다.

교회로 들어가는 입구는 잘 정돈되어 있다. 좌측에는 오병이어 기적을 연상하게 하는 돌로 된 모자이크도가 있고, 길옆에는 여덟 개의 복이 영어로 새겨져 있다. 교회 입구에는 예수님께서 제자들과 무리에게 가르치시는 장면의 성화가 있다. 그리고 내부에는 지붕을 둘러서 여덟 개의 복을 라틴어로 장식하고 있다.

교회 근처에는 정원이 많이 있어서 주변을 둘러보기 좋은 환경이다. 갈릴리호수를 바라보면서 예수님께서 말씀하실 때 이용하셨던 그 바람을 느끼며

마태복음 5장 3절에서 10절 말씀의 팔복

심령이 가난한 자는 복이 있나니 천국이 그들의 것임이요
애통하는 자는 복이 있나니 그들이 위로를 받을 것임이요
온유한 자는 복이 있나니 그들이 땅을 기업으로 받을 것임이요
의에 주리고 목마른 자는 복이 있나니 그들이 배부를 것임이요
긍휼히 여기는 자는 복이 있나니 그들이 긍휼히 여김을 받을 것임이요
마음이 청결한 자는 복이 있나니 그들이 하나님을 볼 것임이요
화평하게 하는 자는 복이 있나니 그들이 하나님의 아들이라 일컬음을 받을 것임이요
의를 위하여 박해를 받은 자는 복이 있나니 천국이 그들의 것임이라

성경을 읽고 묵상과 기도를 하길 바란다.

성지순례도 여행이기에 모든 일정을 바쁘게 보내다 보면 내가 지금 행복한 순례가 되고 있는지 의심이 들 때가 있다. 그럴 때 이곳에서 나 자신을 돌아본다면 아마도 이번 여행은 우리에게 최고의 성지순례가 될 것이다. 주님은 우리에게 세상이 주는 행복보다 하늘나라에서 내려오는 행복을 받길 원하신다는 것을 잊지 말자.

3. 오병이어 교회

이스라엘에서 제일 유명한 모자이크가 이곳에 있다. 양쪽에 물고기가 있고 가운데 광주리에 빵이 담겨 있는 모자이크가 일명 '오병이어 모자이크'다. 이스라엘 성지순례를 하다 보면 곳곳에 이 모자이크가 정말 많다. 접시, 컵, 냉장고 자석, 가방, 액세서리 등이 모두 오병이어 모자이크로 되어 있다. 우리 집에도 오병이어 접시가 항상 식탁에 있다. 오병이어의 기적이 항상 이 식탁에 이루어지길 바라는 마음에서다.

"이스라엘에서 뭘 사가지고 가면 좋아요?"라고 물어보면 나는 단번에 "오병이어 접시가 좋습니다"라고 말한다. 왜냐면 이스라엘에서만 살 수 있는 특별한 모자이크이기 때문이다. 다만 세라믹으로 만든 접시라서 깨지지 않게 가지고 가야 한다.

성경에는 오병이어의 기적이 벳새다 들녘이나 빈들에서 일어났다고 말하고 있지만, 오병이어 교회는 현재 갈릴리호수 북쪽에 '타브가'라는 곳에 있다. 국제 도로인 해변길과 연결되는 이곳에는 비잔틴 시절의 교회 터가 있고, 교회 터 바닥에는 물고기 2마리와 빵 4개가 그려진 모자이크가 있다. 제단

오병이어 기념교회 전경

아래에 있는 바위는 예수님께서 빵과 물고기를 놓고 축사하셨던 것으로 알려졌는데, 그 바위 위에 교회가 세워졌던 것으로 본다. 사람들은 1600년대에 발견된 '오병이어 모자이크'를 보고 오병이어의 기적을 기념하는 곳이라고 추정하고 있다. 지금의 교회는 1982년에 세워진 것이다.

오병이어 교회는 우리가 잘 아는 오병이어의 기적을 기념하는 곳이다. 당시 예수님을 따라다니던 사람들은 대부분 헐벗고 굶주린 자들이었다. 제자들은 그들이 먹을 것을 달라고 폭동을 일으킬까 봐 두려워서 예수님께 각자 먹을 것을 먹고 돌아오게 할 것을 제안했다. 하지만 예수님께서는 "갈 것 없다. 너희들이 주어라"라고 말씀하셨다. 기가 막힌 제자들은 이들을 전부 먹이려면 200데나리온이 들어갈 거라고 말했다. 이 말씀을 우리가 잘 이해하려면 성경에 나오는 데나리온의 화폐 가치가 얼마인지 알아야 한다. 일반적으로 성인 남자가 하루에 꼬박 일을 마치면 1데나리온의 수입을 얻는다고 한다. 그럼 200데나리온은 꼬박 200일을 일해야만 얻을 수 있는 금액이다. 현재 우리나라의 화폐로 환산하면 대략 2천만 원 정도 되는 큰돈이다. 세상의 논리와 기준으로는 도저히 해결할 수 없지만 예수님은 하늘을 바라보며 하나님께 기도하셨다. 그리고 어린아이는 자신이 가지고 있는 물고기 2마리와 빵 5개를 예수님께 드렸다. 예수님은 축복의 기도를 하시고 나누어 주셨다. 놀랍게도 5천 명이나 되는 사람들이 다 먹고 남은 광주리가 12개나 되는 기적이 일어났다(마 14:13~21, 막 6:35~44, 눅 9:12~17, 요 6:5~14). 생명의 빵이신 예수님께 늘 고백하고 나의 모든 것을 하나님의 영광을 위해 사용할 때 우리는 가장 선하게 쓰임 받는 것이다.

그런데 오병이어 모자이크를 자세히 보면 광주리에 담겨 있는 빵이 사실 5개가 아니고 4개이다. 그럼 사병이어인가? 아니면, 모자이크 만든 사람이 실수해서 4개만 만들었을까? 실수가 아니고 일부러 4개만 만들었다는 해석이 많은데, 4개만 만든 이유에 대해서는 의견이 분분하다. 우선 광주리에 담긴 빵은 4개이지만 나머지 보이지 않는 빵 1개는 교회의 주인이시며 생명의 빵이 되신 예수님이라는 견해이다. 또 하나는 모자이크 바로 뒤에 있는 울퉁불퉁한 기초석이 나머지 1개의 빵을 의미한다는 해석이다.

오병이어 모자이크

그럼 빵은 어떤 빵이고, 물고기는 어떤 물고기일까? 이 기적의 빵은 현재 이스라엘 사람들이 가장 많이 먹는 '피타빵'이다. '피타'는 아랍어로 '빵'이란 의미이다. 피타빵은 중동 지역에서 많이 먹는데 속이 텅 비어있어서 그 안에 고기나 야채를 채워서 샌드위치처럼 먹기도 하고, 병아리콩을 갈아서 만든 호무스와 함께 먹기도 한다. 피타빵과 호무스는 이스라엘의 대중음식이다. 광주리 양 옆에 등지느러미가 2개 그려진 기적의 물고기는 이스라엘 사람들이 '암눈'이라고 부르는 고기로, 현재 '베드로 물고기'로 알려져 있는 것이다.

4. 베드로 수위권 교회

열두 제자 중에 예수님과 가장 많은 시간을 보낸 사람은 누구일까? 아마 베드로일 것이다. 성경을 읽다 보면 몇 명의 제자가 예수님과 따로 다녔을

베드로 수위권 교회

예수님이 베드로에게 목자의 지팡이를 주는 동상 　　　베드로 수위권 교회 내부
　　　　　　　　　　　　　　　　　　　　　　　　　그리스도의 식탁

때도 늘 베드로는 예수님과 동행하였다. 그래서 가이사랴 빌립보에서 예수님께서 제자들에게 "너희들은 나를 누구라 생각하느냐?"라는 질문에 "주님은 살아계신 하나님의 아들이십니다"라고 베드로가 고백하게 된 것이다. '수위권'이란 수제자의 권리를 위임한다는 말이다. 요즘은 '새 사명 교회'라 부르기도 한다. 베드로에게 새 사명을 주었다는 말이다.

갈릴리 주변에서 전도 활동을 하시던 예수님의 예루살렘 입성은 곧 인류의 죄를 지시는 거룩한 구원의 완성 길이지만 제자들에게는 준비가 부족했던 모양이다. 예수님께서 겟세마네에서 로마의 군인들에게 잡혔을 때 제자들은 모두 흩어졌다. 심지어 베드로는 자신을 알아보는 사람들을 향해 예수님을 모른다고 부인하고 저주까지 퍼부었다. 실망한 제자들에게 예수님은 "무서워 말라. 가서 내 형제들에게 갈릴리로 가라 하라. 거기서 나를 보리라"고 말씀하셨다(마 28:10).

이곳 베드로 수위권 교회는 예수님께서 부활하신 이후 세 번째 나타나신 사건을 배경으로 하는 장소이다(요 21장). 베드로를 포함한 일곱 제자는 예수님이 돌아가셨을 것이라고 생각했다. 그들은 실망해서 원래 하던 직업인 어부로서 갈릴리호수에서 밤새 그물질을 했다. 새벽이 오자 예수님께서는 약 100m 떨어진 배를 향해 "얘들아 너희에게 고기가 있느냐?"라고 외치셨다. 그리고 또 "그물을 배 오른쪽에 던지라. 그리하면 잡으리라"고 말씀하셨다. 누구의 말인지는 모르지만 제자들이 순종하여 오른쪽으로 그물을 던졌더니 고기가 153마리나 잡혔다. '153'이란 숫자는 유대인들에게 '엘로임'이라는 의미의 상징적인 수이다. 이후 제자들은 그 말씀을 하신 분이 예수님이라는 것을 알고 몹시 놀랐다. 심지어 베드로는 너무 놀라서 바다에 빠졌다. 예루살렘에서 자신이 저주한 예수님께서 부활하셔서 나타나신 그 상황을 베드로는 너무 부끄러운 모습으로 맞닿게 되었다. 그때 예수님은 생선과 빵을 만드셔서 제자들에게 아침을 대접하시고 베드로에게 "요한의 아들 시몬아, 네가 나를 다른 사람보다 더 사랑하느냐?"라는 본질적인 질문을 하셨다. 베드로의 고백 이후에 예수님께서는 "네 양을 먹이라. 네 양을 치라"는 당부의 말씀을 하셨다. 세 번이나 베드로는 예수님을 예루살렘에서 부인하고 저주했지만, 예수님은 이곳에서 똑같은 말을 세 번이나 하시면서 베드로의 잃어버렸던 본질을 깨우셨다. 베드로는 어부면서 사람을 낚는 사명을 가졌던 것이다. 베드로는 결국 선교 활동을 다니다 십자가에 거꾸로 못 박혀 순교했다. 가톨릭에서는 베드로를 1대 교황으로 추대하고 있다.

 교회 내부에는 예수님께서 제자들에게 아침 식사를 준비하시고 같이 식사하셨던 전승이 있는 바위가 있는데, 라틴어로 '멘사 크리스티' 즉 '그리스도의 식탁'이다.

 갈릴리호수에 왔는데 막상 갈릴리 호숫가에 손과 발을 담구는 장소는 마땅치 않다. 이곳이 가장 호숫가와 가까이 있어 갈릴리호수를 만질 수 있는 제일 좋은 장소이다. 시간이 있다면 꼭 갈릴리 호숫가에 가서 손도 담가보고 발도 담가보자. 오감으로 이스라엘을 체험한다면 나중에라도 더욱 생생하게 기억이 날 것이다. 또한 여기서는 꼭 복음성가를 불러보자. 제목은《갈릴리 호숫가에서》이다.

5. 벳새다

"화 있을진저 고라신아. 화 있을진저 벳새다야. 너희에게 행한 모든 권능을 두로와 시돈에서 행하였더라면 그들이 벌써 베옷을 입고 재에 앉아 회개하였으리라"

마태복음 11장 21절에 나오는 말씀이다. '어부의 집'이라는 의미의 벳새다는 예수님의 책망 받은 3개의 마을 중의 하나이다.

가버나움에서 우측으로 약 3km 거리에 있는 벳새다는 열두 제자 중에 베드로, 안드레, 빌립의 고향이다. 그리고 예수님의 오병이어의 기적 장소로 알려져 있다.

갈릴리호수 해변으로부터 완만한 능선의 언덕에 위치한 벳새다는 AD 1세기와 4세기 사이의 마을 주거지의 유적이

벳새다 마을도로

남아 있다. 로마 시대의 마을이므로 남북의 중심 도로인 카르도를 따라 이동하면 좌측에 포도주 창고가 있다. 그로부터 약 100m 뒤에는 갈릴리호수가 보이는 전망대가 있고, 각 방향에 따라 지명 표시가 되어 있다. 좌측으로 약 100m 이동하면 마을의 입구로 들어오는 성문의 유적을 확인할 수 있다.

벳새다 어부의 집 그림

벳새다 포도주 제조 가옥 그림

6. 거라사

예수님의 전도 활동 지역이었던 데가볼리 지방 중의 하나이다.

거라사는 1967년 이스라엘이 6일 전쟁 이후 도로 확장 공사를 하는 중에 발견되었고, 현재는 이스라엘 국립공원으로 지정되었다.

입구로 들어가 현무암 담벼락을 따라 좌측으로 30m 걸어가면 왼쪽 마당에 AD 5세기경의 비잔틴 교회 유적이 있고, 그 교회 내부에 물 저장소의 흔적과 제단 오른편에 세례터가 남아 있다.

가버나움에서 우측으로 약 17km 거리에 갈릴리호수 동쪽에 위치한 거라

거라사 비잔틴 교회 전경

거라사 비잔틴 교회 침례터

사는 배를 타고 건너오신 예수님께서 군대라는 귀신들린 사람을 고쳐주신 치유의 기적이 있던 곳이다(마 8:28~34, 막 5:1~20, 눅 8:26~38). 성경에 금기 음식인 돼지가 2,000마리였다는 것은 아마도 이곳이 유대인들에게는 이방의 갈릴리였음을 엿보게 한다.

7. 고라신

가버나움에서 북쪽 방향 약 5km에 위치한 고라신은 성경에 딱 한 번 언급된다. 마태복음 11장 21절에서 예수님의 책망 받은 3개의 마을 중에 하나로 나온다.

고라신은 해발 약 290m에 위치한다. 그리고 남동쪽에 있는 벳새다, 남쪽에 있는 가버나움과 더불어 삼각형 모양의 지역을 형성하고 있다. 이곳은 성

고라신 회당 입구   고라신 회당 전경

고라신 모세의 자리 모조본

고라신 회당 지붕 유적

모세의 자리 진품 (고라신 회당 참고)
이스라엘 박물관 소장

고라신 전경

경의 해변길이 연결되는 지역이라 유동 인구가 많았다. 더불어 경제적으로 풍요로웠던 마을로 추정된다.

국립공원 입구로 들어서면 남북의 중심 도로인 카르도가 나온다. 카르도를 따라 걸어가면 약 100m 우측에 AD 2~3세기에 건축된 유대인의 회당이 남아 있다. 회당으로 올라가는 계단은 넓이가 다르다. 그건 거룩한 장소를 성급하게 올라가지 말라는 의미이다. 회당 안에 들어서면 우측에 '모세의 자리(마 23:1~2)'라고 쓰여 있는 돌로 된 의자를 볼 수 있다. 바리새파와 서기관들의 회당 내의 권위를 상징하는 이 '모세의 자리'를 보면, 예수님께서 바리새파에게 교훈하셨던 말씀을 생각하게 된다. 이 '모세의 자리' 의자는 모조본이고, 진본은 예루살렘에 있는 이스라엘 박물관 고고학관에 전시되어 있다.

회당에는 도리아식 건축 방식을 자세히 볼 수 있는 기둥들이 있다. 마을 유적 주변에 너구리같이 생긴 동물을 볼 수 있는데, 성경에 '사반'이라 불리는 바위너구리가 이곳에 많이 서식하고 있다. 사반은 초식 동물이며 사람이 없는 한가한 시간에 자주 돌아다닌다.

8. 막달라

티베리아스에서 갈릴리호수 해변길을 따라 약 7km 이동하면 절벽이 많은 아르벨산 아래에 있는 마을에 이른다. 이곳은 성경에 막달라 마리아라는 여인의 고향이다. 일곱 귀신 들린 이 여인은 예수님에게 고침을 받고 나중에는 예수님의 장사 되신 무덤에 제일 먼저 찾아갔던 여인이다. 막달라 마리아가 고침을 받은 장소로 알려진 이곳은 최근 대규모의 마을 유적을 발굴 중이다.

근처 해변에 기존 비잔틴 시대 마을 터가 있다.

갈릴리호수 추천 포인트

일정이 허락된다면 갈릴리호수에서 여유를 갖고 이틀 이상 묵는 게 좋다. 바쁜 일정으로 다니게 되면 좋은 장소를 놓치고 갈 우려가 있기 때문이다.

① 갈릴리호수에는 '복음의 길'이라는 트레킹 코스가 있다. 총 65km 정도 되는데 인프라가 제대로 안 되어서 한 번에 다 걷기에는 무리가 있다. 하지만 갈릴리호수 주변 길, 팔복교회에서 가버나움까지 가는 길을 걸으며 주님이 가셨던 길을 묵상해보기를 바란다.

② 갈릴리호수 순례의 하이라이트는 배를 타고 선상 예배를 드리는 것이다. 순례객이 원하면 배를 전세를 내서 선상 예배를 드릴 수 있다. 배 타는 시간은 40분 정도 되는데, 성찬식까지 가능하니 예수님이 전도하셨던 그 장소에서 예배를 드려보는 은혜로운 경험도 해보자.

3장 텔단에서 헬몬산까지
(베드로의 신앙고백의 길)

"예수께서 빌립보 가이사랴 지방에 이르러
제자들에게 물어 이르시되 사람들이 인자를 누구라 하느냐"
"시몬 베드로가 대답하여 이르되
주는 그리스도시오 살아계신 하나님의 아들이시니이다"

마태복음 16장 13절, 16절

1. 텔단

몇 년 전에 이집트에서 오신 한인 교민 분들과 이곳을 지나갔다. 모두 감탄사를 연발하며 "이스라엘 가나안 땅에 이런 장소도 있군요. 이렇게 물도 많고 수풀이 우거진 장소는 저희가 사는 이집트에는 없습니다"라고 놀라워하셨다.

텔단은 헬몬산 기슭에 위치하여 북요단강 3개의 발원지 중 가장 중요한 곳이다. 이곳은 어느 장소를 가도 일 년 내내 물이 풍부하여 마치 에덴동산을 연상하게 한다. 또한 경사가 있어서 요단강이 빠르게 흘러내려가는 것이 보인다.

'단'은 '심판'이라는 의미가 있다. 이곳은 이스라엘의 12지파 중 단 지파의 일부가 북쪽으로 이동하여 성경에 라이스라는 지역을 점령하여 거주한 곳이다. 히브리 민족에게 단은 중요한데, 하나님이 약속하신 가나안 땅이 '북쪽의

텔단 번제단 유적 · 텔단 요단강 상류

단에서 남쪽의 브엘쉐바까지'이기 때문이다. 이스라엘 우측에 있는 요르단이란 명칭도 '단에서 내려간 지역'이라는 의미이다. 단 지파는 용맹스러운 지파로, 삼손도 단 지파였다.

국립공원의 길을 따라 한참 이동하여 언덕에 가면 제사를 드리던 산당이 보인다. 느밧의 아들 여로보암왕이 BC 925년에 건축한 산당의 흔적이다. 여로보암은 초대 북이스라엘 왕인데 천재였으나 결정적으로 하나님을 대적했다. 그는 이곳에 금송아지를 세웠다. 이집트에서 금송아지는 '하토르'라는 신인데 거룩한 존재를 받치는 역할을 한다. 신전이나 거룩한 것을 밑에서 금송아지가 등으로 받치는 것이다. 사실 금송아지를 세우고 그 뒤의 하나님을 바라보라고 한 건데, 백성들은 눈에 보이는 금송아지를 섬겼다. 이 금송아지는 유대의 왕 요시야가 BC 621년 종교개혁을 하기 전까지 있었다.

이곳에는 번제단이 있는데 제단의 높이가 1.2m 정도다. 번제를 드리려면 올라가야 하는데 치마를 입었던 예전 제사장들에게는 상당히 높은 것이었다.

참고로 제사장들이 치마를 입는 이유는 하체의 더러운 것을 가리기 위해서라고 한다.

현재 제사를 지냈던 터 뒤의 계단을 넘어갈 수는 없지만 그쪽 근처로 가면 헬몬산도 보이고 레바논 지역도 흐릿하게 보인다.

입구 반대편으로 나오는 길에는 1차 성전 시대의 성문 유적이 있고, 그 맞은편으로 약 250m 이동하면 가나안 시대의 유적인 아치형의 성문을 볼 수 있다.

텔단 아람어 석비 진본
(이스라엘 박물관 소장)

중동 전쟁

3차 중동 전쟁 (6일 전쟁)

이스라엘로 가는 물의 발원지인 골란고원은 원래 시리아 땅이었다. 그런데 적대적인 나라의 물이 이스라엘로 가니까 이스라엘에서는 불안했다. 결국 1964년에 이스라엘은 시리아에 물을 안정적으로 공급해달라고 제안했다. 시리아에서는 생각해보겠다고 했다가, 물길을 다른 곳으로 틀어버리겠다고 발표했다. 그런 다음 시리아는 이집트에 개입을 요청했다. 이집트는 이란, 요르단과 동맹하여 전쟁 준비를 서둘렀다. 이스라엘에서는 이집트에 수차례 경고를 했으나, 이집트는 경고를 무시하고 병력을 전진 배치했다. 이에 1967년 6월 5일 이스라엘 공군은 최대 전력을 자랑했던 이집트 공군에 기습폭격을 가해 시나이반도 쪽에 전진 배치되어 있던 이집트 공군기 400대 중 300대를 격파했다. 이후 이스라엘 공군기들은 이집트군을 초토화하며 시나이반도를 지나 수에즈 운하까지 진주하여 나흘 만에 이집트 군장비를 거의 파괴했다. 이스라엘은 이 전쟁으로 요단강 서안지구와 시리아와 접경지대인 골란고원을 손에 넣었다. 전쟁으로 막대한 피해가 발생하자 유엔은 정전을 촉구했고 결국 6월 10일 전쟁이 중단됐다.

3장 텔단에서 헬몬산까지

> **4차 중동 전쟁**(대속죄 전쟁)
> 1973년 10월 6일, 이스라엘에 대속죄일이 있는 것을 알고 있는 아랍에서 일부러 대속죄일에 침공을 해왔다. 이스라엘에서는 대속죄일에 총을 못 쏜다. 총을 쏘면 안식일에 일하는 것이라서 위반되는 것이다. 결국 24시간 동안 이스라엘 절반 정도가 상당히 피해를 보았다. 이스라엘은 대속죄일이 지난 후에 반격을 시작했고, 침략을 시작했던 시리아는 전쟁이 불리해지자 오히려 유엔에 중재요청을 했다. 전쟁은 이스라엘 승리로 10월 24일 끝났다.
> 이스라엘에서는 4차 중동 전쟁 이후 방어 목적이라면 대속죄일이라도 무기를 들고 전쟁을 할 수 있게 국법을 바꾸었다.

2. 가이사랴 빌립보

가버나움에서 북쪽으로 70km 거리에 있는 가이사랴 빌립보는 베드로의 신앙고백인 "주는 그리스도시요, 살아계신 하나님의 아들이시니이다(마 16:13~20)"라고 말한 장소로 잘 알려져 있다. 가이사랴 빌립보는 예수님의 전도 사역의 가장 북쪽 지역 중의 하나이다.

예수님이 계셨던 약 2000년 전에는 이곳이 로마의 도시였다. 당시에 로마 황제인 아우구스투스는 BC 20년경에 이 나라를 헤롯에게 분봉왕의 통치권을 부여했다. 그리고 헤롯은 이 장소에 여러 신전과 함께 아우구스투스 신전을 대리석으로 세우고 황제에게 바쳤다. 이어 헤롯왕의 아들인 헤롯 빌립은 BC 2년경에 이 도시를 더욱 확장하고 아버지가 세운 지중해의 가이사랴 도시와 중복되지 않도록 명칭을 '가이사랴 빌립보' 즉 '빌립이 황제에게 이 도시를 바칩니다'라는 의미의 지명을 만들었다.

절벽이 보이는 지역 앞에서는 시원하게 발원되는 헬몬산의 물줄기를 감상할 수가 있다. 이곳은 북요단강의 3개의 수원지 중의 하나이다. 물은 1급수이며 중간에는 1급수에서만 서식하는 송어도 보인다.

 현재는 이곳 지명을 '바니야스'라고 부른다. 하지만 헬라 시대부터 목동들을 위한 수호신인 판신을 섬기던 신전들이 있었기에 전에는 '파니야스'라고 불렀다. 이후 초기 아랍 시대에 내려오면서 '바니야스'라고 칭했다.

 전면에 계단을 타고 올라가면 로마 시대에 있었던 여러 신전을 그림으로 보여주고 있다. 좌측부터 아우구스투스 신전, 판 신전, 제우스 신전, 염소 신전이다. 당시 사람들은 높은 산을 바라보면서 이곳에서 제사를 지냈다. 이 많은 신전이 있는 어느 곳에서 예수님께서 제자들에게 처음으로 그리스도이심을 직접 알려주신 것이다.

가이사랴 빌립보 바니야스 폭포 ▶

가이사랴 빌립보 신전터

3장 텔단에서 헬몬산까지

또한 곧 예루살렘에서 대제사장과 장로들에게 고난 받으시고 십자가에 달려 돌아가실 것을 말씀하셨다. 베드로는 그런 일이 없을 것이라 장담했지만 예수님은 좀 전까지 축복하셨던 베드로를 사랑하시기에 "사탄아 내 뒤로 물러가라. 너는 나를 넘어지게 하는 자로다. 네가 하나님의 일을 생각하지 아니하고 도리어 사람의 일을 생각하는도다(마 16:23)"라며 꾸짖으셨다. 그리고 예수님께서 제자들에게 말씀하셨다.

"누구든지 나를 따라오려거든 자기를 부인하고 자기 십자가를 지고 나를 따르라(마 16:24)."

가이사랴 빌립보에서 예수님께서 제자들과 가장 인격적인 교제를 하셨던 성경을 기억하면서 나에게 주어진 십자가를 한번 묵상해 보기 바란다.

3. 하솔

갈릴리호수의 티베리아스를 기준으로 북쪽 20km에 위치한 하솔은 성경에서 "모든 나라의 머리(수 11:10)"라고 나와 있다. 하솔은 북쪽으로는 시리아와 메소포타미아, 남쪽으로는 이집트를 연결하는 '해변길'에 위치한 도시 국가로, 비옥한 토지와 물을 확보할 수 있는 지형적 특징을 가지고 있다.

하솔은 성경에 여러 번 기록되었다. 우선 여호수아가 하나님의 도우심을 받아 하솔을 공격하여 전멸시켰다는 이야기가 나온다(수 11:1~12). 역사학자들은 이 시기를 BC 13세기라고 추정한다. 지금도 하솔에 있는 성에는 불에 탄 흔적이 있다. 사사기 4장에는 선지자 드보라와 바락 장군이 하솔 왕 야빈의 군대장관 시스라를 물리친 이야기가 나온다. 하나님께서는 야빈왕을 이스라엘 자손 앞에 굴복하게 하셨다. 열왕기상 9장 15절에도 언급되었는데, 솔로몬왕은 므깃도, 게셀과 함께 하솔에 전쟁을 위한 병거성을 건설하였다(왕상 9:15).

이곳은 지리적·전략적으로 중요한 자리에 있어서 고대 문서에도 많이 언급되었다. 우선 BC 19세기 《이집트의 저주 문서》에 처음 이름이 올랐다. 유프라테스강 중류의 도시 마리에서 발견된 BC 18세기 때의 《마리 문서》에도 이스라엘의 도시로는 처음 기록되었다. 그리고 BC 14세기에 하솔 왕 아브디 티르쉬와 이집트의 파라오 아켄나켄이 교류한 서신들이 이집트의 아마르나에서 발견되었다.

이곳은 BC 9세기 북이스라엘의 아합왕 때 도시가 2배로 확장되었다가, BC

하솔 유적 전경

733년 아시리아의 디글랏 빌레셀 3세에게 마지막으로 파괴되었다고 한다.

하솔 입구에 도착하면 좌·우측에 각각 3개씩의 방이 있는 성문을 보게 된다. 이런 성문의 구조는 므깃도, 게셀에 있는 것과 같은데 전부 솔로몬 시대에 건축되었다는 것을 말해준다. 이 도시에는 윗부분과 아랫부분을 연결하는 계단도 발굴되었다. 그건 하솔이 상부 도시와 하부도시로 구분되었다는 것을 보여준다. 상부 도시에는 신전과 행정기관과 거주지가 주로 있고, 전쟁을 위한 병거성인 하부도시에는 마차를 위한 요새를 위한 시설이 있다. 또한 주변에 물 공급을 위한 수로가 있는데 지하 40m 아래까지 내려간다.

이스라엘 박물관에 가면 하솔에서 발견된 유적들이 많이 전시되어 있다. 특히 사자 모양의 현무암으로 된 2개의 동상이 발견되었는데, 그것은 이집트의 영향을 받은 유적임을 말해준다.

4. 헬몬산

히브리어의 '헤렘'과 '온'의 합성어이다. '헤렘'은 '신에게 바쳐지는 성스러운 장소'라는 의미이고, '온'은 '도시'나 '아들'을 의미한다. 따라서 '헬몬'은 '신에게 바쳐지는 성스러운 도시'나 '신에게 바쳐지는 성스러운 아들'이라는 뜻이다. 헬몬은 여호수아가 여리고 점령 후 모든 것을 파괴한 것과 관련되어 있다. 여호수아는 하나님과의 약속대로 가나안의 도시 중 가장 먼저 점령한 성읍인 여리고를 하나님께 바쳤다.

이스라엘의 최고봉인 헬몬산은 이스라엘 대지에 물과 이슬을 전달해 주는 아주 중요한 역할을 한다. 헬몬산에 있던 눈이 녹아내려 요단강으로 흘러가고, 그 물은 갈릴리로 유입된다. 또한 시편 133편 3절의 '헐몬의 이슬이 시온

골란고원 전망대에서 본 시리아

의 산들에 내림 같도다'와 같은 말씀이 나올 정도로 헬몬의 이슬은 물의 양이 아주 많다. 이슬이 한번 내리고 나면 소나기가 흠뻑 내린 것 같다. 그래서 헬몬에 사는 이들은 아침 일찍 일어나서 이슬을 먹고, 부족한 수분을 보충했다. 그것은 사람만 그런 게 아니라 동물과 식물도 그랬다. 이렇게 물이 많은 곳이기에 주변에는 복숭아, 체리, 사과, 배 등의 유실수가 많다.

이스라엘에서 가장 높은 정상은 2,236m이다. 작은 이스라엘 땅에 해수면 −431m인 사해가 있고, 2,236m의 헬몬산도 있는 것이다. 이스라엘은 이렇게 고도차가 심해서 3, 4월에 사해나 갈릴리호수에 가면 더워서 해수욕을 하고, 헬몬산에 오면 자연 눈으로 된 스키장에서 스키를 탈 수 있다.

성경 속 식물 – 종려나무

성경 속 식물들

① 일곱 개의 작물 : 밀, 보리, 포도, 무화과, 석류, 감람나무, 꿀
성경에 보면 모세가 가나안 땅을 설명할 때, "밀과 보리의 소산지요. 포도와 무화과와 석류와 감람나무와 꿀의 소산지"(신 8:8)라고 했다.

② 종려나무
대추야자를 가리킨다. 무리들이 종려나무 가지를 가지고 호산나를 찬송하였다(요 12:13).

③ 뽕나무
삭개오가 예수님을 보려고 올라갔던 나무다(눅19:4).

④ 로뎀나무
엘리야가 그늘에 앉아 죽기를 구한 나무다(왕상 19:5).

⑤ 백향목
레바논의 백향목이 유명하다. 솔로몬의 성전 건축자재로 사용되었기에 백향목 목재를 지중해를 이용해서 육로를 거쳐 예루살렘에 가져왔다(왕상 5:6~10).

⑥ 엉겅퀴
건조한 땅에서 많이 나는 엉겅퀴는 성경에 부정적인 의미의 식물로 주로 묘사되었다 (창 3:18, 마 7:16).

⑦ 살구나무
아론의 지팡이에 살구 열매가 열렸었다(민 17:8). 원래 히브리어 성경에는 아몬드나무라고 적혀있으나, 아몬드를 모르던 때에 번역을 했기에 한국 성경에는 살구나무라고 적혀있다.

⑧ 겨자
예수님께서는 작은 것을 주로 겨자씨에 견주어 말씀하셨다(마 13:31, 마 17:20, 막 4:31, 눅 13:19, 눅 17:6).

4장 요단계곡과 사해
(예수님께서 세례받으신 길)

"그때에 예수께서 갈릴리 나사렛으로부터 와서
요단강에서 요한에게 세례를 받으시고 곧 물에서 올라오실새
하늘이 갈라짐과 성령이 비둘기같이 자기에게 내려오심을 보시더니
하늘로부터 소리가 나기를
너는 내 사랑하는 아들이라 내가 너를 기뻐하노라 하시니라"
마가복음 1장 9절~11절

1. 요단강 세례터

이곳에 오면 우리는 두 번 놀라게 된다. 첫 번째는 요단강 맞은편이 요르단 영토라는 사실이다. 이스라엘과 요르단의 육로국경지대에 요단강 세례터가 있다. 따라서 여리고에서 동쪽으로 이동하면 점점 긴장감이 고조된다.

두 번째는 강의 폭이 약 6m 정도밖에 안 돼서 다시 놀라게 된다. 요단강 세례터에 가까이 가면 강의 폭과 규모가 작아서 대부분 실망하게 된다. 하지만 실망은 금물이다. 성서 시대에는 강폭이 수백 미터나 되었다. 성경에 보면 요단강은 매우 건너기가 어려웠던 강이다. 따라서 이스라엘 민족이 모압 평야에서 법궤를 매고 가나안으로 갈 때 요단강을 매우 두려워했다고 한다.

요단강 세례터 전경

요단강 세례터 2013년 1월 13일 물이 범람했던 표시

다윗도 아들 압살롬을 피해서 도피할 때 배를 타고 요단강을 건넜다. 단지 지금은 댐으로 물을 막아 사용하여 옛 모습을 찾아볼 수 없을 뿐이다. 이곳 한쪽 구석에는 숫자로 '13.01.2013'이라고 표시된 푯말이 있다. 그건 2013년 1월 13일에 큰비가 내려서 요단강 수위가 매우 높아졌던 것을 표시한 것이다.

  요단강 세례터의 현지 지명은 '카스르 엘 예후드'이고, 가장 낮은 위치의 강으로 알려져 있다. 요단강은 구약에서는 40년 광야 생활을 하던 이스라엘 민족들이 약속의 땅으로 들어가는 마지막 관문이었다. 신약에서는 이 요단강에서 예수님께서 세례 요한에게 세례를 받으셨다. 이스라엘에 많은 강물 중에서 예수님의 세례가 있었던 요단강에서 메시아의 사역이 시작된 것이다.

강물을 만져보자. 보기에는 흙탕물 같아서 성지순례 하는 분들이 막상 이곳에 오셔도 절반 이하 사람들만 만져보곤 한다. 하지만 구약 시대 엘리사 선지자가 나아만 장군을 고칠 때 이 요단강에 일곱 번 가서 씻으라고 명령하였다. 나아만은 매우 분노했지만 주변의 권유로 일곱 번이나 들어갔고, 나올 때는 한센병이 백옥같이 깨끗해졌다. 나아만은 감탄하며 "당신들이 믿는 하나님이 진정한 하나님이시다"라고 외쳤다.

이 요단강 세례터에서 예수 그리스도의 세례를 받고, 성령이 비둘기같이 내려 순례 길에 선 우리 위에 임하시길 바란다.

2. 여리고

남북으로 긴 이스라엘의 딱 중간에 있는 곳이다. 요단강을 쭉 따라서 내려가면 여리고가 나온다. 지금은 아랍의 도시가 되었지만, 이스라엘 민족이 출애굽 이후에 제일 먼저 점령했던 성 여리고가 이곳에 있다.

여리고는 자랑거리가 많은 도시이다. 해발 -290m로 세계에서 가장 낮은 곳에 있는 도시이며, 지구상에서 약 9000년이라는 가장 오래된 성곽 도시를 가지고 있는 곳이다. 또한 클레오파트라가 매우 사랑했던 도시이다. 클레오파트라는 이집트 왕이지만 여리고를 좋아했다. 기후가 따뜻하니까 과일이 풍성했으며, 멀지 않은 곳에 사해가 있기 때문이다. 클레오파트라는 피부가 좋았는데 그런 피부를 유지했던 건 사해의 물로 씻었기 때문이라고 한다.

'여리고'는 '달^{Moon}'이라는 뜻의 히브리어 '야레악'이 어원이다. 즉 '달의 도시'라는 의미이다. '종려의 성읍'으로도 불렸는데, 그건 예로부터 10m가 넘는 종려나무들이 많았기 때문이다.

종려나무는 식물학적으로는 대추야자다. 일 년에 한 번 9월부터 10월 사이에 열매가 열린다. 40년 이상 되면 키가 15m 정도 되는데, 아무리 커도 곧게 서 있어서 성품이 곧은 의인(시 92:12)을 상징한다. 이런 상징성 때문에 종려나무 가지는 초막절이나 수전절에 사용되었다(레 23:40, 느 8:15). 그리고 종려나무 열매 말린 것은 훌륭한 비상식량이 되었다. 헤롯은 창고에 종려나무, 무화과 등을 말려서 저장할 수 있는 건 다 저장했다. 설탕은 먹으면 독을 먹는 거나 마찬가지인데 종려나무 시럽은 달고 건강에도 좋다. "젖과 꿀이 흐르는 곳"이라는 말은 농경과 목축을 할 수 있는 곳이라는 말이다. 여기서 '꿀'을 종려나무 열매라고 해석하는 사람도 있다.

◉ 텔여리고

사람이 거주하기 위해서는 중요한 몇 가지 요소가 있다. 첫째는 적으로부터의 방어가 유리한 곳. 둘째는 물과 식량을 수월하게 구할 수 있는 곳. 셋째는 교통의 요충지이다. 이러한 몇 가지 요소를 텔여리고는 전부 갖추고 있다.

BC 약 7000년 전에 만들어졌던 전망대 유적

텔여리고 가나안 시대 성벽 유적

'여리고 언덕'이라는 이곳은 구약 시대의 여리고 성터에 해당한다. 텔여리고 입구에 들어가서 좌측으로 10m 정도 이동하면 여리고 성벽의 발굴현장을 발견하게 된다. 후기 청동기와 철기 시대에 걸쳐서 세워진 일부 성벽들이다. 고대 여리고 성벽은 안쪽 성벽과 바깥쪽 성벽의 이중성벽 구조로 되어 있어 매우 견고한 성벽이었다. 그만큼 방어를 해야만 하는 중요한 성벽이라는 것이다.

　전경이 매우 잘 보이는 여리고 언덕의 정상에 가보면 동쪽 요르단 쪽으로는 느보산과 모압평야가 드넓게 보이고, 남쪽으로는 사해가, 서쪽으로는 유대광야가, 북쪽으로는 요단계곡이 보인다. 정상부근에서는 가장 오래된 유적인 BC 약 7000년 전에 만들어졌던 높이 약 8.5m의 돌로 쌓은 고대 전망대가 보인다.

텔(Tel)이란?

고대 중동 사람들은 대개 언덕 위에 흙벽돌과 돌로 건물을 세웠는데, 지진 등의 자연재해나 전쟁 등으로 건물이 자주 무너져 내리곤 했다. 그러면 잔해를 치우지 않고 폐허로 버려진 곳 위에 돌과 흙을 편편하게 다지고 새로운 흙벽돌과 돌로 건물을 새로 지었다. 이런 과정을 여러 번 반복하면 층이 생기면서 언덕은 점점 높아진다. 이렇게 만들어진 언덕을 '텔'이라고 부른다.

📍 엘리사의 샘(술탄의 샘)

　여리고에는 일 년에 불과 200mm 미만의 적은 비가 내린다. 하지만 여리고에 분당 약 1000gal(3785ℓ)의 많은 물이 지하에서 솟아나는 놀라운 곳이 있다. 엘리사의 샘이다. 지중해 쪽 높은 산지의 물과 습기가 동쪽의 급격한 경사지 지하에 흘러내려 가장 낮은 땅인 여리고의 샘에서 뿜어 나오는 것이다.

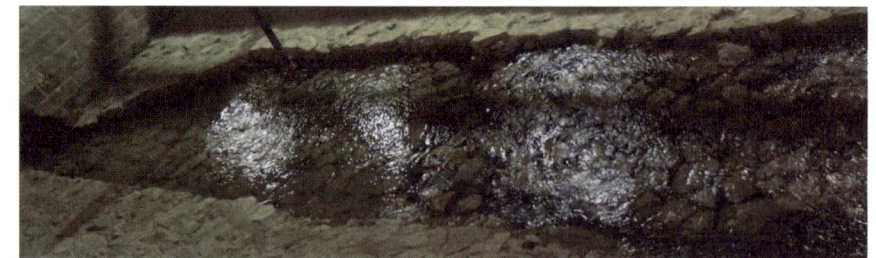

여리고 엘리사의 샘 발원지

텔여리고 건너편에 '엘리사의 샘(술탄의 샘)'이 있는데, 이곳은 엘리야의 승천을 보며 갑절의 능력을 간구했던 엘리사가 요단강을 건너고 처음 행하였던 사역이 있던 곳이다. 엘리사는 성읍의 물이 나쁘다고 불평하는 이들에게 소금을 가져오라 하여 뿌려서 물을 좋게 만들었다. 물이 깨끗해지니 다시는 죽음이나 열매 맺지 못함이 없어졌다(왕하 2:19~22). 지금도 이 엘리사의 샘물은 많은 이들에게 생명이 되는 생수와 농업 용수의 근원이 되고 있다. 물이 매우 맑아서 자세히 보면 다슬기도 살고 있다. 잡지는 말고 눈으로 보고 즐기자.

📍 시험산 전망대

누구나 유혹을 받는다. 심지어 예수님께서도 유혹을 받으셨다(마 4:1~11, 막 1:12~13, 눅 4:1~13). 광야에서 40일간 기도하셨던 예수님을 사탄은 세 번이나 유혹했다.

첫 번째 유혹은 "네가 만일 하나님의 아들이어든 명하여 이 돌들로 떡덩이가 되게 하라"였다. 육신의 굶주림의 연약함을 파고드는 사탄의 유혹에 예수님께서는 "사람이 떡으로만 살 것이 아니오. 하나님의 입으로부터 나오는 모든 말씀으로 살 것이라 하였느니라"라고 말씀하셨다. 이 첫 번째 유혹을 물

시험산 전망대

리치신 장소를 기념해서 AD 6세기 이후부터 그리스 정교회 소속 '시험산 수도원'이 절벽 꼭대기 부분에 자리 잡고 있다. 수도원 안에 들어가 보면 바위를 홈으로 깎아서 사람이 앉을 수 있도록 만든 의자가 있다. 전승에 의하면 예수님이 사탄으로부터 유혹을 받은 곳이라고 한다. 수도원에는 작은 길로 힘겹게 올라갈 수는 있지만, 문지기가 잘 들여보내주지 않는다.

두 번째 유혹은 사탄이 예수님을 예루살렘 성전으로 데리고 가서 "네가 만일 하나님의 아들이거든, 여기에서 뛰어내려 보아라"고 한 것이다. 이에 예수님께서는 "주 너의 하나님을 시험하지 말라"고 말씀하셨다.

세 번째 유혹은 시험산 정상에서 있었는데, 사탄은 예수님에게 "만일 내게 엎드려 경배하면 이 모든 것을 네게 주리라"고 유혹하였다. 예수님께서는 "사탄아 물러가라. 기록되었으되 주 너의 하나님께 경배하고 다만 그를 섬기라 하였느니라"고 선포하셨다. 그러자 사탄이 물러갔다.

시험산 중턱을 왕복하는 빨간색 케이블카가 2006년 이후 설치되었다. 케이블카를 타고 시험산을 향하여 이동하면서 아래에 텔여리고의 전경을 감상

4장 요단계곡과 사해

하도록 하자.

시험산 전망대에 올라가면 전면에 여리고가 보인다. 이스라엘 민족은 사해 동편 모압 산지 뒤편으로 해서 여리고까지 올라와 모압평야 싯딤 골짜기에 진을 쳤다. 이곳에서 열시 방향으로 보이는 볼록 올라온 산지가 느보산이다.

삭개오의 뽕나무

📍 **삭개오의 뽕나무(돌무화과나무)**

"이 삭개오의 뽕나무가 정말 이천 년 되었나요?"라는 질문을 많이 받는다. 누가복음 19장의 예수님과 삭개오의 만남을 연상할 수 있는 나무가 여리고 중심가에 있다. 그러나 그 당시의 뽕나무는 아니고 그 뽕나무의 3대, 4대손 정도의 나무라고 할 수 있다. 식물학자들은 이곳에 서 있는 뽕나무가 500년 정도 된 나무라고 한다.

우리 성경의 '뽕나무'는 헬라어 성경에는 '쉬크모아(돌무화과나무)'라고 쓰여 있다.

돌무화과나무는 더운 곳에 심으면 잘 자란다. 무화과는 일 년에 네 번 열리는데, 처음 열리는 것을 '파게'라고 한다. 제대로 된 무화과를 얻기 위해서는 파게를 따줘야 한다. 그래야 상품성 있는 큰 무화과 '테에나'를 얻을 수 있다. 자기를 죽이고 자기를 끊어

버려야지만 나오는 것이다.

　예수님이 활동하던 시대는 로마 제국이 이스라엘을 지배하던 시대였다. 로마는 세금징수를 위해 호구조사를 시행했고 또한 이 세금을 위해 여러 사람을 고용하였다. 그중에 높은 지위에 있는 삭개오는 많은 유대인에게 원성을 샀고 심지어 죄인이라는 소리까지 들었다. 그러나 예수님은 삭개오를 만나실 때 "삭개오야 내가 오늘 네 집에서 머물러야겠다"라고 말씀하셨다. 삭개오는 기뻐하여 예수님을 맞이하며 자신의 마음에 무거운 죄를 다 회개받기 위해 "내 소유의 절반을 가난한 자들에게 주겠사오며 만일 누구의 것을 속여 빼앗은 일이 있으면 네 갑절이나 갚겠나이다"라고 고백했다(눅 19:8). 삭개오는 유대인의 율법에 있는 기부와 죄 사함의 모든 것을 실천하길 원했던 것이다. 그 마음을 보신 예수님께서 "이 사람도 아브라함의 자손이고 이 집에 구원이 임하였다"라고 선포하셨다. "이 세상의 무거운 짐 진 자들아 다 내게로 오라. 내가 너희를 쉬게 하리라"고 하신 예수님을 인격적으로 만난 삭개오가 부러울 뿐이다.

유목민들의 삶

여리고로 가는 길에는 자연적인 동굴이 많다. 어떤 동굴은 유목민들이 주거지로 사용하는데, 특이한 것은 양들을 동굴 안으로 몰아넣고 함께 산다는 것이다.
유목민 베두인들은 생활만족도가 높은 민족 중의 하나다. 자기 생활에 만족하고 욕심이 없다. 그들은 새벽 해 뜨기 전 4시에서 5시 정도에 일어난다. 아이들과 여자들은 먼저 가서 양들 젖을 짜고, 우유, 치즈를 만든다. 남자는 아침 먹을 준비를 하고 아침 식사 후에는 하루 종일 양을 친다. 밤에는 짐승들을 가둬놓고 가족이 모여서 노래하고 얘기한다.
이곳은 물이 부족한 곳이기에 이 사람들에게 물은 생명이나 마찬가지다. 남이 내 물을 뺏어 먹으면 내 생명을 약탈하는 것으로 생각하고 이들은 죽기 살기로 싸운다. 남의 물을 뺏어 먹은 자는 오른팔을 잘라버린다. 이런 사건은 1967년 6일 전쟁까지도 실제로 있었다. 또한 8개월이나 비가 오지 않기 때문에, 비가 올 때는 비를 커다란 물 저장고에 저장한다. 물 저장고가 깊고 넓기 때문에 요셉이 물구덩이에 빠졌을 때 못 나왔던 것이다.

베두인은 이웃 부족에게는 엄격하지만, 손님에게는 관대한 사람들이다. 한 번은 엄청 더울 때 베두인 가정에 방문한 적이 있다. 그 사람들이 오라고 해서 갔더니 염소 털로 짠 천막에 30분 정도 있으라고 했다. 제일 좋은 천막이 염소 털로 짠 것인데, 제대로 짠 염소 털 천막은 우리 돈으로 3000만 원 정도다. 천막 안에 있으니 처음에는 땀이 났지만 10분 정도 지나니 체온이 내려갔다. 햇볕과 그늘의 온도차는 5도 정도 된다. 30분 정도 있으면 정말 있을 만하다. 거기에 적응하면 커피나 '샤이'라는 티를 준다. 그것을 마시면, 아랍인들은 '내가 제공해준 것을 이 사람이 먹으니, 나의 성대를 받을 마음이 되어 있구나'라고 생각하여 묻지도, 따지지도 않고 3일을 먹이고 재워준다. 부담스러울 정도로 너무 잘해준다.

3. 쿰란

가장 오래된 성경인 사해 사본 두루마리가 발견된 장소이다.

여리고 평지가 끝나는 곳이 사해이고, 사해에서 얼마 떨어지지 않은 곳에 쿰란이 있다. 예루살렘에서 약 40km 동쪽에 떨어져 있는 이곳은 유대 지방의 끝이기도 하다.

이천 년 전 유대교에는 4개의 분파, 즉 사두개파, 바리새파, 에세느파, 열심당파가 있었다. '사두개파'는 대제사장의 직분을 세습하며 내려왔다. 성전에 제사를 대행하는 역할을 하면서 막대한 종교적 특권을 가지고 있었으며, 내세를 믿지 않고 현실을 사는 사람들이었다. 심지어 '부활도 없고 천사도 없다'라고 말했다. 그 반면에 '바리새파'는 '하나님께 가까이 가야 한다'라며 대

중과 친밀하게 지내면서 율법과 안식일의 준수를 외쳤다. 요세푸스가 제4의 학파라고 부른 '열심당파'는 AD 67년부터 AD 70년까지 로마에 항거한 구국투사들이었다. 필요하면 무력을 행사해서라도 하나님께서 주신 약속의 땅에서 이교도를 몰아내고 하나님의 주권과 유대인의 땅을 회복해야 한다고 생각했다. 그리고 쿰란의 주인공인 '에세느파'는 유대광야와 사해 근방에서 세상과는 단절된 공동체 생활을 하며 지냈다. 요세푸스에 의하면 약 4천여 명의 에세느파가 있었다고 한다.

에세느파는 낮에는 종려나무 재배와 같은 자급자족을 주로 하였고, 밤에는 그날 있었던 부정한 일들을 물에 들어갔다 나오며 씻는 정결례 예식(히브리어로는 미크베)을 했다. 그 다음에는 구약성경을 양가죽 두루마리에 직접 잉크로 필사했다. 필사는 세 명이 한 조로 했다. 한 명은 쓰고, 한 명은 읽고, 한 명은 관리 감독을 했다. 성경 필사에는 총 19개의 규칙이 있었다. 이러한 과정을 통해 필사된 것은 성경 두루마리와 여러 규율서, 성전 두루마리 등이었다.

하지만 AD 68년에 로마 제국이 제1차 유대 반란을 진압하면서 쿰란 에세느파 공동체는 파괴되고 사람들은 전부 죽게 되었다. 다행히 에세느파 사람들은 공동체가 파괴되기 전에 소중하게 필사된 두루마리와 유물들을 뚜껑이 있는 항아리에 담아 주변 절벽에 있는 총 11개의 동굴에 숨겨두었다.

이후 약 1900년 동안 동굴 속에 남아 있던 유물은 1947년 1월에 주변에서 양을 치던 두 명의 베두인 소년에 의해 발견되어 알려지게 되었다. 베두인들은 발견한 7개의 양가죽 두루마리를 베들레헴의 골동품 주인 칸도에게 팔았다. 칸도는 그중 일부 3개의 두루마리를 히브리대 고고학 교수인 수케닉 박사에게 판매하였고, 일부는 시리아정교회 대주교에게 팔았다. 그 후 수케닉 교수는 유물을 확인하러 이 장소를 찾았고, 이스라엘 정부와 요르단 정부와

쿰란 공동체 정결례탕 유적

쿰란 공동체 형태

쿰란 필사본 모조본

◀ 쿰란 4번 동굴 전경

정결 예식용 돌항아리
(요한복음 2장 6절)

가톨릭 단체 등은 공동 발굴단을 만들었다. 그들은 1947년부터 1965년 사이 이 주변을 계속 다니며 발굴했다. 발굴단은 동굴 10개를 더 찾아냈고, 그 안에는 수백 개의 두루마리가 있었다.

'사해사본'은 사해 전체에서 발견된 사본이고, 그중 이곳 쿰란에서 발견된 것이 '쿰란사본'이다. 오늘날 '맛소라 사본'이라는 구약성경의 대부분이 이곳 쿰란에서 발견되었다. 발굴단은 사본 발굴에 이어 에세느파 사람들이 바위 아래에서 공동생활을 하던 옛 도시의 흔적도 찾아냈다. 한편 칸도가 시리아 정교회 대주교에게 넘겼던 두루마리는 다시 넘겨져서 미국에서 경매에 부쳐졌는데, 경매 최고가가 25만 불이었다.

히브리어와 아람어로 되어있는 구약 말씀이 이곳에서 발견되기 전까지는 9세기나 10세기에 있었던 레닌그라드 사본, 알레포 사본이 제일 오래된 것이었다. 하지만 사해사본은 BC 25년까지 내려간다. 사해사본은 현재 이스라엘 박물관에 전시되어 있는데, 제일 가치가 높은 것이 이사야서다. 이곳에서 발견된 6m 길이의 이사야서는 1장부터 66장까지 전부 완벽하게 갖춰져 있다. 특히 이사야서 53장은 메시아에 대한 확신을 줄 수 있는 근거가 되는 말씀이라 아주 중요하다. 이 말씀으로 기독교인들은 고난 받았던 예수님을 메시아로 확신하지만, 유대교인들은 이 말씀의 주어를 예수님이 아닌 이스라엘 민족으로 해석하고 있다.

　그 당시 최고의 기술은 두루마리를 발견하자마자 앞뒤로 스카치테이프를 붙이고, 약품에 오래 담아두어 양피지 두루마리가 부러지면 조금씩 열어보는 방식이었다. 성경 두루마리를 펼치기 위해 테이프를 붙였던 초창기 작업에서 테이프를 제거하는 복원작업이 총 40년 걸린다. 지난 20년 동안 작업이 되었고 앞으로도 20년간 추가 작업이 진행되어야 하는데, 러시아계 유대인 여성 3명이 거룩한 작업을 지금도 진행하고 있다.

　놀라운 것은 만약 이 사해사본이 100년이나 200년 전에 발견되었다면 그 당시의 기술로는 도저히 복원될 수 없다는 것이다. 1947년 발견되었기에 영구히 보존될 수 있는 것이다. 이스라엘은 아직도 성경 두루마리를 복원 중이다.

　더욱더 놀라운 것은 수천 년 전에 쓰여 수많이 번역됐지만, 그 내용이 현대에 나온 성경과 같다는 것이다. 우리가 현재 보는 성경이 수천 년 전에 쓰인 것과 똑같다는 것은 무척 경이로운 일이다.

　사해사본은 성경의 정통성을 증명하는 결정적인 고고학 발굴이라 할 수 있으며, 예수님께서 "하나님의 말씀은 일점일획 없어지지 않고 영원하리라"라는 말씀이 구체적으로 실현된 것이다.

　공동체가 있었던 유적을 안내 순서에 따라 이동하면, 성경 필사했던 방과 정결례 목욕탕 물 저장소, 공동체 식당과 공동체 작업장 등을 볼 수 있다. 그리고 약 50m 전면에 그늘막이 있는 곳으로 가면 11개의 동굴 중에 네 번째 발견된 동굴인 '4QS^{Qumran Scroll} 동굴'을 선명하게 볼 수 있다. 동굴들은 번호가 있는데 네 번째 발견된 동굴에서 제일 많은 유물이 발견되었다.

　또한, 쿰란에는 사해 제품을 제대로 살 수 있는 기념품 판매장이 있다. 어느 정도 구매하면 세금환급도 받을 수 있어서 선물을 사려는 성지순례객들이 이곳에는 많이 모인다.

4. 엔게디

다윗의 이야기가 남겨진 사막의 오아시스다.

성경에는 장인과 사위의 갈등 상황이 여러 장면 묘사된다. 가장 대표적인 경우가 바로 사울왕과 다윗의 관계라고 볼 수 있다. 다윗은 엘라 골짜기에서 블레셋의 거인 장군 골리앗을 물리친 후에 사울왕의 딸 미갈과 결혼하여 부와 명예를 얻었다. 다윗이 이스라엘 백성들의 인기까지 얻자 사울왕은 다윗을 질투했다. 다윗은 결국 사울왕을 피해 도피하다가 '들염소의 샘'이라 불리는 '엔게디'까지 왔다. 이곳에서 사울왕은 군대 3천명을 일으켜 다윗을 잡으려고 했다. 그러나 오히려 다윗은 사울왕이 발을 가리울 때 사울의 겉옷자락을 잘랐다. '발을 가리운다'라는 표현은 왕이 생리적인 현상을 해결할 때 사용하는 은유적인 표현이다.

엔게디는 엄청난 바위계곡 사이로 두 개의 높은 봉우리가 좌·우편에 우뚝

엔게디 전경

서 있는 곳이다. 한쪽 봉우리 정상에서 다윗은 사울왕을 애타게 "아버지여"라고 외치며 자신의 억울한 사정을 호소했고, 다른 한쪽 봉우리에는 사울왕이 있었다. 그러나 사울왕은 다윗이 자신의 겉옷자락을 베어가지고 있는 상황에 낙심하여 돌아가 버렸다. 다윗은 "내 원수의 목전에서 내게 상을 베푸시고 내 잔이 넘치나이다"라는 노래처럼 속은 썩어갔지만, 오히려 자신을 죽이려고 하는 사울왕에게 "하나님의 기름 부음 받은 사람이다"라며 자비를 베풀었다. 이러한 다윗이기에 나중에 이스라엘의 12지파가 전부 다윗 앞에 조아렸다.

7년 반 동안 헤브론에서 유대 왕이었던 다윗은 33년간 예루살렘에서 유대와 이스라엘의 왕이 되었다. 그때가 이스라엘 민족의 중흥기였다. 하지만 다윗도 인간이기에 실수했고, 그 밧세바의 사건으로 죗값을 치러야했다.

엔게디 전망대에서는 계곡 쪽에 폭포수가 떨어지는 것이 보인다. 다윗의 폭포다. 중앙 산악지대의 높은 곳에서부터 발원되어 내려온 물이 이 척박한 사막으로 모이는 것이다. 유대광야의 깊은 곳에 있는 오아시스가 반갑기만 하다.

블레셋 사람들과 향료길

'블레셋'은 그리스 족속으로, '바다 사람들'이라는 뜻이다. 크레타에 살던 이 족속들은 지금으로부터 6천 년 전에 배를 타고 이집트로 건너갔다. 하지만 나일강 하류 쪽은 엄청난 곡창지대였기에 이집트는 이미 강력한 문명이 있었다. 이집트인들이 배격하자 이들은 이집트 북쪽 변방인 블레셋평야로 쫓겨났다. 다행히 이곳은 무역 항구로서의 중요한 지리적 위치에 있었다. 여기서 동서로는 브엘세바가 있고, 맘쉬트를 거쳐서 페트라까지 갔다. 페트라는 남북으로 긴 '왕의 대로'와 연결이 되는데, 왕의 대로는 지금의 사우디아라비아를 거쳐서 예멘까지 이어진다. 예멘에는 각종 향료들, 특히 나드향이 나오는 원산지다. 한 여인이 예수님 발에 나드향을 발랐는데 그 나드향은 300 데나리온이었다. 300 데나리온은 현재 우리나라 돈으로 3천

> 만 원 정도이다. 이렇게 나드향과 같은 고급 향료와 인도의 금이라거나 물품들이 무역로를 통해서 가자 지구에 모여졌다. 블레셋 사람들은 아테네, 그리스, 알렉산드리아와 같은 지중해와 해상무역을 했다. 그리고 사막의 무역은 나바테아인이 담당했다. 나바테아인은 낙타 수백 마리를 이끌고 한 달에서 석 달 정도 물건을 운반해 팔았다. 이게 '인센스 루트Incense Route', '향료길'이다. 결국 가자 지구와 페트라와 남쪽 지역으로 이어지는 길이다. 페트라는 나바테아 제국의 수도였다.

5. 마사다

유대인의 아픔이 남아있는 요새이다.

마사다는 "다른 나라와 다른 뭔가의 특별한 유적이 있나요?"라고 묻는 분들에게 권하는 장소이다. 이 장소에 방문하면 유대인의 아픔을 느끼게 된다. 삶에 대한 절규를 생각하게 된다. 우리는 포기할 것 같은데 이 척박한 장소에서 소규모 밀농사와 비둘기 사육을 하면서 민족의 자유와 평화를 갈망했다고 하니 그동안 환경 탓으로 돌리던 내 자신을 부끄럽게 만드는 유적이다.

'마사다'는 히브리어로 '요새'라는 의미이다. 사해 중간에 있고 엔게디와는 약 17km 떨어져 있는 마사다는 주변에 절벽으로 연결된 지형 중에 유달리 우뚝 선 절벽이다.

점점 마사다에 다가갈수록 중간에 굽이굽이 올라가는 유일한 '뱀길$^{snake\ path}$'을 볼 수 있다. 밑에서 정상까지는 약 450m의 높은 거리인데 올라가는 방법은 두 가지가 있다. 하나는 뱀길을 따라서 1시간 정도 도보 등정하는 방법이고, 다른 하나는 케이블카를 타고 올라가는 방법이다. 대부분의 단체는 케이블카를 타고 왕복하게 된다. 케이블카를 타고 올라가면서 좌측에는 마사다 계곡이, 우측에는 멀리 사해가 보이는 멋진 장면을 놓치지 말자.

정상에 도착해서 마사다 요새 안으로 들어가게 되면 생각보다 넓은 마름모꼴 공간이 있어 놀라게 된다. 마사다는 마름모꼴 형태의 천연 요새로, 동서가 약 250m이고, 남북이 약 600m나 된다. 이곳에는 외벽에 집들이 촘촘히 연결되어 있어서 성벽의 용도와 집의 용도를 겸하고 있는데, 그것을 '케이스메이트 casemate wall'라 한다. 케이스메이트에서 북쪽 지역으로 이동하면 수많은 식량 저장 창고가 있고, 그 뒤에는 헤롯왕이 건설한 북쪽 궁전터가 있다. 이두메 출신의 헤롯왕은 유대인의 환심을 얻기 위해 수많은 토목공사를 착수하면서 다른 한편으로는 자신의 안위를 위하여 마사다와 같은 요새 겸 별장을 건설하였다.

마사다의 자세한 역사는 유대 역사가 요세푸스의 《유대 전쟁사》에 기록되어 있다. 이 기록에 의하면 AD 70년 티투스가 이끄는 로마군이 예루살렘 성전을 함락시키자 로마군대에 저항하기 위해 약 967명의 열심당파 유대인이 마사다로 피신하였다. AD 72년 로마 군대는 마사다를 포위하며 압박했고, 유대인들은 로마의 군대에 저항했다. 여러 번 공격해도 성벽이 무너지지 않자 로마군은 서쪽에 인공적인 토담을 쌓고 공성을 준비했다. AD 73년 공성을 위한 성채가 완성되자 로마군대는 공성기를 이용해 성벽 일부를 부수고 요새로 들어갔다. 그러나 식량과 무기는 다 가지런히 있었고, 요새 안에는 많은 수의 시체들만 있었다. 그것은 먹을 게 없거나 싸울 무기가 없어서 죽은 게 아니라, 내 목숨이 얼마 안 남았기에 어쩔 수 없이 죽었다는 것을 간접적으로 암시한 것이다. 열심당파 유대인들은 압박해서 들어오는 로마군대에 비굴하게 죽임을 당할 수 없음을 자결함으로 증명한 것이다. 당시 전쟁에 진 남자들은 죽임을 당하거나 노예가 되고, 여자들은 능욕을 당하고 노예가 되었다.

생명을 주시고 걷어 가시는 것은 하나님이시다. 따라서 사람이 스스로 생

마사다 유적지 전경 　　　　　　　마사다 뱀길

로마 시대 사용한 돌대포알

마사다 건식사우나 온탕

로마 군대가 쌓은 램프 전경

마사다 전경

각하고 판단해서 자기 생명을 끊는 것을 유대인들은 가장 금기시했다. 자살을 최소화하기 위해서 그들은 제비를 뽑아서 상대방 가족을 찔러 죽이고, 동료를 찔러 죽였다. 최후에 두 사람이 남게 되자 한 사람이 찔러 죽이고, 나머지 남은 한 사람만이 자결했다. 결국 여자 둘, 어린아이 다섯 명을 제외하고 960명이 죽었다.

서쪽으로 가면 그 당시 로마군대가 유대인 노예를 동원하여 쌓은 토담이 있고, 근처에는 커다란 돌 대포알이 많이 모여 있다.

마사다에서는 유대인 학생과 군인을 많이 보게 되는데 대부분 뱀길을 걸어 올라온다. 그들은 걸으며 '더 이상의 마사다와 같은 비극은 없을 것이다'라는 다짐을 한다. 참고로 이스라엘의 명절 대부분은 거의 다른 민족으로부터 해방된 날이다.

운이 좋다면 가끔 마사다 앞에 펼쳐진 사해 계곡 지대에서 저공비행하는 이스라엘 전투기 훈련 모습을 볼 수 있다. 1967년 6일 전쟁 당시에 이스라엘 공군 전투기의 활약을 연상하는 모습이 가끔 펼쳐진다. 훈련이니 놀라지는 말자.

유대 전쟁사

플라비우스 요세푸스 Flavius Josephus AD 37년경~100년경는 로마 시대의 유대인 출신 정치가이자 역사가이다. 요세푸스는 AD 66년 발발한 유대 전쟁에서 유대군을 지휘하여 로마에 맞섰으나, 로마의 포로가 되었다가 풀려난 후에 《유대 전쟁사》, 《유대 고대사》, 《요세푸스 자서전》, 《아피온 반박문》의 저서를 남겼다. 그중 예루살렘 함락의 순간을 모두 지켜본 것을 글로 옮긴 《유대 전쟁사》는 2000년 전의 상황들을 연구하는데 중요한 자료가 되고 있다.

《유대 전쟁사》에 의하면, 로마는 세계를 제패했던 제국이기에 이스라엘을 정복하면서 로마에 반란하면 어떤 일이 있다는 것을 식민지에 보여주기 위해서 철저히 짓밟았다.

> 그 정점이 예루살렘이었다. 뱀이 먹이를 바로 죽이기보다 몸으로 감아 조여주면서 결정적으로 먹이를 물어 죽이듯이, 로마는 밖으로부터 조여 오다가 예루살렘을 마지막으로 멸망시켰다. 여기서 2만여 명의 유대인들이 파를 가르지 않고 예루살렘에 모여 결사항전을 했다. 왜냐하면 영원할 줄 알았던 솔로몬 성전(BC 959년에 준공)이 BC 586년에 멸망했기 때문이다. 물론 스룹바벨에 의해 BC 516년에 솔로몬 성전이 재건되긴 했지만, 또다시 최대의 위기가 온 것이다. 따라서 로마도 예루살렘에서 큰 난관에 부딪히게 되었다. 생각보다 유대인의 저항이 너무 심했기 때문이다. 결국 로마 본토의 베스파샤누스가 와서 예루살렘을 멸망시켰다.
>
> 이 이야기를 유대인들도 설화라고 생각하는 사람이 있었다. 혹은 요세푸스가 과장되게 말한 것이라고도 했다. 하지만 고고학자들에게 속속 발굴되면서 역사라는 것을 알게 되었다.
>
> 그런데 그 상황을 정확하게 예언하신 분이 예수님이시다. 예수님께서는 누가복음 19장 41절부터 44절까지 예루살렘의 멸망을 예언하며 눈물을 흘리셨다. 그 말씀을 하며 우신 장소가 바로 이 책 뒤에 언급된 눈물교회다.

6. 사해

'사해$^{Dead\ Sea}$'는 나를 가장 아름답게 가꿔주는 소금 바다이다.

이스라엘에 오래 거주하면서 거의 한 달에 한 번 꼴로 아내와 함께 꼭 사해에 오곤 한다. 사해는 전 세계에서 가장 좋은 품질의 머드(진흙)를 소유하고 있고, 전 세계에서 가장 고급스러운 소금을 소유하고 있기 때문이다. 그런 이유로 전 세계의 가장 돈 많은 피부질환 환자들은 사해에 와서 천연 치료를 받는다. 이곳은 이집트의 클레오파트라 여왕마저도 사랑했던 바다다. 이곳에 있으면 몸 안의 노폐물이 머드를 통해 빠져나가고, 건선과 같은 피부질환도 한 달 정도 지나면 낫게 된다.

내 몸을 가볍게 물 위로 뜨게 만드는 신비한 소금 바다는 염도가 약 30%

① 사해 칼랴비치 해변
② 사해 칼랴비치
③ 엔게디 스파 해변

이상으로 일반 바다의 약 10배가 넘는다. 도저히 생명체가 살 수 없는 바다이다. 사해는 전 세계 어디와도 비교할 수 없는 가장 독특한 자연의 유산이다.

흥미로운 것은 사해 물은 고여 있지만 워낙 염도가 높아서 썩지 않는다는 것이다. 그리고 갈릴리호수의 메기들이 사해로 내려오는데 너무 염분이 많아서 다시 올라간다는 것이다. 요르단에 가장 오래된 중근동 지도가 있다. 성 조지 수도원에 있는 모자이크로 된 '마다바 지도'다. 지도를 보면 요단강을 표시할 때 내려오는 물고기와 올라가는 물고기를 함께 그려놓았다. 사해와 요단강이 만나는 곳에는 내려오는 물고기와 올라가는 물고기가 같이 있다. 그 지점이 그물 포인트다. 거기서는 물고기들이 머물러 있기에 쉽게 잡을 수 있다.

사해는 성경에 '염해'라고 언급되어 있고(창 14:3), 히브리어 성경에는 '소금의 바다'라는 뜻의 '얌하멜라크'로 적혀있다. 사해의 다른 표현으로는 '동해' 또는 '아라바바다'가 있다.

사해는 남북으로 긴데, 최대 길이는 남북 약 70km, 동서 20km, 최고 수심 약 350m 정도이고, 해수면은 -431m이다. 이곳은 이스라엘 중앙 산지와 트랜스 요르단 지역 산지 사이에 낮은 지대에 있다. 지각변동이 일어날 때 지중해 물이 이스르엘 골짜기로 흘러와서 오랜 시간이 지나면서 점점 지금의 사해의 모습으로 변하였다고 한다. 그리고 특이하게도 사해는 중간에 딱 끊어진 것처럼 되어 있다. 워낙 더우니까 유입되는 물의 양보다 증발하는 물의 양이 많아 밸런스가 안 맞기 때문이다. 이곳은 1970년 이후부터 매년 약 1m씩 물이 줄어들고 있다. 다 줄어들기 전에 미리 사해 체험을 하도록 하자.

사해에는 풍부한 미네랄, 소금, 기타 몸에 유익한 성분들이 많이 함유되어서 사해에서 약 30분만 체험을 해도 달라진 나의 피부를 확 느낄 수 있다. 사해 체험 시 필수 준비물은 아쿠아슈즈나 발에 잘 맞는 샌들이다. 사해 바닥은 딱딱한 소금 바닥이거나 진흙 바닥이기 때문이다.

사해 체험 요령은 하늘 보고 바다에 살짝 눕는 것이 가장 기본자세이다. 팔을 양옆으로 벌려서 십자형 자세로 누우면 누구나 사해에 뜨게 된다. 다만 믿음이 부족하고 의심이 많아 물장구를 많이 치게 되면 절대 안 된다. 사해 바닷물은 피부에는 좋지만 먹거나 눈에 들어가면 위험하다. 사해 물을 한 컵 이상 먹으면 위에 쇼크가 와서 사망할 수도 있다. 중요한 수영 수칙은 한 번에 최대 30분 이상을 하지 말 것과 사해체험 중간에 수분을 충분히 섭취해야 하는 것이다. 수칙을 잘 지켜서 안전한 체험이 되도록 하자.

사해 선택 방문지

사해에 단체로 성지순례를 할 경우에는 대체로 다음 세 군데 장소 중의 하나를 방문한다.

칼랴비치
쿰란 국립공원을 관리하는 칼랴 키부츠에서 같이 관리하는 사해 해변이다. 성지순례 단체가 제일 많이 방문하고 있으며, 사해 천연 머드가 많이 있는 것이 장점이다 (시설사용료/유료).

엔게디 스파
엔게디 국립공원에서 차로 약 5분 거리 남쪽에 있고, 엔게디 키부츠에서 운영한다. 사해 온천수가 나오는 장점이 있다 (시설사용료/유료).

엔보켁 퍼블릭 비치
가장 남쪽에 위치한다. 사해 물이 가장 맑게 보인다. 다만 머드가 없고 퍼블릭 비치라서 샤워시설이 노천으로 되어 있다 (시설사용료/무료).

7. 벧산

이스라엘에서 로마 시대의 유적이 제일 잘 남아있는 장소라면 단연 '벧산'이라고 할 수 있다. 예루살렘에서 북쪽으로 130km, 갈릴리 티베리아스에서 남쪽으로 50km에 위치한 벧산은 이스르엘 골짜기와 요단계곡의 교차점에 있어서 교통의 중심지인 동시에 전쟁이 끊이지 않던 장소였다.

벧산은 4000년 이전부터 사람들이 거주했던 무덤이나 기타 흔적이 발견되고 있다. 특히 BC 15세기경에는 애굽의 투트모세 3세가 정복한 도시 중에 하나로 언급이 되었다. 우리에게는 사울왕의 길보아산 전투 패배 후, 블레셋 민족이 사울과 3명의 아들들을 벧산 성벽에 못 박았던 말씀으로 잘 알고 있는 장소이다(삼상 31장). 신약에서는 예수님의 전도 지역 중에 '데가볼리' 지

벧산 전경

4장 요단계곡과 사해 153

벧산 언덕 위에 십자가 모양 나무

방이라고 나온다(마 4:25, 막 5:20, 막 7:31). '데가볼리'는 '10개의 헬라식의 도시'를 의미하고, 데가볼리의 중심은 '스키토폴리스Scythopolis'였다. 이 스키토폴리스가 벧산이다.

국립공원인 벧산에 들어가면 정면에 로마의 유적을 한군데 모아놓은 느낌을 받게 된다. 정면에 커다란 기둥이 세워진 100m 정도의 중심 도로는 AD 4세기에 이곳의 통치자인 팔라디우스의 이름을 따서 '팔라디우스 거리'라고 칭한다. 팔라디우스 거리 좌측 입구에는 로마 시대의 목욕탕 유적이 잘 남아있다. 탈의실인 아포디테리움, 온탕인 테피다리움, 열탕인 칼다리움, 냉탕인 프리지다리움 등의 유적을 볼 수 있다.

팔라디우스 거리 우측에는 약 7천석 규모의 로마 원형극장과 시장이었던 아고라, 로마 시대의 화장실 등의 유적이 있다. 팔라디우스 거리 뒤쪽에 우뚝 솟은 언덕은 높이가 약 80m 정도이고 20여 회 이상의 거주지가 형성된 일명 텔(언덕) 유적이 있다. 언덕 위쪽에 자세히 보면 십자가 형태의 오래된 나무 모양이 있는데, 영화《지저스 크라이스트 슈퍼스타》에서 예수님이 십자가에 매달려 돌아가셨던 골고다 언덕의 배경으로 쓰였다.

벧산에 오면 이스라엘 고고학 협회와 관계자들의 정신을 존경하게 된다.

이곳은 AD 738년에 진도 8.9의 지진으로 인해 수많은 유적이 무너진 흔적을 그대로 보존하고 있다.

이스라엘을 자세히 보고 싶고 로마 시대의 모습을 보고 싶다면 꼭 오도록 하자.

8. 하롯샘

'하롯샘'은 예루살렘에서 북쪽으로 약 120km에 위치한 길보아산 기슭에 있다. 길보아산은 사울의 최후의 전쟁으로 우리에게 잘 알려진 곳이다.

'하롯샘'은 사마리아 지방의 중앙 산지에서 내려오는 물이 모이는 샘이다. 이곳은 기드온의 동굴이 발원지이고, 초당 100ℓ의 많은 양의 샘물이 나왔다고 한다.

이곳에는 이스라엘 민족을 괴롭히던 미디안 군대를 물리친 기드온의 이야기가 남겨져 있다. 므낫세 지파인 기드온은 하나님께 계속된 표징을 구하게 되고, 하나님께서는 기드온이 요청하는 표징을 보여주셨다(삿 7장). 이스라엘을 대적하기 위한 미디안의 군대는 총 135,000명이었고, 처음 이스라엘이 모집한 군사는 32,000명이었다. 하지만 기드온은 하나님의 말씀을 따라서 시냇가로 용사들을 데려가 물을 마시게 했다. 하나님께서는 나머지는 다 집으로 보내고 물을 마시면서 적이 오는지 살피는 군인들만 추리라고 했다. 이렇게 선별된 300명은 모레산에 진 치고 있던 미디안의 군대가 서로 공격하게 하여 전쟁을 승리로 이끌었다(삿 8장).

근처에는 AD 1921년에 설립한 기드온 키부츠가 있다.

5장 아라드에서 사마리아
(중앙 산지로 가는 길)

> "이스라엘이 그에게 이르되
> 가서 네 형들과 양떼가 다 잘 있는지를 보고 돌아와 내게 말하라 하고
> 그를 헤브론 골짜기에서 보내니 그가 세겜으로 가니라"
>
> 창세기 37장 14절

1. 아라드

📍 텔아라드

아라드는 사해에서 서쪽으로 25km 떨어져 있다. 이곳은 이스라엘 남부 지역의 교통로 위에 있어서 고대 도시가 형성될 수 있었다.

사해에서 아라드로 가다 보면 오른쪽에 전형적인 와디가 있다. '와디'는 물이 없다가 비가 오면 물이 흐르는 골짜기를 말한다. 비가 오면 이 마른 골짜기에 빗물이 흘러내려 시내를 이루고 낮은 지역인 사해 쪽으로 급격하게 내려간다.

아라드에는 골짜기마다 이름이 있다. 지형적으로 구분을 해야 군사적이나 다른 여러 가지로 이용할 수 있기 때문이다.

아라드에는 가나안 시대인 약 4000년 이전부터 도시국가가 형성되었는데,

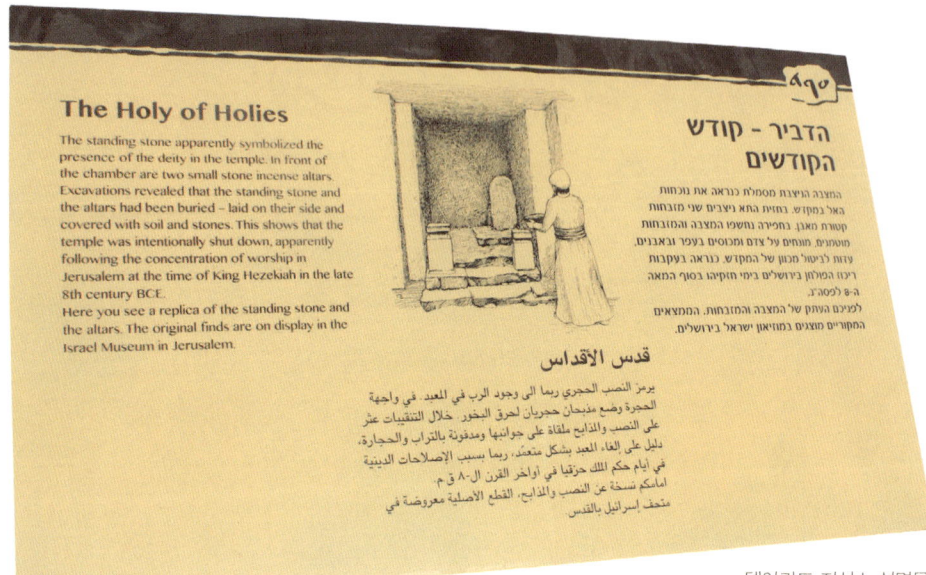

텔아라드 지성소 설명문

텔아라드 제단 전경

텔아라드 지성소

청동기 시대 당시 이스라엘의 남부 지역을 다스렸던 최대의 도시였다. 성경에는 가나안으로 향하던 이스라엘 백성이 아다림 길로 온다는 소식을 듣고 아라드(성경에서는 '아랏'으로 기록)의 왕이 이스라엘 백성을 공격하였다는 내용이 나온다(민 21:1).

아라드에서 고대 유적이 있는 텔아라드(아라드 언덕)를 가게 되면 동쪽으로는 사해가, 서쪽과 북쪽은 유다산지가, 남쪽으로는 네게브광야가 보인다. 이곳에서 가장 주목할 만한 유적은 중앙 성소 지역에 지성소라고 여겨지는 장소이다. 이 지성소는 이스라엘에서 유일하게 남아있는 것이라고 한다. 사각형의 방 입구에는 좌·우측에 분양하는 조그만 제단이 있고, 그 뒤에 두 개의 잘 다듬어진 돌이 있다. 발견 당시에는 두 개의 돌 중 하나는 서 있었고, 다른 하나는 바닥에 누워 있었다고 한다. 하나는 여호와 하나님께, 다른 하나는 아세라를 위하여 바쳐진 것으로 여겨진다. 아세라는 페니키아와 수리아의 여신이며, 가나안의 3대 여신 중의 하나이다. 이렇게 지방 성소에 많은 산당과 신전이 있었기에 BC 8세기에 통치했던 남유다의 히스기야왕이 지속적인 종교개혁을 한 것으로 추측된다.

2. 헤브론

아브라함의 무덤과 다윗의 왕국이 있었던 도시이다.

구약 성경에 가장 많은 이름이 언급된 인물이 있다면 아마 아브라함일 것이다. 그만큼 하나님과 친밀하게 생을 걸어갔던 사람이기 때문이다. 그 아브라함이 생을 마감하고 묻힌 도시가 헤브론이다. 예루살렘에서 남쪽으로 약 30km 정도 떨어진 곳에 위치하며, 유다 산지에 있는 헤브론은 해발 930m

정도의 높은 산지이다. 이 근방은 중앙 산악지대라 지중해의 습한 공기 덕분에 물이 많고 유실수를 경작할 땅이 많다. 그래서 여호수아와 갈렙이 헤브론 근처에 있는 '에스골(포도송이) 골짜기'에서 큰 포도송이를 매고 돌아간 것이다(민 13:23~24).

헤브론은 셈어 '하바르Habar'에서 유래되었고, '친구' 또는 '연합'이라는 의미이다.

막벨라 굴

예루살렘에서 60번 도로를 타고 남쪽 방향으로 가면 '족장의 길' 종착점인 헤브론으로 진입하게 된다. 그리고 헤브론에 있는 유대인 정착촌을 통과하면 막벨라 굴에 도착하게 된다. 막벨라 굴은 아브라함이 아내 사라가 죽자 장례지로 사용하기 위해 헷족속에게 은 400세겔을 주고 매입했던 곳이다(창 23:2~20).

처음 마주치게 되는 막벨라 굴은 우리가 상상했던 동굴의 모습이 아니라,

헤브론 막벨라 굴

아브라함의 가묘

커다란 요새와 같은 모습이다. BC 1세기에 분봉왕 헤롯은 유대인들의 환심을 얻기 위해 여러 토목건축을 했는데 그중에 하나가 막벨라 굴이다. 동굴 위에 커다란 돌로 건축한 이 굴은 오늘날까지 원형에 가까운 모습으로 남아 있다.

지하에 있는 원래의 막벨라 굴에는 AD 13세기까지는 들어갈 수 있었다. 안타깝게도 그 이후부터는 접근할 수 없고 위에 세워진 가묘들만 볼 수 있다. 그래도 아브라함과 사라, 이삭과 리브가, 야곱과 레아가 묻혀있다는 말씀의 현장을 오게 되면, 정말 성경의 땅에 있다는 것을 실감하게 된다.

현재 막벨라 굴은 유대인 구역과 아랍인 구역으로 나누어져 있다. 유대인 구역으로 들어가면 아브라함의 무덤 절반, 사라의 무덤 절반, 야곱과 레아의 무덤을 볼 수 있다. 그리고 아랍인 구역으로 들어가게 되면 나머지 아브라함의 무덤 절반, 사라의 무덤 절반, 이삭과 리브가의 무덤을 볼 수 있다.

유대와 이슬람이 뒤섞인 이유는 유대와 아랍 민족의 관계를 보면 알 수 있다. 유대와 아랍의 공동 조상인 아브라함은 메소포타미아 출신이며 시리아에 아랍인 친족을 두었다. 아내 사라가 낳은 아들 이삭은 유대인의 조상이 되었고, 이집트 출신의 하갈이 낳은 이스마엘은 아랍인의 조상이 되었다. 하지만 이삭의 아내 리브가는 아랍인이었다.

헤브론은 팔레스타인 자치 기구 안에 있지만 강성 전통 유대교 종교인들이 살고 있는 곳이다. 상당히 많은 마찰이 있었기에 막벨라 굴과 그 주변은 경계가 매우 삼엄하다.

3. 베들레헴

"노엘 노엘 이스라엘 왕이 나셨네"

매년 12월이 되면 생각나는 동네가 예수님이 탄생하신 베들레헴이다. '베들레헴'은 '빵집'이라는 의미이다. 히브리어의 '베이트'는 '집', '신전'이고, '레헴'은 '빵'이라는 뜻이다. 베들레헴은 빵을 굽고, 포도나무를 재배하는 평화로운 마을이었다. 살기에 좋은 이 마을에서 다윗이 태어났으며, 다윗왕의 후손인 예수님이 태어나신 것이다.

📍 예수 탄생 기념교회

예수 탄생 기념교회는 예수님이 탄생하신 마구간으로 알려진 동굴 위에 세워졌다. 한국식의 마구간은 나무로 만들어졌지만, 이스라엘은 주거문화의 특성상 동굴을 마구간으로도 사용했다.

이곳에는 로마에 의해 기독교가 박해를 받던 당시에는 아도니스 신전이 세워져 있었다. 그러나 기독교를 국교 중에 하나로 공인한 콘스탄티누스 황제의 어머니 헬레나 황후는 적극적으로 교회 설립을 추진했다. 그 결과 AD 4세기경에 최초의 비잔틴 교회가 이곳에 세워지게 되었다. AD 6세기경에 로마의 저스틴 황제에 의해 증축되어 세워진 기념교회는 현존하는 가장 오래

예수 탄생 기념교회 바닥 모자이크

예수님께서 탄생하신 장소

아기 예수님을 말구유에 눕힌 곳

성 카타리나 기념교회 제롬 동상

된 교회 건물로 알려져 있다. 예수 탄생 기념교회는 전형적인 바실리카 구조의 모습을 가지고 있다.

이 교회는 중요한 이야기가 전해내려 오고 있다. AD 614년 페르시아군의 침입이 있던 당시에 교회를 관리하던 수도사는 교회 벽 모자이크에 아기 예수님께 경배하던 동방박사의 의상을 페르시아의 전통 복장으로 교체했다. 그 덕분에 교회 파괴의 위기를 벗어날 수 있었다고 한다.

교회 입구에는 고개를 숙여야만 들어갈 수 있는 작은 돌문인 '겸손의 문'이 있다. 겸손의 문을 통해 들어가면 바닥에 비잔틴 시대의 돌 모자이크가 선명하게 보인다. 헬레나 황후의 명에 의해 색이 있는 원석 하나하나를 박은 것이라고 한다. 그리고 교회 오른쪽에 사람들이 줄을 서 있는 곳에는 가서 같이 서야 한다. 그 줄은 예수님이 탄생하신 마구간 동굴을 들어가기 위해서 있는 대기줄이다. 사람이 많을 때는 1시간에서 2시간 이상 기다려야 하지만, 특별한 이유가 없다면 꼭 기다렸다 방문하기를 추천한다.

동굴 입구에 있는 약 10여 개의 계단을 내려가면 오른쪽에 예수님 탄생을 기념하는 은별이 있다. 열네 개의 방향으로 된 은별 가운데 동그란 구멍이 예수님이 태어나신 곳이다. 구멍의 테두리에는 "이곳에서 예수 그리스도가 탄생하셨다"라는 라틴어 문구가 새겨져 있다. 맞은편에 두

예수님 탄생을 기념하는 은별

성 카타리나 기념교회 내부

개의 계단 밑에 오른쪽은 아기 예수가 말구유에 놓였던 장소이며, 왼쪽은 동방박사 세 사람이 예수님을 경배했던 장소라고 알려져 있다. 현재 예수 탄생 기념교회는 그리스 정교회와 아르메니아 정교회에서 소유 관리 중이다.

탄생 기념교회의 바로 좌측 문을 통과하면 로마 가톨릭에서 관리하는 성 카타리나 기념교회가 있다. 여기도 예수 탄생을 기념하는 가톨릭 기념교회로, 매년 12월 25일 성탄 기념 미사가 이곳에서 집전되어 전 세계에 생방송 되어 진다. 성 카타리나 기념교회 앞에는 "이곳에 관광객으로 들어오셨다면 순례자로 나가시길 바라고, 만약 순례자로 오셨다면 거룩한 성자로 나가시길 바란다"라는 조그마한 방문 문구가 있다.

성 카타리나 기념교회의 지하에 가보면 로마 가톨릭 교회 신학자이자 4대 교부 중 한 사람인 제롬 성인이 머물렀던 동굴이 있다. 제롬은 AD 380년 이후부터 수도 생활을 통하여 구약성경은 히브리어를 라틴어로, 신약성경은 헬라어를 라틴어로 번역했다. 불가타 역본이라는 성경의 번역본을 저술하게 되는 이 장소는 원래 AD 1세기경에는 수많은 어린아이의 뼈가 발견되었던 납골당이라고 한다.

```
비잔틴 시대 3대 기념교회

■ 예수 탄생 기념교회
■ 예수님이 부활하셨던 성묘교회
■ 감람산에 있는 주기도문 교회
```

◉ 목자들의 들판교회

베들레헴에서 동쪽으로 2km 떨어진 벧사울이라는 동네에 목자들의 들판교회가 있다.

이 교회가 있는 들판은 사사 시대에 룻이 밀 이삭을 줍다가 보아스를 만나 결혼한 곳이고(룻 2:1~23), 천사들이 목자들에게 나타나 예수 탄생 소식을 알려준 곳이다(눅 2:8, 눅 2:20).

이 목동들이 살던 곳으로 여겨지는 동굴 위에는 AD 4세기에서 AD 6세기

목자들의 들판교회

목자들의 들판교회 내부 성화

에 비잔틴 수도원이 세워졌다. 수도원은 페르시아의 침입으로 파괴되었다가 AD 7세기에 재건되고, AD 10세기에 이집트에 의해 다시 파괴되었다가 16세기에 재건되었다. 결국 현존하는 교회는 1954년 작은형제회에서 캐나다 정부의 지원을 받아 베두인족의 천막 모양으로 설계하여 새롭게 건축한 기념교회이다.

교회의 돔 천장은 유명한 이탈리아의 건축가 안토니오 발루치가 설계했는데, 천장에는 작은 동그라미의 유리창들이 있어서 그 사이로 빛이 들어오는 모습이 밤하늘의 별을 연상시킨다. 예배당 안의 벽에는 목동들에게 천사가 예수님의 탄생 소식을 알려주는 장면, 별의 인도로 아기 예수님에게 경배하러 가는 장면, 마구간에서 아기 예수께 경배하는 장면의 거대한 성화가 그려져 있다.

4. 기브온

태양과 달이 움직임을 멈춘다?

믿기 힘든 자연현상이다. 그러나 성경에는 "여호수아가 여호와께 아뢰어 이르되, 태양아 너는 기브온 위에 머무르라. 달아 너도 아얄론 골짜기에서 그리할 지어다 하매 태양이 머물고 달이 멈추기를 백성이 그 대적에게 원수를 갚기까지 하였느니라(수 10:12~13)"라며 분명히 태양과 달이 멈추었음을 이야기하고 있다.

여호수아 시대에 기브온 사람들은 막강한 군사력을 가지고 있지만, 여호와께서 이스라엘과 함께 싸우고 계셨기에 자신들의 실패를 짐작하고 있었다. 그들은 먼 나라에서 온 것처럼 위장하여 여호수아를 속이고 이스라엘과 조약을 맺었다. 3일 후에 이 사실을 안 여호수아가 진노하자 기브온 주민들은 하나님과 함께 하는 이스라엘이 두려워서 그랬다고 말했다. 여호수아는 기브온 주민들을 여호와의 제단을 위해 나무를 패며 물을 긷는 자들로 삼고 기브온과 화친하였다. 한편 가나안의 민족인 헷, 아모리, 가나안, 브리스, 히위, 여부스 사람들은 이스라엘에 맞서 싸웠다. 이때 하나님은 큰 우박 덩이를 내려 그들을 죽게 하였다. 그리고 태양과 달을 멈추게 하여 이스라엘 백성이 그 대적에게 이길 수 있도록 하였다. 하나님께서 이스라엘을 위해 싸우신 것이다(수 9:3~27). 이 말씀은 전쟁도 여호와 하나님께 속하게 됨을 다시 한 번 상기하게 한다.

기브온에는 BC 12세기 이후부터 형성된 성벽과 물 저장소가 있다. 이스라엘 통일 왕국 시대에는 솔로몬이 일천번제를 드렸던 장소이다(열상 3:4~15). 솔로몬은 하나님께 드려지는 일천번제에서 한 나라의 왕으로서 백성을 다스리는데 필요한 지혜를 간구하였다. 여호와 하나님께서는 솔로몬의 중심을 보고 기뻐하시며 선악을 분별하는 지혜와 나머지 모든 것도 주신다는 음성을 들려주셨다. 우리가 잘 알 듯이 솔로몬은 지혜의 왕이었다. 아마도 그가 기브온에서 하나님께 서원했던 기도를 끝까지 지켰다면 지금도 모든 사람이 칭송하는 위대한 왕이 되었을 것이다. 하지만 나중에는 솔로몬의 무거운 세금정책과 부역 때문에 이스라엘은 북이스라엘과 남유다로 나누어지게 되었다.

여호수아가 가나안 정복 전투를 벌이고, 솔로몬왕이 일천번제를 드린 기브온의 오늘날의 지명은 '엘집$^{el\ Jib}$'이다. 이 장소에서 하나님께서 행하셨던 놀라운 기적을 단 1분 만이라도 하늘을 보며 생각해 보자. 그리고 기브온과 아얄론 골짜기를 바라보자. 그러면 나중에 집에 돌아가서도 성경의 현장이 우리에게 열려지게 될 것이다.

5. 기브아

이스라엘의 초대 왕인 사울의 고향이다(삼상 10:26). 사울왕은 가장 작은 지파인 베냐민 지파 출신이다.

예루살렘에서 북쪽 '피스갓 제브'라는 동네로 가다 보면 좌측에 커다란 물탱크가 보이는데, 이 근방이 '기브아'다. 히브리어 '기브아'는 '언덕'이라는 뜻으로, 이곳에 도착하면 정말 언덕을 올라가게 된다.

기브아는 성경에 한 레위 사람의 첩을 기브아의 불량배들이 욕보인 사건으로 처음 등장한다(삿 19~20장). 이 일로 이스라엘의 모든 지파와 베냐민 지파와는 전쟁이 벌어졌고, 기브아는 파괴되었다. 하지만 훗날 기브아 출신 사울은 이스라엘 왕이 되어 이곳을 정치적 중심 도시로 만들었다.

기브아 전경

기브아에는 현재 덩그러니 건물의 골격만 남아 있고, 요르단이 동예루살렘을 점령하여 1967년 이전에 세우려던 호텔의 뼈대만 남아있다.

6. 벧엘

가이드를 처음 하는 1994년 이후에 벧엘을 방문하게 되었다. 관광버스 기사에게 아무리 "벧엘", "벧엘" 외쳐도 기사는 잘 알아듣지 못했다. 나중에야 현지인들은 이 장소를 '베이틴'이라고 부른다는 것을 알았다. '벧엘'은 현재 '베이틴' 동네이다. 벧엘을 통해 성지순례 장소는 역사의 변천사도 중요하고, 현지 상황도 중요하다는 것을 다시 한 번 깨닫게 되었다.

벧엘 전경

벧엘은 '하나님의 집'이라는 뜻이다.

야곱은 형 에서를 속여서 장자권을 얻은 후에 에서를 피해 도망가다가 이곳에서 밤을 지새우게 되었다. 그날 밤 돌을 베고 자다가 하나님을 만나게 되는데, 아침에 일찍 일어나 돌베개로 기둥을 세우고 그 위에 기름을 부어 '벧엘'이라고 하였다(창 28:18~22).

그러나 솔로몬왕 이후 이스라엘이 남과 북으로 나누어졌을 때 벧엘은 불순종의 상징으로 성경에 언급되었다. 북이스라엘의 초대왕인 여로보암이 '벧엘'에 금송아지를 세운 것이다. 여로보암은 예배드리러 예루살렘으로 가지 말고 금송아지가 있는 곳에서 하나님을 섬기라고 백성을 미혹시켰다.

그래서인지 호세아 10장에는 벧엘을 '죄악의 집'이라는 의미인 '벧아웬'이라고 불렀다.

현재 벧엘로 알려진 지역은 두 군데가 있다. 하나는 유대인 정착촌인데, '야곱의 꿈'이라는 팻말과 함께 일부 건물 유적이 있다. 이곳은 오스만 터키 시대의 유적이라 전해진다. 두 번째는 주변 아랍 마을에 위치한 십자군 시대의 탑과 하수도 흔적이 남아 있는 곳이다.

7. 실로

예루살렘 북쪽 약 33km에 위치한 실로는 하나님의 회막과 법궤가 머물렀던 장소이다. 12지파 중에 에브라임 지파에 속해 있는 실로는 세겜과 예루살렘을 남북으로 연결하는 중앙 산악지대에 있다. 여호수아는 7지파의 땅을 이곳 실로에서 배분하였다. 그리고 이곳은 사사 시대까지 하나님의 법궤가 머물렀던 장소이기에 종교적 중심지였다. 하지만 엘리 제사장 당시 이스라엘

실로 비잔틴 교회 내부

실로 성막 추정처

실로 전경

민족의 범죄로 인하여 결국 에벤에셀 전투에서 엘리 제사장은 죽게 되고, 법 궤는 블레셋에 빼앗기게 되었다. 법궤가 옮겨지자 실로는 점점 쇠퇴해졌다.

실로 유적지에 들어가면 약 100m 거리에 비잔틴 시대의 언약궤 교회의 바닥 모자이크를 볼 수 있다. 그리고 실로 정상에 올라가면 영화를 볼 수 있는 둥그런 영상실이 있다. 여기에서는 실로에서 12지파 중에 7지파에게 땅을 분배하는 역사적 사건, 사사기 21장 19절에서 21절까지 언급된 실로의 포도원 축제 등의 약 13분 정도 되는 멋진 영상을 감상할 수 있다. 언덕 뒤편으로는 직사각형 모양의 터가 있는데, 이곳은 회막이 있던 장소로 여겨진다. 이 장소에서 엘리 제사장의 행실이 나쁜 두 아들인 홉니와 비느아스의 하나님을 알지 못하는 교만함이 있었다. 또한 불임의 여인이었던 한나가 하나님께 서원하며 낳은 아들인 어린 사무엘이 이 회막 터에서 어린 시절을 보냈다(삼상 2:18~21).

8. 세겜

이곳은 현재 아랍 도시이지만 히브리인에게는 중요한 땅이다. 아브라함이 가나안에 들어왔을 때 하나님께서는 이 땅을 아브라함 자손에게 주겠다고 약속하셨다. 그리고 아브라함은 자신에게 나타나신 하나님께 이곳에 처음 단을 쌓아 제사를 드렸다(창 12:6~7). 이곳은 예수님이 사마리아 여인에게 예배의 의미를 알려주신 장소이기도 하다.

'어깨'라는 의미의 히브리어 '크타핌'이 어원인

세겜에 도착하면 좌측으로는 그리심산이 있고, 우측으로는 에발산이 있다. 구도시 텔발라타가 있던 곳을 중심으로 해서 그리심산과 에발산이 있기에 도시는 포근한 인상을 준다.

성지순례 단체는 텔발라타를 방문하고, 그리심산 정상에서 세겜을 조망한다. 그리고 야곱의 우물 교회 등을 방문한다. 다만 팔레스타인 자치 구역이라 정치적으로 민감하다. 항상 현지의 상황에 따라서 방문 유무에 변동이 있음을 유의하자.

◉ 텔발라타

"그날에 여호수아가 세겜에서 백성과 더불어 언약을 맺고 그들을 위하여 율례와 법도를 제정하였더라. 여호수아가 이 모든 말씀을 하나님의 율법 책

세겜 전경

5장 아라드에서 사마리아

텔발라타 성벽

텔발라타에 있는 증거의 돌

에 기록하고 큰 돌을 가져다가 거기 여호와의 성소 곁에 있는 상수리나무 아래 세우고 모든 백성에게 이르되, 보라 이 돌이 우리에게 증거가 되리니 이는 여호와께서 우리에게 하신 모든 말씀을 이 돌이 들었음이니라. 그런즉 너희가 너희의 하나님을 부인하지 못하도록 이 돌이 증거가 되리라 하고(수 24:25~27)"

'텔발라타'는 아랍어로 '상수리나무 언덕'이라는 뜻이다. 현재 '나블루스'라고 불리는 도시 시내에서 동쪽으로 1km 정도 가면 텔발라타가 나온다. 이곳에서는 1903년 이후에 독일 고고학자들에 의해 오래된 유적이 발견되었다. 후기 청동기와 철기 시대에 걸친 도시의 유적이었는데, 북이스라엘의 초대 수도가 세겜이었던 것을 볼 때 텔발라타가 고대 세겜 마을이었을 것으로 추정한다.

높이 8m의 성벽을 따라서 30m 들어가면 텔발라타 유적에서 가장 유명한 흰색 돌이 나온다. 너비 1.5m, 높이 2m의 흰색 돌은 일명 '언약의 돌' 또는

'증거의 돌'이라고 한다. 고대 이스라엘 민족은 돌을 세우고 하나님의 임재를 상징하게 하였다. 이런 돌은 히브리어로 '마쩨바'라고 한다.

이 멀고 먼 세겜에 텔발라타 유적에서 언약의 돌을 바라보며 하나님의 임재를 다시 경험하길 바란다. 그리고 이곳에서의 인증샷은 필수다. 단, 돌 위에는 올라가지 말자.

그리심산

아직도 600명의 사마리아 사람들이 자신들의 종교적 전통을 지키며 살아가는 마을이 그리심산에 있다. 그리심산에서는 매년 유월절이 되면 율법대로 양을 잡아서 전통적인 의식을 거행한다. 이 행사를 보기 위해 많은 사람이 모이는데, 구약 시대 제사의 전통을 체험하려는 한국의 성지순례 단체도 늘어나고 있다.

구약성경에는 여호수아가 가나안 정복 전쟁을 마치고 모세가 '축복의 산'이라고 불렀던 그리심산에서(신 27:12~14) 12지파 중의 시므온, 레위, 유다, 잇사갈, 요셉, 베냐민 지파를 세우고 축복을 선언하였다는 말씀이 나온다. 하나님께서 모세를 통해 약속하신 것을 여호수아가 실천했던 것이다(수 8:33).

해발 881m의 그리심산 정상에는 빨간색 둥근 지붕의 '사마리아 성전'이 있다. 바벨론에서 포로생활을 마치고 귀향한 유대인들이 파괴된 예루살렘성을 재건할 때 사마리아인들은 배제 당했다. 그때 상심한 사마리아인들이 그리심산 정상에 그들의 성전을 건축한 것이 '사마리아 성전'이다.

시간이 허락되면 사마리아인들의 마을에 있는 사마리아 박물관에도 방문해 보자. 개인 박물관이라 규모가 작지만, 사마리아인들의 종교와 풍습을 좀 더 이해할 수 있는 자료와 유물이 전시되어 있다.

📍 야곱의 우물 기념교회

텔발라타와 가까운 지역에 있는 '야곱의 우물'은 성경에 나오는 지역 중에 위치가 매우 확실한 장소 중의 하나이다. 이곳은 예수님께서 사마리아 여인과 대화를 나눈 장소로 공인되면서 기독교의 침례 장소로 사용되기도 했다가, 비잔틴 시대에는 우물이 위치한 곳 위에 교회가 세워졌다. 지금의 교회는 그리스 정교회에서 2005년 이후에 완성한 것이다.

교회 안 계단을 따라 지하로 들어가면 오래된 우물이 있다. 수가성에서 목이 마르신 예수님께서 사마리아 여인에게 물을 달라고 하셨던 그 우물이다(요 4:3~14). 사마리아 여인은 이 우물이 '야곱의 우물'이라고 말하였다. 유대인들은 사마리아인들과 상종하지 않았다. 그러나 사랑의 예수님께서는 사마리아 여인에게 물을 청하셨다. 그리고 여인에게 "내가 주는 물을 마시는 자는 영원히 목마르지 아니하리니. 내가 주는 물은 그 속에서 영생하도록 솟아나는 샘물이 되리라(요 4:14)"고 말씀하셨다. 이어서 예수님께서는 "이 산에서도 말고 예루살렘에서도 말고 너희가 아버지께 예배할 때가 이르리라(요 4:21)", "하나님은 영이시니 예배하는 자가 영과 진리로 예배할지니라(요 4:24)"라며 유대인은 물론 멸시받는 사마리아인이라도 참다운 예배를 드리면 조건에 상관없이 하나님께서

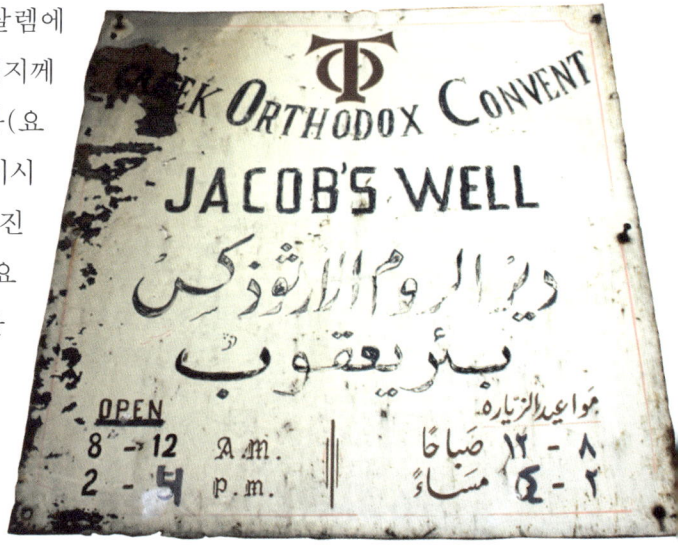

야곱의 우물 기념교회 간

야곱의 우물터

야곱의 우물 기념교회 수도사

5장 아라드에서 사마리아

사랑을 쏟아주신다는 것을 말씀하셨다. 우리는 이곳에서 제사와 예배 그리고 물과 생명이 중요한 연관성이 있음을 알게 된다.

이곳은 오래전부터 계셨던 수도사님이 항상 관리하고 있고, 수도사님에게 물을 끌어 올려 달라고 하면 깊이 40m에서 지금도 나오는 우물을 두레박으로 끌어 올려주신다. 우물이 깊어서인지 물은 시원하다.

9. 사마리아

세겜에서 북쪽으로 11km 정도 가면 사마리아가 나온다. 사마리아는 세겜, 디르사에 이은 북이스라엘의 수도다.

사마리아는 히브리인들이 아무것도 없던 곳에 새로 건설한 유일한 수도다. 이스라엘 왕 오므리는 산의 주인 세멜에게 두 달란트를 주고 사마리아산을 샀고, 그 산 위에 성읍을 건축했다. 그리고 성읍 이름을 산의 주인이었던 '세멜'의 이름을 따서 '사마리아'라 불렀다(왕상 16:24). 오므리왕, 아합왕, 아하시야가 3대에 걸쳐 구축한 사마리아는 남유다 왕국의 예루살렘과 어깨를 견줄 정도로 번성했다.

하지만 사마리아 성은 아시리아의 살만에셀에 의해 이스라엘 왕국과 함께 BC 721년에 파괴되었다(왕하 17:6). 이때 아시리아의 왕은 바벨론과 구다 등에 있던 사람들을 사마리아 여러 성읍에 거주하게 하였다(왕하 17:24). 이로 혼혈이 생기자 남유대인들은 이곳 사람들을 못마땅하게 여겨 유대인으로 취급하지 않았다. 이후 BC 332년 헬라 시대에는 이곳에 헬라 도시가 형성되었고, BC 30년 로마의 분봉왕 헤롯은 이 지역을 성벽으로 둘러싸고 도시를 만들었다. 그리고 도시 이름을 '세바스티아'라고 불렀다. 당시 로마 황제 아우구스투스의 헬라식 이름이 '세바스티아'였다.

이곳에는 북이스라엘 왕국 아합왕 시대의 상아궁전 터가 유적으로 남아 있다. 주차장 근처에는 로마식 포럼이 있고, 헤롯왕 때 세웠으나 로마 황제 셉티무스 세베루스가 재건한 총 길이 약 4km의 성벽이 남아있다. 유적 남쪽에는 세례 요한의 무덤이 있다고 전해 내려오는 곳에 세웠던 '세례 요한 기념교회'의 터가 있다.

사마리아에서는 처음으로 대규모의 과학적인 유적 발굴이 이루어졌고, 아직도 발굴해야 할 곳이 많다. 하지만 예전에 차별했던 사마리아인의 유산이기에 이스라엘 측은 신경을 쓰고 있지 않다. 자신들의 직접 조상이 유적을 이루었다는 인식이 없기 때문에 아랍인들도 무관심하다. 고고학 발굴의 필요성을 절실히 느끼게 되는 장소이다.

사마리아 포럼

6장 예루살렘 (예수님 고난의 길)

"이에 총독의 군병들이 예수를 데리고 관정 안으로 들어가서
온 군대를 그에게로 모으고 그의 옷을 벗기고 홍포를 입히며
가시관을 엮어 그 머리에 씌우고 갈대를 그 오른손에 들리고
그 앞에서 무릎을 꿇고 희롱하여 이르되
유대인의 왕이여 평안할지어다 하며
그에게 침 뱉고 갈대를 빼앗아 그의 머리를 치더라
희롱을 다 한 후 홍포를 벗기고 도로 그의 옷을 입혀
십자가에 못 박으려고 끌고 나가니라"

마태복음 27장 27절~31절

예루살렘의 '이르'는 '성벽이 있는 도시'를, '샬롬'은 '평화'를 의미한다. '평화의 도시'라는 뜻이다. 현대 히브리어로는 '이르아티카'라고 한다.

지형적으로는 이스라엘 중앙에 남북으로 길게 연결된 중앙 산악지대 중심에 있기에 아주 높은 고도의 도시이다. 해발 약 760m(우리나라의 대관령과 고도가 비슷함)이며, 서쪽으로는 지중해가 약 70km 거리에 있고, 동쪽으로는 사해가 약 45km 거리에 있다.

창세기(14:18~21)에 언급된 살렘 왕 멜기세덱이 아브라함에게 친절을 베풀어

주었던 사실을 근거로 한다면, 예루살렘의 역사는 약 4000천 년 전부터 찾을 수 있다. 약 3000년 전에는 다윗왕이 예루살렘에 있는 여부스 족속을 물리치고 도성으로 삼았다. 다윗은 헤브론에서 7년 동안 왕으로 있었고, 예루살렘으로 수도를 천도하여 33년을 통치하였다. 예루살렘은 명실공히 이스라엘의 종교적, 정치적 중심이 되었고, 지난 1996년은 유대력을 기준으로 다윗이 예루살렘으로 수도를 정한 3000년이 되는 해였다.

"세상에 아름다운 것이 열 가지가 있다면, 예루살렘에 아홉 가지가 있다"는 말이 있다. 그리고 이슬람의 살라딘 장군은 "예루살렘이 아무것도 아닌 것 같지만, 모든 것이기도 하다"라고 말했다. 이미 알려져 있듯이 예루살렘은 유대교, 이슬람교, 기독교 3대 종교의 중요한 성지이다. 그래서 예루살렘은 유대교와 이슬람 둘 다 도저히 양보할 수 없는 도시다.

성전산 전경

✡ 성전산

하나님께서는 아브라함의 믿음을 보시려고 100세에 얻은 이삭을 모리아산에서 바치라고 명령하셨다(창 22:2). 이에 아브라함은 브엘세바에서 3일 길 거리에 있는 예루살렘의 모리아산에서 이삭을 번제로 드리려 했다. 이 4000년 전에 성경에 언급된 모리아산이 바로 '성전산'이다. 3000년 전에는 다윗왕이 아라우나의 타작마당을 은 50세겔을 주고 성전산을 매입하였고(삼하 24:18~25, 대하 3:1), 솔로몬왕은 7년 6개월 동안 성전을 지어 하나님께 봉헌하였다(왕상 6:37~38).

📍 예루살렘 성전

예루살렘 성전의 역사는 BC 1000년 정도로 올라간다. 다윗은 이스라엘의 두 번째 왕이 된 후 이곳을 함락하여 수도로 정했다. 이후 다윗의 아들 솔로몬은 성전을 7년 동안 건축하면서, 이 성전을 향하여 손을 들고 기도하는 모든 이스라엘 민족의 기도를 들어주실 것을 하나님께 간구하였다(왕상 8:38~39). 이에 하나님께서는 눈과 귀를 항상 이곳에 머물러 두시겠다고 솔로몬의 기도에 응답하셨다(왕상 9:3).

솔로몬왕에 의해 세워진 성전인 '제1차 성전'은 BC 586년에 바벨론의 느부갓네살왕에 의해 파괴되었고, 약 2만 명의 유대인들이 바벨론으로 포로로 잡혀갔다. 이때부터 디아스포라 유대인의 시작이 되었다. '디아스포라'는 헬라어로 '흩어짐'을 의미한다.

유대인들은 다시 70년 만에 이스라엘에 돌아왔다. 그리고 페르시아 시대에 2차 귀환한 스룹바벨, 학개, 스가랴 선지자의 성전 건축에 대한 예언으로 BC 515년에 다시 성전을 세웠다. 그것이 스룹바벨 성전 즉 '제2차 성전'이다.

성전은 여러 번에 걸쳐서 보수, 재건되었다. 특히 로마 시대의 분봉왕 헤롯

예루살렘 전경

예루살렘 제2차 성전 모형
(이스라엘 박물관 소장)

성전산으로 들어가는 다리

에 의하여 46년 동안(실제는 60년) 보수된 성전은 솔로몬의 성전보다 약 4배나 규모가 컸다. 유대역사가인 요세푸스는 《유대 전쟁사》에 '성전의 화려함과 아름다움을 표현할 때 이 성전보다 나은 것은 이전에도 없었고, 지금도 없고, 앞으로도 없을 것'이라고 말하였다. 하지만 BC 18년경에 세워졌던 성전도 AD 70년에 로마의 티투스 장군에 의해 무너졌다. 공교롭게도 제1차 성전과 제2차 성전이 무너진 날은 아브^{Av}월(7월이나 8월 중) 9일로 동일하다. 그래서 지금도 성전 파괴 일은 히브리어로 '티샤 베아브$^{Tisha\ B'Av}$'라는 애도의 날로 지켜지고 있다. 성전을 파괴했다는 이유로 유대인들이 가장 증오하는 황제가 바로 바벨론의 느부갓네살왕과 로마의 황제 티투스다.

예수님께서는 이 성전에서 12살 때 율법 선생과 종교 지도자들과 대화하고 계셨으며, 성전을 '내 아버지 집'이라고 표현하셨다. 또한 예루살렘 입성 후에 성전에서 장사하는 사람들을 채찍으로 내쫓으시면서 '이곳은 만인이 기도하는 집'이라고 하셨다(눅 19:45~46). 당시에는 성전 번제물의 가격이 기하급수적으로 올라서 많은 사람들이 제사를 드리지 못했다. 반면에 대제사장 가야바와 그의 장인 안나스는 가장 물질적인 혜택을 받고 있었다. 반발하는 사두개파들에게 예수님은 "성전을 허물라. 3일 만에 세우시겠다"라고 말씀하셨다(요 2:19). 그리고 예수님은 이 성전이 '돌 위에 돌 하나 남지 않고 무너질 것'을 예언하시고 눈물을 흘리셨다(눅 19:46).

예수님께서는 겟세마네에서 잡히시고, 이곳 성전에 끌려오셔서 산헤드린으로부터 종교적인 재판을 받으셨다. 수많은 폭행을 당하시고 고난을 받으신 예수님께서는 결국 본디오 빌라도 법정에 끌려가시어 십자가형을 선고받으셨다.

■ **유대력과 성경력과 태양력의 비교**

현대 유대력 (성서 상 최초 유대력)	태양력	히브리어 발음
1월 (7월)	9~10월	티쉬리
2월 (8월)	10~11월	헤시반
3월 (9월)	11~12월	키슬레브
4월 (10월)	12~1월	테벳
5월 (11월)	1~2월	쉬밭
6월 (12월)	2~3월	아다르
7월 (1월)	3~4월	니싼
8월 (2월)	4~5월	이야르
9월 (3월)	5~6월	시반
10월 (4월)	6~7월	타무즈
11월 (5월)	7~8월	아브
12월 (6월)	8~9월	엘룰

📍 황금돔

'바위돔'이라고도 한다. 모스크의 중앙에 큰 바위가 있기 때문이다.

예루살렘은 AD 638년 이후 이슬람이 점령했다. AD 661년 칼리프 무아위야^{Muawiya}에 의해 바위돔 사원의 건축이 계획되었고, 칼리프 아브델 말릭(AD 685~705) 시대인 AD 691년에 완공되어 지금까지 이 바위사원이 남아있

성전산 황금돔

다. 천장에 보이는 황금색의 지붕은 1950년대에 요르단 후세인 국왕이 황금 500kg을 들여 금을 입혔다고 하여 지금은 '황금돔(황금사원)'이라 칭한다.

내부에는 가로 12m, 세로 15m의 바위가 있다. 유대인과 아랍인 모두의 시조인 아브라함이 하나님의 명령에 따라 아들 이삭을 제물로 바치려고 했던 곳이 이 바위 위였다고 한다. 이슬람의 경전 쿠란에는 이 바위를 중심으로 세상이 창조되었으며, 마호메트가 알라신으로부터 하루에 5번씩 기도하라는 계시를 받은 바위라고 한다. 그리고 가브리엘 천사의 인도를 받고 말을 타고 승천했다는 기록이 전해 내려오고 있다.

남쪽에는 이슬람에서는 중요한 '엘악사사원'이 있다. 엘악사사원은 AD 712년에 아브덱 말릭왕의 아들인 알 왈리드왕에 의해 지어졌다. '엘악사'는 '메카에서 가장 먼 곳'이라는 뜻으로, 더 자세하게는 '메카에서 예루살렘까지 종교적으로 가장 먼 곳'이라는 의미이다. 참고로 이슬람의 성지는 메카, 메디나, 예루살렘 세 군데이다.

지난 2000년 9월에 이스라엘 보수당 당대표인 아리엘 샤론(이후 수상이 됨)이 이곳 엘악사사원에서 연설을 한 것이 화근이 되어, 2000년부터 약 6년 동안 제2차 인티파타(민중봉기)가 일어났다. 그 일을 계기로 2000년 이전에는 황금돔 안에 누구나 자유롭게 방문할 수가 있었으나, 지금은 이슬람교인만 들어갈 수 있다.

1. 올드시티

예루살렘은 올드시티(구도시)와 뉴시티(신도시)로 나뉘어져 있다. '예루살렘성'이라고 부르는 곳이 바로 '올드시티 Old City'이고, 20세기 들어서면서 새로 생긴 도시가 '뉴시티'이다. 성경에 나와 있는 예루살렘성에 입성하는 것이 바로 올드시티에 들어가는 것이다. 오늘날 우리가 육안으로 보고 있는 올드시티 성벽의 모습은 대부분 오스만 터키가 이스라엘을 지배하던 당시 슐레이만 1세 Suleiman I, AD 1520~1566가 재건과 보수를 한 것이다.

사해로부터 25km, 지중해 연안으로부터 55km 위치한 올드시티의 성벽은 평균 길이가 약 4km이고 높이는 대략 15~17m이다. 그리고 올드시티 안

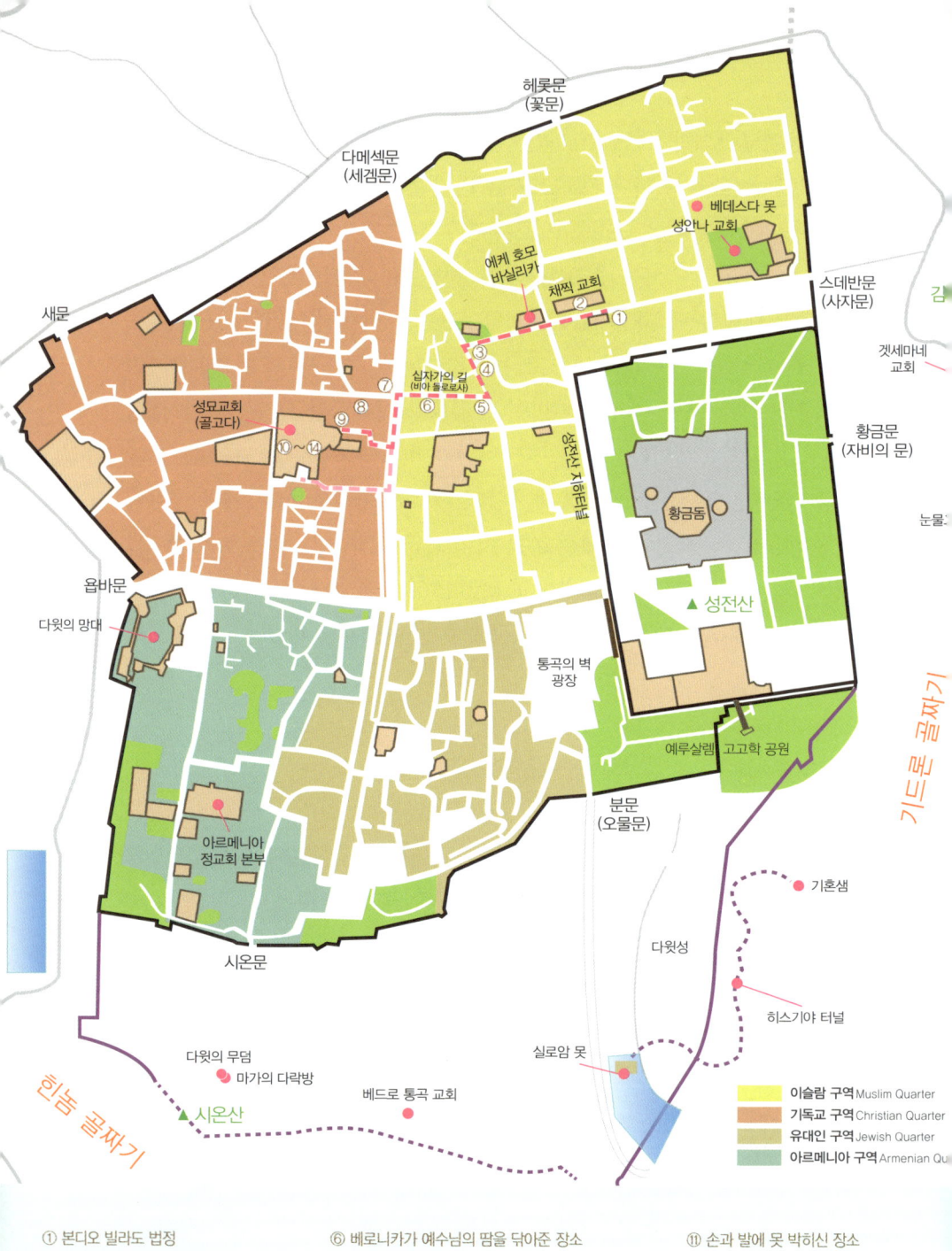

① 본디오 빌라도 법정
② 가시면류관 쓰고 채찍질 맞으신 장소
③ 처음 쓰러지신 장소
④ 어머니를 만나셨던 장소
⑤ 구레네 시몬이 대신 십자가를 진 장소
⑥ 베로니카가 예수님의 땀을 닦아준 장소
⑦ 두 번째 쓰러지신 장소
⑧ 예루살렘 여인들을 위로하신 장소
⑨ 골고다 언덕 앞에서 세 번째 쓰러지신 장소
⑩ 예수님을 십자가에 못 박기 위해 옷을 벗긴 장소
⑪ 손과 발에 못 박히신 장소
⑫ 십자가에 달려 운명하신 장소
⑬ 운명하신 예수님을 십자가에서 내린 장소
⑭ 부활하신 장소

에는 종교적으로 이슬람 구역, 기독교 구역, 아르메니아 정교회 구역, 유대인 구역으로 나누어져 있다.

성지순례로 올드시티에 들어가는 주된 이유는 십자가의 길, 베데스다 못, 통곡의 벽을 가기 위해서다. 최적의 코스는 십자가의 길로 시작해서 통곡의 벽을 보고 나오는 것이다. 그러기 위해서는 십자가의 길 1처와 베데스다 못과 가까운 헤롯문 또는 사자문 중에 순례 당일 상황에 맞춰 택일해야 한다. 그다음에는 십자가의 길을 통해 성묘교회를 순례한 후에 통곡의 벽을 보고, 다음 일정에 맞게 분문 또는 시온문을 통해서 빠져나가게 된다.

올드시티에는 총 '8개의 성문'이 있는데, 황금문을 제외한 모든 문은 지금도 이용되고 있다.

📍 다메섹문(세겜문)

예루살렘성 북쪽에 있는 3개의 성문 중 가장 규모가 크고 사람이 많이 왕

다메섹문

6장 예루살렘

래했던 문이다. 다메섹으로 향하던 이들에게는 '다메섹문'으로, 세겜으로 향하는 이들에게는 '세겜문'으로 불렸다. 히브리어로는 '샤아르 쉐켐Sha'ar Shekhem', 영어로는 '다마스커스 게이트Damascus Gate'이다. 그리고 로마 시대 남북 도로인 카르도Cardo(성경에는 직가)의 북쪽 시작 문이기도 하다. 기독교인을 박해하던 사울이 다메섹으로 가는 길에 주님을 만나고, 다시 돌아올 때는 바울이 되어 이 문으로 돌아왔다는 전승이 있다.

◉ 헤롯문(꽃문)

헤롯왕의 아들 헤롯 안티파스Herod Antipas의 궁전이 있어서 '헤롯문Herod's Gate'이라 한다. 성문 위에 아름다운 꽃무늬 조각이 있어 '꽃문'이라고도 하는데, '꽃문'은 히브리어로 '샤아르 하프라힘Sha'ar HaPerahim'이다. 이문은 십자가의 길 1처와 베데스다 못이 가까워 성지순례 할 때 많이 이용된다.

헤롯문

스데반문

📍 스데반문(사자문)

초대교회 스데반 순교자의 사건이 이루어졌던 곳으로 '스데반문'이라 불린다(행 7:54~8:1). '양문'이라고도 불렸는데, 성전 제물로 사용될 양들이 이 문을 지나갔기 때문이다. 또한 스데반문에는 좌·우측에 각 2마리씩 총 4마리의 사자상(얼핏 보면 고양이 같다)이 조각되어 '사자문$^{Lion\ Gate}$'이라고도 한다.

오스만 튀르크 제국의 슐레이만 1세는 4마리의 사자가 자신을 잡아먹는 꿈을 지속적으로 꾸었다. 꿈 해몽가들을 불러 물었더니 "황제가 거룩한 도성인 예루살렘성과 성벽을 방치하고 있어서"라는 답을 들었다고 한다. 그후 슐레이만 1세는 1540년에 칙령을 내려 성벽을 완공하고 사자상을 성문 양쪽에 새겼다.

황금문

◉ 황금문(자비의 문)

감람산 전망대에서 성벽을 바라보면 중간에 막혀있는 문을 발견하게 된다. 두 개의 문이 나란히 있는데, 남쪽에 있는 문은 '자비의 문'이고, 북쪽에 있는 문은 '회개의 문'이다. 이곳은 사도행전 3장에 언급된 "아름다운 문"이라고 표현한 '수산문'이다. 라틴어로 '뽀르타 아우레아 Porta aurea'이며, 금으로 된 문이라 하여 '황금문 Golden Gate'이라고도 불린다.

이 문은 7세기 이후에 아랍인들에 의해 문이 막혔고 특히 오스만 제국 시대의 슐레이만 1세에 의해 완전히 막혀 버렸다고 한다.

에스겔서 44장 1절부터 3절에는 여호와가 들어온 거룩한 문이기에 닫아 두어야 한다는 말씀이 있다. 유대인들은 이 문이 열릴 때 메시아가 올 것이라고 믿고 있다. 특히 성서 시대에는 이스라엘 대속죄일에 모든 이스라엘 민족들의 죄를 대신해서 유대광야 몬타르 산에서 희생되는 아사셀 염소가 이

문을 통하여 광야로 나갔다고 한다.

📍 분문(오물문)

올드시티 남쪽에 있는 문이다. 기드론 골짜기와 가까우며 문 중에 가장 낮은 곳에 있다. 성내의 쓰레기와 오물이 이 문을 통해서 버려져 이 문을 '분문 Dung Gate' 또는 '오물문'이라 한다. 또한 16세기에 북아프리카 지역의 회교도였던 무어족이 이곳 주변에 살았기에 오늘날 아랍인들은 '무어문'이라 부르기도 한다.

이 분문은 유대 구역으로 통하는 유일한 성문이다. 통곡의 벽에서 가장 가까운 문이라서 성지순례 할 때 통곡의 벽을 본 후에 나가는 곳으로 주로 이용된다.

📍 시온문

시온문은 올드시티 남서쪽에 있다. 안으로 들어가면 아르메니아 구역이며, 로마 시대의 남북 도로인 카르도에 쉽게 접근할 수 있다. 시온문 곳곳에는 이스라엘 독립 전쟁과 제3차 중동 전쟁인 6일 전쟁 당시에 치열했던 전쟁의 흔적으로 총탄 자국들이 아직까지 선명하게 남아있다.

로마와 비잔틴 제국 시대에는 시온산 지역이 올드시티 성 안에 위치하였다. 그러나 AD 16세기 오스만 제국의 슐레이만 1세가 예루살렘성을 보수할 때 재정 문제로 성의 남쪽 규모를 축소시켰다. 시온산이 성 밖으로 밀려나게 된 것이다.

시온산은 오늘날까지도 성 밖에 있다. 그래서 통곡의 벽을 본 후에 시온산에 있는 마가의 다락방으로 이동할 때에는 시온문을 이용하면 편리하다.

📍 욥바문

서쪽 방향으로 세워진 욥바문은 지중해 쪽의 고대 항구도시였던 욥바 쪽으로 갈 때 이용하는 문이다. 비잔틴 시대와 십자군 시대에는 옆에 다윗 망대가 있기 때문에 '다윗문'이라고도 불렸다.

욥바문 정면에는 '1538년 슐레이만 1세가 이 문을 세웠다'라는 아랍어가 쓰여 있고, 그 밑에는 1970년에 보수를 마친 기념으로 '예루살렘성이 보수되었다'라는 히브리어와 아랍어가 쓰여 있다. 욥바문 오른쪽으로는 일방통행으로 허가된 차량만 접근할 수 있는데, 이 도로는 1898년에 독일 빌헬름 2세가 예루살렘 방문을 준비하면서 마차가 접근할 수 있도록 성벽을 허물고 도로를 만들었던 것이다.

성문 우측에는 올드시티의 랜드 마크인 다윗의 망대와 예루살렘 역사박물관이 있다. 이 망대는 현재는 '다윗의 망대'라고 부르지만 실은 십자군 시대에 세워진 망대라고 한다.

이 장소에서는 밤이 되면 '예루살렘 야간 레이저쇼'가 진행된다. 레이저를 성벽에 비춰서 아름다운 예루살렘의 역사를 표현한 쇼 감상은 예루살렘의 또 다른 매력이 된다.

📍 새문

8개의 성문 중에서 가장 최근에 생긴 것이기에 '새문$^{New Gate}$'이라 한다. 1887년 오스만 제국 시대의 술탄 압둘 하미드가 예루살렘 성벽 서북쪽에 만든 작은 문이다.

올드시티에서 새문을 통과하여 나오면 예루살렘 시청과 노트르담 성당이 가까운 거리에 있다. 이 문은 성 안에 기독교인 구역으로 들어갈 때 많이 이용된다.

2. 베데스다 못, 성안나 교회

'베데스다'는 '자비의 집'이라는 의미이다. 2천 년 전에 베데스다는 기드론 골짜기에서 흘러내려 가는 빗물을 모아서 예루살렘 성전에 물을 공급하던 못으로, 의학적인 치료 목적과 종교적인 목적이 있었다. 병인들은 몸이 온전하지 못하다 하여 성전에서 제사를 드릴 수가 없었기에 이곳으로 모여들었다. 병자들은 양문(스데반문)을 통하여 나온 성전 제사용 동물들이 깨끗하게 씻긴 것같이 자신들도 깨끗하게 낫기를 원하였다. 이곳의 용도 중의 하나는 번제물들을 잘 정제하는 것이기 때문이다. 요한복음 5장에 보면 예수님께서도 이곳에서 38년 된 병자를 치유하셨다. 그리고 제2차 유대 반란 이후 하드리아누스 황제 때에는 치료의 신인 에스쿨라피오^{Esculapio} 신전을 이곳에 만들

베데스다 못

성안나 교회

기도 했다.

　베데스다 못은 평균 길이 110m, 넓이 70m, 깊이 20m의 큰 규모로, 다섯 개의 행각이 있을 정도로 거대했다. 여러 번의 전쟁으로 일부가 무너졌기에 못의 모습을 찾기는 어렵지만, 원래는 남쪽과 북쪽 두 개의 쌍둥이 못이기도 했다.

　이곳은 성경에서는 윗못 수도(사 7:3, 사 36:2, 왕하 18:17)라고 언급하였다. 그때는 제1차 성전 시대였고, BC 200년경 대제사장 시몬이 재위하던 시대에는 기존에 있던 못 남쪽에 두 번째 못을 만들었다. 두 개의 못 사이에는 분리벽이 있었고, 두 개의 못을 중심으로 사방에 행각이 있었다.

　이곳에는 AD 5세기 비잔틴 시대에 대규모의 교회가 세워졌으나, AD 614

년 페르시아의 침공 때 파괴되었고, 다시 십자군 시대인 AD 1130년경 교회와 수도원이 다시 세워졌다.

베데스다 못 옆에는 십자군 시대 때 세워진 성안나 교회가 있다. 전승에 의하면 예수님의 외할머니가 '성안나'이고 외할아버지가 '요아킴'인데, 예수님의 어머니인 '마리아'가 여기서 태어났다고 한다. 마리아의 어머니 '성안나'를 기념하는 이 교회는 외관이 아름답기도 하지만 공명의 울림도 좋다. 굉장히 잘 지어진 교회이기에 나중에 살라딘 장군은 성안나 교회를 파괴하지 않고, 대신 이슬람 신학교로 사용하라고 명령했다. 지금도 성안나 교회 정문 위에는 무슬림이 소유했던 근거가 되는 아랍어 석판이 걸려있다.

AD 1853년에 일어난 크림전쟁 이후에는 이 베데스다 못이 프랑스의 소유가 되었다. 따라서 아랍어 석판 위로는 프랑스기가 펄럭이고 있다. 프랑스 정부는 '백인신부수도회'에 이 못을 위탁하여 지금까지 소유하고 있다. 베데스다 못으로 들어가는 입구 우측 정원에 있는 흉상이 백인신부수도회의 창립자인 '라비제리에 추기경'이라고 한다.

성안나 교회는 공명이 잘되는 구조라서 찬양을 하게 되면 누구의 노래라도 아름답게 들린다. 예루살렘에 울려 퍼지는 평화의 찬양을 생각하며 꼭 불러보길 권한다.

3. 십자가의 길(비아 돌로로사)

본디오 빌라도의 법정(안토니아 요새)에서부터 골고다 언덕 위에 세워진 성묘교회까지 약 760m의 길을 '비아 돌로로사$^{\text{Via Dolorosa}}$'라고 한다. 라틴어로 'via'는 '길(way)', 'dolorosa'는 '슬픔(비탄)'이란 뜻이다. 그러므로 이 말은

본디오 빌라도 법정이 있었던 안토니오 요새 터(현재는 아랍학교)

I	Jesus is condemned to death Gesù è condannato a morte
II	Jesus carries his Cross Gesù è caricato della croce
III	Jesus falls for the first time Gesù cade per la prima volta
IV	Jesus meets his mother, Mary Gesù incontra Maria sua madre
V	Simon of Cyrene helps carry the Cross Il Cireneo aiuta a portare la croce
VI	Veronica wipes the face of Jesus La Veronica asciuga il volto a Gesù
VII	Jesus falls for the second time Gesù cade per la seconda volta
VIII	Jesus meets the women of Jerusalem Gesù incontra le pie donne
IX	Jesus falls for the third time Gesù cade per la terza volta
X	Jesus is stripped of his garments Gesù è spogliato
XI	Jesus is nailed to the Cross Gesù è inchiodato in croce
XII	Jesus dies on the Cross Gesù muore sulla croce
XIII	Jesus is taken down from the Cross Gesù è deposto dalla croce
XIV	Jesus is buried Gesù è sepolto

십자가의 길 안내문

◀ 십자가의 길 전경

'슬픔(비탄)의 길'이란 뜻이다. 그러나 기독교에서 이 말은 '주님이 십자가를 지고 간 슬픔의 길'을 일컫는 말로 사용되고 있다. 그리고 골고다는 '해골'이라는 뜻의 헬라어이다.

십자가의 길은 1294년에 라칼두스 신부님에 의해 처음 그 위치가 설정되었고, 1540년경 프란체스코회 수도자들에 의해서 확정되었다. 십자가의 길은 총 14처(지점)로 되어 있다. '14'는 완전수를 의미하는데, 다윗의 이름도 '14'라는 의미이다.

십자가의 길은 예수님이 성 안에서 사형 선고를 받으시고 성 밖에서 돌아가신 길이다. 그런데 성 밖은 먼 곳이 아니라 가까운 곳이었다. 따라서 코스는 길지 않다. 하지만 십자가의 길은 3시간 이상 충분히 시간을 갖고 의미 있게 순례를 해야 한다. 십자가의 길과 골고다 언덕은 단순 답사가 아니라, 성지순례의 핵심이기 때문이다.

📍 1지점. 본디오 빌라도 법정

사자문을 통해 올드시티 안으로 100m쯤 들어가면 왼쪽에 본디오 빌라도가 예수님에게 사형선고를 내렸던 장소가 있다. 이곳은 헤롯왕이 친구였던 안토니아를 위해 만든 '안토니아 요새'였다. 하지만 이 요새는 AD 70년 제1차 유대 반란을 진압할 때 티투스 장군이 파괴하고 성전을 함락시켰다. 그리고 현재는 '엘오마리에'라는 아랍 초등학교가 있고, 초등학교 정문 옆 벽에는 로마 숫자 'Ⅰ'이 적혀있는 표지판이 걸려 있다. 이것이 십자가의 길의 첫 번째 표지판이다. 하지만 엘오마리에는 금요일 오후에만 개방하고 나머지는 출입을 제한하고 있다. 그래서 보통은 초등학교에서 30m 거리에 있는 '선고 교회'와 '채찍 교회'가 십자가의 길의 출발점이 된다.

십자가의 길의 시작에는 '에케 호모 아치 The Arch of the Ecce Homo'라는 아치가 나타나는데, 본디오 빌라도가 예수님을 군중들에게 보이며 "Ecce Homo(보라, 이 사람을)"라고 말한 장소라고 한다.

선고 교회 내부에는 가시면류관을 쓰고, 죄인을 상징하는 홍포를 입고, 십자가를 지신 예수님이 골고다 언덕으로 향하시는 성화가 있다. 그리고 오른쪽 바닥의 중앙 부분에는 선명하게 새겨진 말판이 있다. 당시 재판은 무척 길고 무료했기에 지루함을 달래기 위해 로마 군인들이 일명 '왕의 놀이'를 할 때 썼던 말판이라고 한다.

1지점. 선고 교회 내부, 사형선고 받고 나가는 장면

2지점. 채찍 교회

📍 2지점. 가시면류관 쓰고 채찍 맞으신 장소

선고 교회의 맞은편에는 채찍 교회가 있는데, 예수님께서 로마 군사들에게 39대의 채찍을 맞으신 장소. 예수님께서 맞으신 채찍은 일반 채찍이 아니라 등가죽이 찢어지고 살점이 떨어지는 채

2지점. 채찍 교회 내부 전면 모자이크

찍이라 한다. 당시에는 십자가형 죄인을 가장 빨리 죽게 하려고 출혈이 많은 갈고리 모양의 채찍을 사용했다.

이 교회는 십자군 시대에 세워졌다가, 17세기에는 마구간으로 사용되기도 했다. 지금의 모습은 1927년 이탈리아 건축가 안토니오 발루치가 수리한 결과이다.

채찍 교회 내부에는 스테인드글라스가 3면을 장식하고 있는데, 전면에는 십자가에 달리신 예수님이 있고, 좌측에는 본디오 빌라도가 손을 씻는 장면, 우측에는 예수님 대신에 풀려나 기뻐하는 바라바의 모습이 있다.

이곳에 오면 이사야 53장 5절의 "그가 찔림은 우리의 허물 때문이요. 그가 상함은 우리의 죄악 때문이라. 그가 징계를 받으므로 우리는 평화를 누리고, 그가 채찍에 맞으므로 우리는 나음을 받았도다"는 말씀이 무겁게 다가온다.

📍 3지점. 처음 쓰러지신 장소

2지점을 나와서 약 200m 정도 이동하면 아르메니아 정교회의 경당이 있는 3지점이 있다. 이곳이 예수님께서 무거운 십자가를 지고 가다 처음 쓰러지신 장소이다. 예수님께서 지신 십자가는 35~57kg이 넘는 무게였다고 한다. 참고로 전체 십자가의 무게는 136kg 정도이고, 죄수는 그중에 가로목을 어깨에 지고 사형장으로 끌려갔다.

경당 입구 위에는 3지점이라는 표시자 "Ⅲ"이 있고, 쓰러지신 예수님의 모습을 담은 작품이 있다.

내부에는 예수님께서 십자가를 지고 고통 중에 쓰러지신 모습의 성화가 교회 정면에 그려져 있다. 천장에는 가시관을 그린 벽화가 있는데, 그 안에 '울지 마라...', '다시 살아나리라...'라는 글귀가 있다. 그리고 출구 쪽 위에는 십자가를 지고 앞에 나가시는 예수님 뒤로 수많은 사람이 십자가를 메고 따

3지점. 처음 쓰러지신 장소

르는 성화가 있다. "아무든지 나를 따라오려거든 자기를 부인하고 날마다 제 십자가를 지고 나를 따를 것이니라"라는 누가복음 9장 23절의 말씀이 연상되는 성화다.

4지점. 어머니 마리아를 만나신 장소

📍 4지점. 어머니를 만나셨던 장소

3지점에서 나와 왼쪽 옆에 있는 4지점에는 아르메니아 정교회가 세운 기념교회가 있다. 이곳은 성경에는 나오지 않지만, 십자가를 지고 가시는 아들 예수님과 마리아의 눈이 마주친 장소라고 전해진다.

교회 입구 위에는 예수님께서 동정녀 마리아를 만나는 반신상의 조각이 있다. 그리고 교회 지하로 내려가면 바닥에 AD 4세기에 제작된 신발 자국의 모자이크가 있다. 예수님께서 십자가 지심을 바라보며 무리 가운데 울고 있는 어머니 마리아의 신발 자국이라고 한다.

📍 5지점. 구레네 시몬이 대신 십자가를 진 장소

5지점까지 가는 길은 복잡한 아랍의 재래시장길이다. 차들이 지나다니고, 옷가게, 액세서리 가게들이 즐비하다. 예수님이 십자가를 지고 가신 길이지만, 안타깝게도 예수님을 메시아로 인정하지 않는 이스라엘 땅이고, 심지어 아랍인 구역이라서 더 방치되어 있다. 예루살렘의 올드시티는 앞에서도 언급했듯이 4개의 구역으로 나뉜다. 십자가의 길 1에서 8지점은 아랍인 구역이고, 9에서 14지점은 기독교인 구역으로 분류된다. 하지만 성묘교회 내부는 그리스정교회, 로마 가톨릭, 아르메니아교회 등이 서로 소유권을 주장하고 있다.

이곳은 항상 우리 자신을 돌아보게 되는 장소이다. 구레네 시몬이 예수님

5지점. 구레네 시몬이 예수님의 십자가를 진 장소

5지점. 예수님이 손을 짚으신 바위

대신에 십자가를 억지로 진 장소이기 때문이다. 리비아 트리폴리 출신의 시몬은 예수님과는 아무 연고도 없던 사람으로 여겨지고 있다. 하지만 예수님의 십자가를 대신 지었다. 이 사건은 우리에게 항상 원하는 십자가만을 질 수 없음을 겸허히 묵상하게 한다.

이곳에는 가톨릭에서 제2의 예수라고 하는 프란체스코 성인을 기리는 가톨릭 프란체스코 수도회의 작은 경당이 있다. 입구 우측 벽면에는 예수님이 손을 짚으셨다고 전해지는 돌이 있다.

여기서부터는 골고다 언덕으로 올라가는 길이다. 차는 다니지 않지만 주변에 가게들이 있어서 혼잡하다.

📍 6지점. 베로니카가 예수님의 땀을 닦아준 장소

베로니카가 살던 곳의 대지를 매입하여 그리스 가톨릭이 이곳에 베로니카 기념교회를 세웠고, 1953년에 보수하였다.

로마 군인들은 십자가 행렬 주변의 군중들을 선동하여 침과 오물, 욕설을 퍼붓게 하였다. 이 상황에서 베로니카는 손수건으로 예수님의 피와 땀을 닦아드렸다. 그러자 놀랍게도 예수님의 얼굴을 닦은 손수건에 예수님의 얼굴이 남겨졌다. 베로니카는 12년간 혈루증으로 고생하다 예수님의 옷자락을 만지고 혈루증이

6지점. 한 여인이 예수님의 땀을 닦아준 장소

나은 여인이라고 전해진다. 베로니카는 '베라(진실된)'와 '이콘(형상)'이라는 의미의 라틴어 표현이다.

손수건은 현재 로마의 베드로 대성당에 보관되어 있다. 베로니카 기념교회 안에도 손수건이 있지만 그건 복제물이다.

📍 7지점. 두 번째 쓰러지신 장소

6지점에서 직진해서 걸어오면 십자가의 무게를 감당하지 못하고 다시 쓰러지신 장소 7지점이 나온다.

이곳에는 프란체스코 수도회의 작은 경당이 있다. 내부에는 예수님께서 쓰러지신 모습의 조각들이 있다. 그리고 로마 시대의 기둥이 하나 있는데, 예수님의 사형 선고장이 붙었던 곳이라고 전해진다. 전승에 의하면 이곳에 고대 문이 있었는데, '심판의 문'이라고 불렸다고 한다. 이 '심판의 문'에는 고소당한 죄인의 선고장을 붙였다.

📍 8지점. 예루살렘의 여인들을 위로하신 장소

7지점 옆의 좁은 길을 따라 조금 걸어오면 왼쪽 벽에 8지점을 알리는 "Ⅷ" 표시자가 있다. 그리고 그 아래 사람 눈높이 정도에는 십자가 모양과 'NIKA'라는 글자가 새겨진 돌이 있다. 'NIKA'는 헬라어로 '(주께서) 승리하셨다'라는 의미이다.

당시 십자가 행렬 뒤로는 가슴을 치며 슬피 우는 여인들이 있었다. 이에 예수님께서는 "예루살렘의 딸들아 나를 위하여 울지 말고 너희와 너희 자녀를 위하여 울라(눅 23:28)"며 예루살렘성의 환란을 예언하시고, 여인들을 위로하셨다.

7지점. 예수님께서 두 번째 쓰러지신 장소

8지점. 십자가 모양과 'NIKA'라는 글자가 새겨진 돌

6장 예루살렘

9지점. 골고다 언덕 앞에서 세 번째 쓰러지신 장소

8지점에서 다시 7지점으로 돌아 나와 우측의 복잡한 시장 길을 지나가면 돌계단이 보인다. 계단을 올라 어느 정도 걸어가면 이집트 정교회 소속 콥틱 교회가 있다. 콥틱 교회 입구 좌측에는 약간 비스듬한 로마 시대 기둥이 있는데, 이곳이 예수님께서 세 번째 쓰러지신 장소이다.

9지점 근처에는 에티오피아 정교회에서 관리하는 예배당 쿤라다도 있다. 에티오피아 사람들은 자신들이 솔로몬과 시바 여왕 사이에서 나온 '메네리크'라는 사람의 자손이라고 한다. 쿤라다 안 좌측에는 솔로몬과 시바 여왕이 만나는 장면을 그린 성화가 있다.

이 쿤라다를 지나면 성묘교회 앞 광장으로 갈 수 있다.

9지점.
예수님이 세 번째 쓰러지신 장소 표시 기둥

10지점. 예수님을 십자가에 못 박기 위해 옷을 벗긴 장소

"군인들이 예수를 십자가에 못 박고 그의 옷을 취하여 네 깃에 나눠 각각 한 깃씩 얻고 속옷도 취하니 이 속옷은 호지 아니하고 위에서부터 통으로 짠 것이라. 군인들이 서로 말하되 이것을 찢지 말고 누가 얻나 제비 뽑자 하니 이는 성경에 '그들이 내 옷을 나누고 내 옷을 제비 뽑나이다' 한 것을 응하게 하려 함이러라(요 19:24)."

10지점. 예수님을 십자가에 못 박기 위해 옷을 벗긴 장소

성묘교회로 들어가 우측의 좁은 계단으로 올라가면 골고다 정상에 도착하게 된다. 이곳에서 로마 군인들은 예수님의 옷을 벗겨 제비 뽑아 나누어 가졌다. 당시 사형을 집행하는 로마 군인들은 사형수의 옷을 나누어 갖는 관습이 있었다고 한다.

현재 10지점에는 '옷 벗김의 예배소'가 세워져 있다.

📍 11지점. 손과 발에 못 박히신 장소

예배소 우측 벽에는 아브라함이 아들 이삭을 번제로 드리려는 모습, 예수님께서 못 박히신 모습, 예수님을 지켜보는 어머니 마리아의 모습을 담은 모자이크가 있다. 모자이크 앞의 은으로 만든 제단은 1609년 이탈리아 토스카나의 대공작 메디치 가문의 '페르디난드 1세'가 기증한 것이다.

예수님께서는 이곳에서 제 삼시가 되어 십자가에 못 박히셨다(막 15:25).

📍 12지점. 십자가에 달려 운명하신 장소

"제육시가 되매 온 땅에 어둠이 임하여 제 구시까지 계속하더니, 제 구시에 예수께서 크게 소리 지르시되 엘리 엘리 라마 사박다니 하시니 이를 번역하면 나의 하나님, 나의 하나님 어찌하여 나를 버리셨나이까 하는 뜻이라. 곁에 섰던 자 중 어떤 이들이 듣고 이르되 보라 엘리야를 부른다 하고 한 사람이 달려가서 해면에 신 포도주를 적시어 갈대에 꿰어 마시게 하고 이르되 가만 두라 엘리야가 와서 그를 내려 주나 보자 하더라. 예수께서 큰 소리를 지르시고 숨지시니라. 이에 성소 휘장이 위로부터 아래까지 찢어져 둘이 되니라. 예수를 향하여 섰던 백부장이 그렇게 숨지심을 보고 이르되 이 사람은 진실로 하나님의 아들이었도다 하더라(막 15:33~39)."

예수님께서는 이곳에서 "다 이루었다(요 19:30)"고 말씀하시고 십자가 위

11지점. 예수님께서 못박히신 장소

12지점. 예수님께서 돌아가신 장소

13지점. 가슴에 칼이 박힌 채 슬퍼하는 마리아 모습의 조각

14지점. 예수님이 부활하신 장소 위에 대리석 반석

에서 숨을 거두셨다.

제단 중앙에 지름 10cm 정도 되는 구멍은 십자가를 세웠던 곳으로, 예수님께서 십자가에 달려 운명하신 장소를 표시한 것이다. 우측에는 유리로 덮여놓은 '반으로 쪼개진 바위'가 있는데, 이 바위의 균열은 예수님께서 운명하실 때 일어난 큰 지진에 의한 것이다. 그리고 놀랍게도 바위는 성전이 있던 방향으로 갈라졌다 한다.

📍 13지점. 운명하신 예수님을 십자가에서 내린 장소

12지점 우측이 십자가에서 운명하신 예수님의 시신을 내린 장소이다(눅 23:53). 13지점에는 가슴에 칼이 박힌 채 슬퍼하는 마리아의 모습이 담겨 있는 조각이 있는데 '칼이 네 마음을 찌르듯 하리라(눅 2:35)'는 말씀을 상징하고 있다. 이 조각상은 1778년 포르투갈의 여왕이 기증한 것이다.

📍 14지점. 부활하신 장소

성묘교회 정문에서 왼쪽으로 약 15m 이동하면 3일 만에 예수님이 부활하신 장소가 있다. 성경에는 아리마대 요셉이 예수님을 위하여 한 번도 사용된 적이 없는 무덤을 제공하였다고 적혀있다. 이 무덤은 입구를 돌로 막은 돌무덤이었다.

입구에 들어가서 처음 나오는 방은 시체를 염하던 공간이었다. 그리고 예수님이 돌아가신 이후에 무덤에 처음 방문한 막달라 마리아에게 천사가 예수님의 부활을 알려줬던 방이다. 중간에 보면 항상 초가 밝혀져 있는 높이 1m의 정사각형 기둥이 있다. 기둥 상부에는 돌이 있는데, 예수님의 무덤을 막았던 돌의 일부라고 전해진다.

두 번째 방이 바로 예수님께서 부활하신 장소이다. 들어가면 오른쪽에 대리석이 있는데 이곳에서 예수님께서 부활하셨다. 비록 복원된 것이지만 부활을 믿는 기독교인은 꼭 방문해야 하는 장소이다.

4. 성묘교회, 골고다 언덕

예수님께서 십자가에 못 박혀 돌아가신 이곳은 영화에서 보았던 것처럼 침울하거나 황량하지 않다. 예수님께서 십자가를 등에 지고 올라가셨던 골고다 언덕도 우뚝 홀로 서 있지 않다. 주변 건물에 둘러싸여 있어 높은 언덕이라는 느낌도 별로 없다. 그러나 2천 년 전에는 이곳에 아무것도 없었다. 게다가 AD 40년경 제3차 예루살렘 성벽 확장 건설이 진행되면서 예루살렘 성내로 들어왔지만, 예수님이 계셨던 때에는 골고다 언덕이 성 밖에 있었다.

따라서 성묘교회 정문 앞에 들어설 때면 간혹 주변에 보이는 모든 건물을 지워 버리고 2천 년 전의 예수님이 계셨던 곳으로 나만의 시간여행을 해본다. 당시 골고다 언덕에는 십자가 처형하는 곳이 있고, 주변에는 많은 돌무덤이 산재해 있었을 것이다.

골고다 언덕 정상에 있는 성묘교회는 콘스탄티누스 황제의 어머니 헬레나 황후가 세운 것이다. 이스라엘에 성지순례를 왔던 헬레나 황후는 골고다 언덕에서 3개의 나무십자가를 발견하고 아들에게 성묘교회를 세우자고 청원했다. 그리하여 기독교인을 핍박하던 하드리아누스 황제가 AD 135년 제2차 유대전쟁 이후 세웠던 비너스 신전을 허물고, AD 336년 골고다 언덕 위에 성묘교회를 세웠다. 헬레나 황후는 성묘교회 외에도 감람산의 주기도문 교회, 베들레헴의 예수 탄생 교회를 봉헌하여 비잔틴 시대의 3대 교회를 세웠다.

성묘교회 전경

성묘교회는 AD 614년에 페르시아에 의해 파괴되고 십자가를 빼앗겼던 역사가 있다. AD 631년에 비잔틴 황제인 헤라클리우스^{Heraclius}의 협상으로 다시 십자가를 받을 수 있었지만, AD 1009년 칼리파 엘하킴에 의해 성묘교회의 기초는 거의 무너졌다. 약 20년 정도 폐허가 되었던 성묘교회는 AD 1027년 엘하킴의 아들인 칼리파 알리 아즈 자히르$^{Ali\ Az\text{-}Zhir}$와의 협상으로 비잔틴 제국에 의해 재건축을 진행했지만, AD 1077년에 셀주크 투르크$^{Seliuk\ Turks}$ 칼리프는 기독교인의 방문을 불허했다. 이에 AD 1096년 우르바노스 2세 교황은 이방인으로부터 성지 이스라엘을 회복하자는 십자군 운동을 일으켰다. 결국 AD 1099년 1차 십자군 원정에서 예루살렘을 탈환하고, 50년 후인 AD 1149

성묘교회 정문 앞

년 7월 15일에 성묘교회를 다시 세우게 되었다. 이때 '부활 교회'에서 '무덤 교회'로 명칭이 바뀌었다. 그러나 AD 1187년 제2차 십자군 원정대는 갈릴리의 하틴에서 이슬람의 살라딘 군대에 패하였다.

성묘교회는 AD 1545년에 지진으로 종탑이 훼손되는 수난도 겪었다. 물론 AD 1728년에 교회의 파손된 부분을 보수하였으나, 이마저도 AD 1808년 화재로 상당한 손실을 입게 되었다. 이때 유럽은 나폴레옹과 전쟁 중이었고, 오스만 제국의 지배를 받는 상황이라 성전을 보수할 여력이 없었다. 결국 그리스 정교회는 러시아의 원조로 성묘교회를 보수했다. 따라서 러시아 아르메니아 정교회, 로마 가톨릭, 그리스 정교회, 기독교, 라틴 교회, 이집트 콥틱의 소유권 분쟁이 장기간 지속되고 있는 것이다. 다행히 AD 1959년도에 이들 종파는 서로 합의하여 AD 1961년부터 지금까지 보수하고, 유지하고 있다.

성묘교회 안으로 들어가다 보면 입구에 커다란 두 개의 나무문을 보게 된다. AD 1187년 하틴 전투에서 십자군을 물리친 살라딘왕은 이 두 개의 나무문을 이슬람의 두 가문에게 소유권을 양도하였다. 따라서 AD 1832년까지는 교회로 들어오려는 모든 사람들에게 입장료를 받았다. 지금은 성묘교회 내부에 있는 모든 종파에서 돈을 지불하고 있기에 무료로 교회 입장을 할 수 있다.

입구 우측으로 가파른 계단으로 올라가면 골고다 언덕이 있다. 항상 사람이 붐비는 장소지만 차분하게 올라가서 나를 위해 피 흘리신 예수 그리스도를 묵상하고 오도록 하자. 계단을 내려오면 십자가에서 운명하신 예수님의 시신을 염했던 반석이라고 전해지는 바위가 있다. 바로 뒤에는 예수님께서 십자가에서 돌아가시는 모습과 염하는 장면 그리고 돌무덤에 장사되는 세 장면의 모자이크가 있다.

좌측으로 이동하면 주변에 사람들이 줄을 많이 서있는 커다란 사각형 모양의 건물이 있다. 이곳이 예수님께서 3일 만에 부활하신 아리마대 요셉의 돌무덤이 있던 장소이다. 지금은 복원이 되었지만 기독교의 중요한 부활의 장소이기 때문에 시간이 허락되면 꼭 기다려서 들어가 보도록 하자. 예수님의 무덤 뒤에는 작은 공간에 아리마대 가족의 무덤이라는 전승이 전해오는 오랜 돌무덤이 있다. 이곳은 돌무덤의 모양을 생생하게 볼 수 있는 현장이다.

마지막으로 성묘교회 입구에서 우측으로 약 10미터 이동하면 지하로 내려가는 계단이 있다. 계단을 따라 내려가면 AD 324년에 헬레나 황후가 성지순례를 와서 발견한 예수님의 나무십자가가 있었던 물 저장소를 볼 수 있다. 제단 뒤에는 헬레나 황후와 예수님의 십자가를 세운 동상이 있다.

신명기 21장 23절에 보면 "그 시체를 나무 위에 밤새도록 두지 말고 그 날에 장사하여 네 하나님 여호와께서 네게 기업으로 주시는 땅을 더럽히지 말라. 나무에 달린 자는 하나님께 저주를 받았음이니라"라는 말씀이 있다. 바로 돌로 쳐서 죽이지 않고 나무에 매달아 죽이는 것은 가장 큰 저주를 받는 것이었다. 건축자들이 버린 돌이 모퉁이 돌이 된다. 하지만 그 버려진 돌은 밑에 있는 모퉁이 돌이 아니라 가운데 머리에 있는 머릿돌이 되기도 한다.

'십자가'는 가장 저주받을 수밖에 없는 나무인데 예수님을 상징하는 가장 중요한 것이 되었다. 유대인들이 버린 예수님이 모든 교회의 중심이 되고 머리가 되신 것이다.

성묘교회는 오랜 시간에 걸쳐서 예수님의 부활하신 장소를 소유하기 위한 종파 간의 갈등이 많았던 장소이다. 주변의 혼탁한 모습만 바라보고 실족하지 말자. 가장 중요한 사실은 이 모든 악조건 속에서도 말씀은 이루어졌다는 것이다. 즉, "예수께서는 부활하셨다"는 것이다.

5. 통곡의 벽

유대인들의 정신적 지주인 성전을 파괴하기 위해 5개월 동안 고생한 티투스 장군은 위대한 로마의 힘을 보여주기 위해 서쪽의 성벽 일부만을 남겨 놓았다. 그 일부분이 바로 '서쪽 벽 Western Wall', 히브리어로는 '하코텔 HaKotel'이다. 우리에게는 '통곡의 벽 The Wailing Wall'으로 알려진 벽이다.

유대인들은 제2 성전이 파괴되자 통곡의 벽 앞에서 철저히 파괴된 성전을 향하여 애통해하며 통곡했다. 그러나 그마저도 로마는 허락하지 않았다. 유대인들은 로마의 하드리아누스 황제에 의하여 예루살렘에서 쫓겨날 수밖에 없었다. 예루살렘 도시의 이름은 '엘리나 카피톨리아'라는 황제의 이름으로 불리게 되었으며, '유대'라는 나라 이름도 '팔레스티나'로 바뀌었다.

하지만 비잔틴 시대가 되면서부터 일 년에 단 하루, 성전이 파괴된 '티샤 베아브(아브월 아홉 번째 날)'에만 성전 서쪽 벽에 접근할 수 있었다. 흩어져 있던 유대인들은 그날 통곡에 벽에 모여 성벽을 두드리고 슬피 울며 기도했다. 통곡의 벽에서 기도하는 이유는 지성소가 있던 위치와 가장 가까운 곳이기 때문이다. 이곳은 1967년의 6일 전쟁 이전까지는 요르단의 땅이었다. 그래서 1967년까지도 일 년에 하루만 방문이 가능했다.

오늘날 우리가 볼 수 있는 벽은 길이 50m, 높이 18m 정도 되지만, 실제로는 땅속으로 깊이 17단이나 들어가 있다. 그리고 통곡의 벽은 하단으로 갈수록 돌의 크기가 큰데, 성벽 바닥부터 약 7번째 돌까지가 헤롯왕이 재건했던 제2차 성전 때의 돌이다. 그 위부터 4번째 돌까지는 로마가 쌓아올린 돌이고, 더 위의 작은 돌들은 오스만 터키 시대에 쌓아 올린 돌이다. 이 돌들 사이에서 '아비요나(슬로브핫)'라고 하는 녹색 풀이 보인다. 아비요나는 탈무드에 지구가 멸망해도 끝까지 살아남는 식물로 이야기되고 있다.

통곡의 벽은 유대인들에게는 가장 성스러운 장소 중의 하나이다. 그래서 그들은 벽을 향해 기도하고 나올 때는 뒷걸음쳐 나온다. 여자와 남자가 들어가는 곳도 다르다. 벽을 향해 볼 때 남자는 왼쪽으로 들어가고, 여자는 오른쪽으로 들어간다. 또한 남자는 입장할 때 머리에 겸손을 상징하는 키파를 입구에서 빌려 쓰거나 개인이 소유하고 있는 일반 모자를 쓰고 들어간다. 여자는 어깨와 무릎이 드러나지 않게 가리고 들어간다. 유대인들은 자신들의 기도문을 통곡의 벽 사이에 빼곡하게 끼워 넣고 있는데, 기도문은 일 년에 한 번씩 랍비장이 모아서 땅에 묻어버린다고 한다.

유대인들에게 통곡의 벽과 성전은 매우 중요한 의미가 있다. 하지만 기독교인들은 이곳에서 예수님과 사마리아 여인과의 대화가 있었던 성경 말씀을 기억하자.

"여자가 이르되, 주여 내가 보니 선지자로소이다. 우리 조상들은 이 산에서 예배하였는데 당신들의 말은 예배할 곳이 예루살렘에 있다 하더이다. 예수께서 이르시되, 여자여 내 말을 믿으라. 이 산에서도 말고 예루살렘에서도 말고 너희가 아버지께 예배할 때가 이르리라. 너희는 알지 못하는 것을 예배하

통곡의 벽 앞에서 기도하는 정통 유대교 종교인

통곡의 벽 앞에서 기도하는 모습

통곡의 벽 야경

◀ 통곡의 벽 전경

고 우리는 아는 것을 예배하노니. 이는 구원이 유대인에게서 남이라. 아버지께 참되게 예배하는 자들은 영과 진리로 예배할 때가 오나니 곧 이 때라 아버지께서는 자기에게 이렇게 예배하는 자들을 찾으시느니라(요 4:19~23)."

6. 성전산 지하터널

통곡의 벽 광장 좌측 편에 '성전산 지하터널 Western Wall Tunnel'로 들어가는 입구가 있다. 이곳에는 최소 몇 주 전에 예약해야 성지순례 단체는 들어갈 수 있다.

제1차 유대 반란

'제1차 유대-로마전쟁'이라고도 불린다. AD 70년, 6만 대군을 이끌고 온 로마 장군 티투스는 예루살렘을 함락시키고, 예루살렘 성전에서 결사항전을 벌이는 약 2만여 명의 유대인들을 진압하고 성전을 불태웠다. 예루살렘 포위 기간 동안 110만 명의 유대인이 목숨을 잃었고, 9만 7천 명이 포로로 잡혔다(《유대전쟁사》 6권 9장 3. 420). 역사가 요세푸스는 "예루살렘은 이렇게 종말을 맞이했다. 그렇지 않았다면 웅장한 위용으로 모든 인류 가운데 우뚝 선 명성을 갖게 되었을 도시"라고 증언했다.
유대인들은 예루살렘이 함락된 뒤에 AD 73년 마사다 요새에서 마지막까지 항전하였다. 그러나 마사다도 함락되고 '제1차 유대-로마전쟁'은 막을 내렸다.
유대 반란 패배의 결과로 유대인은 국가를 잃고 이국으로 퍼져나가게 되는 디아스포라가 본격적으로 시작되었다. 로마는 이 과정에서 예루살렘 성전에 보관된 보물들과 메노라(7개 방향의 촛대)와 솔로몬의 황금 식탁 등을 뺏어 갔고, 이 전리품은 로마의 콜로세움을 짓는데 중요한 자금줄이 되었다. 지금도 로마 포로로마노 지역 언덕 중앙에 있는 티투스 황제의 개선문 안쪽 아치에는 예루살렘 점령 당시의 상황을 알 수 있는 조각이 선명하게 남아있다.

성전산 지하터널에 헤롯왕 당시에 건축한 성전돌

내부에 들어서면 2차 성전 때 사용되었던 돌로 만든 커다란 벽 길이 마치 미로와 같이 연결되어 있다. 우리가 사진이나 미디어로 보는 통곡의 벽의 연장이라고 할 수 있다. 그중에 가장 규모가 큰 돌은 길이 11m, 높이 3m, 무게 600t 이상 되는 엄청난 크기의 돌이다. 200m가 넘는 거리의 터널을 따라가다 보면 좌측에 거룩한 지성소와 가까웠던 문을 보게 된다.

7. 다윗성

헤브론 지역의 왕으로 7년간 통치했던 다윗은 전체 이스라엘의 민심을 확보하기 위해 수도를 북쪽으로 천도했다. 최적의 장소는 바로 예루살렘이었다. 이스라엘은 지형적으로 남북이 길게 뻗은 곳이라 남쪽과 북쪽을 중립적이고 효과적으로 통치하기 위해서 다윗은 여부스족이 살고 있던 성을 차지했다(삼하 5:9).

다윗왕은 예루살렘에 안착한 후에 왕궁과 신전 등을 건설했다. 예루살렘의 북쪽으로는 왕궁과 창고를 지닌 '다윗성'으로, 남쪽으로는 일반 주거지로 개발했다. 다윗성은 성경에 '오펠^{Ophel}' 요새로 표현되기도 하는데(대하 27:3, 33:14), 통일왕국 시대 때와 남유다가 형성되었을 때도 수도의 역할을 했다.

초기의 다윗성의 면적은 약 3헥타르 정도이며 2000명 정도가 거주할 수 있는 규모였다. 지형적으로는 경사면이 동쪽 기드론 골짜기 쪽으로 급한 편이다. 왕은 그중에 가장 높은 장소에 있기에, 성경에 언급된 밧세바 사건(삼하 11장, 12장)이 일어날 수 있었던 것으로 짐작된다.

다윗성 입구

다윗성은 동쪽으로는 기드론 골짜기, 서쪽으로는 중앙 계곡, 남쪽으로는 실로암 못, 북쪽으로는 모리아산이 있다. 다윗성 언덕 중앙에는 고고학적 발굴현장을 볼 수 있는데, 그중에 'G-AREA'라는 곳이 가장 중요하다. 1차 성전 시대의 가옥 구조와 2차 성전 시대의 탑과 성벽 그리고 화장실, 불탄 집이 이 현장에 남아있다.

8. 기혼샘

예루살렘의 놀라운 장소 중 한 곳이 이곳 기혼샘이다. 비가 오지 않는 건기가 매년 8개월 정도 지속되지만 기혼샘은 연중 2000m³의 물을 뿜어내고 있다. 히브리어의 '기혼'이라는 의미는 '힘차게 분출하는', '뿜어져 나오다'라는 뜻이다. 기혼샘은 구약 시대에는 예루살렘 도시의 주된 물 근원이었다. 성경에는 기혼샘에서 다윗의 아들 솔로몬이 왕으로 기름 부음 받은 장소로 기록되어 있다(왕상 1:45).

히스기야 터널의 출발지인 기혼샘의 입구 좌측에는 1899년 발굴 중에 발견한 터널이 있는데, 가나안 시대의 터널이다. 대략 120m의 길이의 이 터널에는 바닥에 물이 없어서 신발이 젖지 않고도 통과할 수 있다.

기혼샘

9. 히스기야 터널

남유다의 히스기야왕이 종교개혁을 성공적으로 이끌고 있을 때, 중앙아시아 지역의 아시리아는 힘을 길러 이스라엘의 사마리아를 함락시키고 이스라엘의 왕 호세아를 포로로 데려갔다. 이에 히스기야왕은 각 지방의 방비를 튼튼히 하며 아시리아의 침입에 대비하였다. 결국 BC 701년 아시리아의 왕 산헤립은 남유다의 중요한 성읍인 라기스를 공격하고 예루살렘으로 진격했다. 히스기야왕은 다윗성의 방어와 기혼샘의 물을 안정적으로 확보하기 위해 터널 공사를 지시했다(왕하 20:20, 대하 32:1~5). 공사는 양쪽으로 파면서 진행되어 총 길이 533m의 터널이 한 번에 완공되었다. 경사도 30cm밖에 차이 나지 않는 엄청난 공사였다.

절박한 마음으로 공사를 한 것을 알 수 있는 고고학적 근거는 이곳에서 발견된 실로암 비문이다. 실로암 비문은 길이 72cm, 높이 38cm의 돌판으로, 1880년에 발견되었다. 비문은 양쪽부터 파기 시작한 히스기야 터널이 뚫렸을 때의 분위기를 묘사하고 있다. 현재 이 비문은 터키의 이스탄불 박물관에 원본이 있고, 이스라엘 박물관 고고학관에 사본이 있다.

히스기야 터널을 통과할 때 처음 약 4m 구간은 수심이 대략 70~80cm 정도이고, 나머지는 대략 15~20cm 정도이다. 중간으로 갈수록 터널 높이는 낮아서 허리를 굽히고 가야 한다.

어둠을 뚫고 밝은 빛의 영광을 본 소경과 같이 어두운 히스기야 터널을 통과하여 실로암 못으로 가는 이 터널은 예루살렘의 소중한 체험코스 중의 하나이다. 히스기야 터널을 통과하려면 랜턴, 반바지, 미끄러지지 않는 샌들이나 아쿠아슈즈 등이 꼭 필요하고, 통과시간은 대략 30~40분 정도이다.

① 실로암 못
② 히스기야 터널
③ 워렌의 수갱

6장 예루살렘

10. 실로암 못

기혼샘의 물이 히스기야 터널을 통과하여 실로암 못으로 유입되고 있다. '보내심을 받았다'라는 의미의 실로암 못은 예수님께서 날 때부터 소경인 사람에게 "진흙을 발라 실로암에서 씻으라" 하고 고쳐주셨던 장소로 잘 알려진 못이다(요 9:7). 예수님 당시에는 이곳을 아랫못으로 불렀다(눅 13:4, 요 9:7).

처음에는 기혼샘의 물이 히스기야 터널을 통해 흘러드는 최종 장소를 실로암 못이라고 추정하였다. 그러나 샘물이 모이는 장소는 더 아래에 있는 훨씬 넓은 못으로 알려지게 되었다. 이곳은 현재 이스라엘 정부가 고고학 발굴을 하는 중이다.

실로암 못에서는 《실로암》 찬양을 하며 버림받은 소경에게 빛이 되어주신 예수님을 생각해보자.

11. 워렌의 수갱

기혼샘으로 가는 길에 경사진 동굴을 약 30m 정도 통과하면, 중간에 지름 2m, 길이 13m 정도 수직으로 생긴 동굴이 나온다. 1867년경 영국군 대위인 워렌이 히스기야 터널을 탐색 중에 발견한 '워렌의 수갱 Warren's Shift'이다. 이곳은 여부스족이 살던 성읍을 공격할 때 수구(물구멍)를 통하여 공격하였던 (삼하 5:8) 곳이며, 원래는 기혼샘에서 다윗성 안으로 물을 길었던 용도로 사용되었다.

12. 오펠

솔로몬은 하나님의 성전을 7년 동안 건축하고 자신의 왕궁을 13년 동안 건설했다. 그 왕궁이 있었다고 여겨지는 곳이 바로 성전 남쪽에 있는 '오펠가든'이다. 오펠가든 왼편에는 매우 커다란 돌이 마치 블록같이 쌓여있는 높은 벽이 있다. 이것은 성전이 세워졌던 모리아산이 북쪽에서 남쪽으로 지대가 낮아지는 특성이 있어, 1차, 2차 성전을 지을 때 남쪽에 축대를 많이 쌓았기 때문이라고 한다. 이곳에는 헤롯왕 때 성전을 건설했던 유적이 일부 남아있다.

13. 번트하우스

올드시티의 유대인 지구 jewish quarter에 있다. AD 70년 예루살렘이 로마에 의해 멸망되던 당시에 귀족과 제사장 계층들이 거주했던 불탄 집을 '번트 하우스'라고 한다. 요세푸스의 기록에 의하면 예루살렘의 상부도시는 단 하루 만에 점령되었는데, 화염은 밤늦도록 멈추지 않았고, 새벽에 예루살렘은 완전히 불에 타서 폐허가 되었다고 한다.

번트하우스에서는 히브리어로 'Bar Katros(카트로의 아들)'라 새겨진 10cm 직경의 동전 모양의 돌이 발견되었다. 또한 이곳에서의 가장 인상적인 유적은 로마 시대에 사용되었던 무기인 창과 약 25세 여성으로 추정되는 오른쪽 팔뼈다.

14. 시드기야 동굴

시드기야 동굴

다메섹문에서 좌측으로 약 80m 정도 걸어서 이동하면 허름한 간판이 하나 있고 동굴이 보인다. 이 장소가 시드기야 동굴이다. 입구는 좁지만 동굴에 내려갈수록 점점 넓어진다. 이 동굴은 솔로몬왕 때부터 예루살렘의 성을 짓기 위한 돌을 채석하였다는 전승이 있다(왕상 5:17~18). 그리고 유다의 마지막 19대 왕인 시드기야는 바벨론의 느브갓네살이 침공할 때 이 동굴로 숨어서 저 멀리 여리고까지 도망갔다고 한다(렘 52:7~8).

최근에는 매년 6월마다 열리는 '예루살렘 빛의 축제' 기간에 시드기야 동굴 내부를 여러 화려한 조명으로 아름답게 꾸며놓는다. 이 기간에 시드기야 동굴을 방문하면 좋은 추억거리를 만들 수 있다.

15. 정원 무덤

예수님께서 십자가에 못 박히신 장소로 추정되는 또 다른 곳이다. 19세기 영국의 고든 장군은 예루살렘 북쪽, 현재는 아랍 버스 정류장 근처에서 골고다 언덕 모습의 절벽을 발견했다. 고든 장군은 비잔틴 시대의 여러 무덤 가운데 AD 1세기의 돌로 된 예수님의 무덤으로 여겨지는 것을 찾았다고 주장했다. 이곳에는 좀더 사실적으로 볼 수 있는 당시의 무덤들이 있다. 또한 예배와 기도를 드릴 수 있는 많은 공간이 있다. 그러나 대부분의 학자는 성묘교회 자리를 골고다 언덕으로 보고 있다.

정원 무덤은 현재 영국의 사립자선단체인 '정원무덤협회'에서 관리하고 있다. 방문 전에는 사전 예약을 해야 입장이 가능하다.

정원 무덤

올리브나무

감람산은 1년 강우량이 400mm 정도 된다. 일교차가 심해 이슬도 많이 내린다. 따라서 산지이고 돌이 많은 지형인데도 올리브가 잘 자란다. 올리브는 9월에서 10월 사이 1년에 한 번 수확된다.

이스라엘에서 없어서는 안 될 대표적인 나무 올리브는 여러 가지로 활용된다. 우선 식용으로 사용되는데, 그냥 먹으면 떫어서 못 먹기에 잘 씻어서 절여 먹는다. 제일 많이 사용되는 건 기름이다. 씻어서 맷돌에 갈아 압축기로 누르면 물과 기름이 빠진다. 이때 맨 먼저 나온 기름을 '엑스트라 버진', 두 번째로 나온 기름을 '버진'이라고 부른다. 엑스트라 버진은 몸에 좋아서 공복에 한 숟갈씩 먹으면 콜레스테롤 수치를 낮춰주고, 몸에 있는 노폐물을 제거해준다고 한다.

올리브는 세 번에 걸쳐 기름을 짜는데 짤수록 순도가 떨어진다. 세 번째 짠 것은 비누나 등잔용 기름으로 사용되고, 나머지 찌꺼기는 땔감으로 사용된다.

올리브기름을 보면 예수님이 떠오른다. 예수님께서는 올리브기름을 짜듯이 우리를 위해 간절하게 기도하시고 십자가에 달려 돌아가셨기 때문이다.

✡ 감람산

예루살렘성 동쪽에 있는 산으로 사자문과 가깝다. 해발 830m 높이의 감람산은 예루살렘의 가장 높은 곳 중 한 장소이다.

유대광야와 멀리 사해까지 보이는 감람산 전망대에 올라가 전경을 살펴보면 전면에 황금돔이 눈에 들어온다. 그 좌측에 넓은 마당의 큰 건물이 '엘악사사원'인데, 학자들은 엘악사사원 자리가 솔로몬의 왕궁이 있던 곳이라고 말한다. 그리고 좌측으로 더 가면 집들이 있는데 그곳이 다윗성 자리라고 한다. 황금돔 우측에 뾰족한 나무들 사이가 본디오 빌라도 법정이 있던 곳이고, 그곳부터 십자가의 길이

시작된다. 황금돔을 기준으로 왼쪽 중간으로 시선을 옮기면 비스듬히 하얀 지붕이 있고, 그 뒤에 큰 지붕이 성묘교회이다.

이곳은 무성한 감람나무가 많아서 '감람산'이라 하였다. '감람'은 '올리브'를 말한다. 올리브는 호텔에 가면 나오는 초록색이나 검은색 작은 열매인데 먹으면 짜다.

예루살렘을 부르는 여러 표현 중 하나가 '죽은 자들의 도시'이다. 무덤이 많이 있기 때문이다. 감람산 중턱에는 넓은 유대인 공동묘지가 있다.

눈 내린 감람산 전경

1. 승천교회

승천교회 전경

"너희는 온 유대와 사마리아와 땅 끝까지 나의 증인이 되리라는 말씀을 마치시고 하늘로 올리어 가시니 구름이 가리어 보이지 않더라. 흰옷 입은 천사가 "갈릴리 사람들아 무엇을 쳐다 보느냐 하늘로 올리우신 이는 본 그대로 오시니라"(행 1:6~12)."

예수님께서 승천하신 장소에 AD 387년 '포메니아 Pomenia'라는 신실한 귀족의 부인이 헌금하여 기념교회를 세웠다. 이곳은 예수님의 재림을 바라볼 수 있도록 지붕을 만들지 않은 것이 특징이다.

그러나 승천교회는 성묘교회와 같이 614년 이슬람 때 무너졌다. 이슬람 시대에 파괴된 교회는 AD 1152년 십자군에 의해 팔각형의 교회가 세워졌지만, AD 1187년 이후에 다시 무너졌고, 지금까지 이슬람 사원의 용도로 사용되고 있다. 지금은 교회라고 부르기도 민망할 정도로 그 모습이 거의 남아있지 않다. 내부에 들어가면 바닥에 예수님이 승천하실 때 밟았던 발자국이라고 전해지는 바위가 있다.

승천교회 입구

승천하실 때 남겨진
발자국 모양 바위 근접촬영

순례할 때 소매치기 조심

감람산과 예루살렘 순례 시에는 특히 소매치기를 주의해야 된다. 주위에서 다가오면서 시선을 분산시키고 물건을 판매하려는 사람들을 특히 주의하자!

2. 주기도문 교회

예수님께서는 이곳에 있는 동굴에서 제자들과 기도하기에 힘쓰셨다. 열 처녀의 비유로 세상의 종말에 대한 말씀을 가르치셨고, 특별히 '너희는 이렇게 기도하라'며 제자들에게 기도문을 가르쳐주셨다. 이 주기도문을 기념하여 AD 4세기 콘스탄티누스 황제의 어머니 헬레나 황후는 교회를 세웠다. 주기도문의 라틴어 첫 부분을 따서 'The Church of the Pater Noster'라고 지은

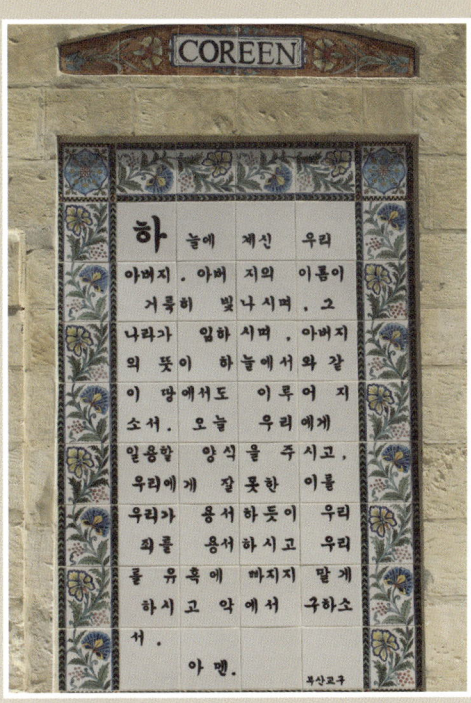

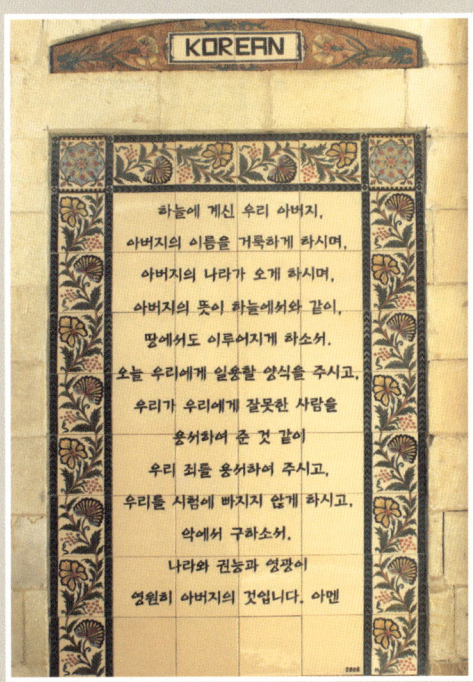

한국어 주기도문

◀ 주기도문 교회 전경

교회인데, 'Pater Noster'는 곧 '우리 아버지'를 의미한다. 주기도문 교회는 이스라엘 3대 기념교회 중의 하나이다.

주기도문 교회는 길이 65m, 폭 30m 정도 되는 직사각형 모양의 교회로, 4세기경 세워졌던 교회의 원래 크기와 거의 동일하다.

주기도문 교회 동굴 입구 앞에는 조그마한 돌로 된 바닥 모자이크가 있고, 바로 옆 벽면에는 2천 년 전에 사용되었던 아람어와 히브리어로 된 주기도문이 전시되어 있다. 그리고 현재 총 145개국 이상 나라의 언어로 된 주기도문이 교회 벽면에 전시되어 있다. 그런데 장소의 한계가 있어서 일찍 보내온 나라의 주기도문은 크기가 좀 있고, 2010년 이후에 보내온 나라의 것은 크기가 작다. 이곳에는 한국어로 된 주기도문도 2개가 있으며, 6개 언어의 점자로 된 주기도문도 있다. 점자 주기도문 앞에 서면 항상 영화《낮은 데로 임하소서》의 실제 주인공인 안요한 목사님 이야기가 떠오른다. 앞이 안 보이는 안요한 목사님은 손가락에 굳은살이 생기면 손의 감각이 떨어져 점자로 된 성경을 못 읽었다고 한다. 그래서 손가락에 굳은살을 매일 칼날 끝으로 긁어냈다고 한다. 앞이 안 보이니까 긁어낸 손에서 가끔 피가 나는데 그래도 멈출 수가 없는 것은 성경을 읽어야 성도들에게 전달할 수 있기 때문이라 한다.

동굴 내부에 들어가면 예수님께서 제자들과 기도하시기에 힘쓰셨던 곳이 있다. 이 장소에서 주기도문으로 기

주기도문 교회 각 나라의 주기도문

도하면 더욱 은혜가 된다.

이곳에는 베데스다 못에서처럼 프랑스 국기가 걸려있다. 1868년에 프랑스 바씨의 '아우렐리아' 공주가 이 땅을 매입하여 프랑스에 기증했고, 1875년에 갈멜 수녀들을 위한 수녀원을 지어 지금까지 관리하고 있기 때문이다.

3. 눈물교회

감람산에서 겟세마네로 내려오는 경사길 중간에 눈물교회가 있다. 눈물교회는 라틴어로 'Dominus Flevit'이며 '주께서 눈물을 흘리셨다'라는 의미이다.

성경에 예수님께서 눈물을 흘리신 사건은 2번 언급되는데, 하나는 죽은 나사로의 소식을 듣고 통분하신 것이고, 다른 한 번은 예루살렘의 멸망을 예언하고 슬퍼하신 것이다.

누가복음 19장 41절에는 예수님께서 파괴될 예루살렘성을 보고 우셨다는 말씀이 적혀 있다. 예수님께서 우셨다던 그 장소에 세워진 기념교회가 '눈물교회'다. 눈물교회는 현재 감람산에서 예루살렘성의 중요 포인트를 가장 잘 볼 수 있는 장소이다.

예수님께서는 또한 "네 원수들이 토둔을 쌓고 너를 둘러 사면으로 가두고 또 너와 및 그 가운데 있는 네 자식들을 땅에 메어치며 돌 하나도 돌 위에 남기지 아니하리니(눅 19:43~44)"라고 말씀하셨다. 성경 말씀처럼 실제로 로마 군대가 예루살렘성을 점령할 때 이곳 감람산에 주둔하여 예루살렘을 포위하였다고 한다.

이곳은 원래 5세기 무렵 비잔틴 양식의 수도원이 있던 터 위에 1881년 프란체스코 수도원이 세워졌고, 1955년에 유명한 이탈리아 건축가 안토니오

눈물교회 내부에서 본 예루살렘 구(舊)도시

눈물교회

발루치가 재건한 것이다.

교회 외곽 지붕 네 귀퉁이에 예수님의 눈물을 상징하는 긴 항아리가 있다. 웬 항아리인가 싶지만, 당시 유대인들은 사랑하는 사람이 죽으면 그 가족들의 눈물을 항아리 안에 모아 넣었다고 한다.

교회 내부에는 제단 앞 가운데 원 안에 암탉이 병아리를 날개 아래 모으는 모습의 모자이크가 있다. 마태복음 23장 37절에서 38절의 "예루살렘아, 예루살렘아, 선지자들을 죽이고 네게 파송된 자들을 돌로 치는 자여, 암탉이 그 새끼를 날개 아래에 모음같이 내가 네 자녀를 모으려 한 일이 몇 번이더냐. 그러나 너희가 원하지 아니하였도. 보라 너희 집이 황폐하여 버려진 바 되리라"라는 말씀의 암탉과 병아리를 그린 것이다.

그 제단 뒤에 있는 십자가 창문으로는 예루살렘 시가지와 성묘교회가 보인다. 안토니오 발루치는 예수님의 고난과 죽음을 기리는 의미에서 십자가를 통해 골고다 언덕을 바라보게 교회를 설계했다고 한다.

눈물교회 앞에는 예수님의 가시면류관을 만든 것과 같은 가시나무가 있다. 가시의 크기는 놀랍게도 어른 손가락보다 더 크다. 예수님은 우리를 위해 저 커다란 가시로 만든 면류관을 머리에 쓰셨는데 우리는 내안에 있는 가시도 아직 빼지 못하는 옹졸함에 숙연해진다. 가시나무를 보면 항상 기도하게 된다. "주님, 나에게 멍에로 박혀있는 가시를 주님의 눈물로 씻어주소서"라고.

4. 겟세마네 동산(만국 교회)

겟세마네는 아람어로 '기름 짜는 곳'을 뜻한다.

예수님께서는 겟세마네 동산에서 자주 기도하셨다. 잡히시기 전날 밤에도

겟세마네에서 기도하시는 예수님 조각

천년 이상 된 올리브나무

◀ 겟세마네 기념교회

만국 교회 건물 옆 정원

 마가의 다락방에서 최후의 만찬을 하시고, 이곳에서 땀이 땅에 떨어지는 핏방울같이 간절한 기도를 하셨다(눅 22:44).
 겟세마네 동산에는 AD 4세기 비잔틴 시대에 기념교회가 세워졌지만, AD 614년에 페르시아에 의해 무너졌다. 예루살렘의 거의 다른 곳과 마찬가지로 이곳도 십자군 시대에 다시 세워졌으나, 나중에 또 파괴되어 버렸다. 현재의 기념교회는 1924년도에 약 12개국의 나라에서 공동으로 헌금하여 세운 교회이다. 그래서 이 교회를 '만국 교회'라고도 부른다.
 교회 외부 전면에는 예수님께서 겟세마네에서 기도하시는 성화가 있고, 4복음서의 저자들이 성경을 들고 있는 4개의 큰 기둥이 있다. 교회 내부에 있는 중앙 제대에는 가로 3m, 세로 3m, 높이 30cm 정도의 바위가 있다. 이것은 겟세마네에서 예수님의 기도가 있었다는 전승이 있는 바위다. 그 뒤에는 3개의 모자이크로 된 성화가 있다. 정면에는 겟세마네에서 기도하시는 모습이, 좌측에는 배신한 제자인 가룟 유다가 예수님을 팔기 위해 입 맞추던 장면이, 우측에는 베드로가 예수님을 결박하기 위해 온 사람의 귀를 칼로 베었을 때 예수님께서 고쳐주시는 장면의 모습이 모자이크로 되어 있다.

교회 건물 옆 아름다운 정원에는 오래된 감람나무들이 심겨져 있는데, 겟세마네 기념교회 입구와 가장 가까운 곳에 있는 감람나무는 1000년 이상 된 나무라고 한다. 예전에는 이 나무가 2000년 이상 된 나무라 전해져서 예수님 당시에 것이라고 추측했다. 그런데 몇 년 전에 식물학자들이 연대측정 한 결과 1000년 이상 된 나무라고 한다.

성지에는 나무, 돌 같은 것들이 전승으로 내려오지만 연도와 장소는 정확하게 알기 힘들다. 그러나 말씀은 진리이고 사실이다. 우리는 성지순례를 통해서 말씀을 그 현장에서 체험하고, 묵상하고, 기도하자.

예수님의 언어 아람어

'아람어'는 '아랍어'와는 다르다. 아람어는 원래 유목민의 언어였으나 이 유목민이 시리아 지방을 점령하고 언어를 유포시켜 고대 중근동의 국제 통용어가 되었다.
아람어는 역사상 매우 중요한 언어 중 하나이다. 예수님께서 사용하셨던 언어이기 때문이다. "엘리 엘리 라마 사박다니"도 아람어이다. 히브리어로 기록된 구약성경과 신약성경도 일부분은 아람어로 기록되었다. 히브리어로 쓰였을 거라 생각했던 탈무드도 아람어로 쓰였다. 그리고 예수님 시대의 많은 유대인은 구약성경을 히브리 원전으로 읽지 않고, 아람어 번역본으로 읽었다고 한다.
아람어는 당시 중동에서 가장 널리 사용하는 언어였으나 650년경 이슬람교가 퍼지면서 대부분의 지역에서는 아랍어로 대체되었다.
이런 사실을 알고 있는 영화 《패션 오브 크라이스트》의 감독 멜 깁슨은 2004년에 개봉했던 영화 《패션 오브 크라이스트》에서 모든 대사를 아람어로 진행했다.

✡ 시온산

1. 마가의 다락방

시온문으로 나와 50m 남짓 걸으면 2층 석조 건물이 있고, 그 건물 2층으로 올라가면 예수님께서 최후의 만찬을 하셨던 '마가의 다락방'이 있다. 이곳을 처음 방문하는 사람이라면 마가의 다락방 앞에서 발걸음을 멈칫거리며 흠칫 놀라게 된다. 사람들이 옹기종기 모여 있을 것 같은 우리 머릿속 다락방과는 너무도 다르기 때문이다. 눈앞에 펼쳐져 있는 큰 다락방은(막 14:15) 사실 다락방이 아니라 2층의 방이다. 아직 한국에서는 2층 구조가 생소했기에 '다락방'으로 번역했고, 다락방이 주는 어감 때문에 협소한 장소라고 우리

마가의 다락방

는 지금까지 상상했던 것이다.

　실제와 다르게 생각하게 된 이유 중의 또 하나는 레오나르도 다빈치의 그림 《최후의 만찬》 때문이기도 하다. 그림에서는 긴 식탁에 앉아있었지만 실제로는 당시의 관습대로 바닥에 앉아서 식사를 했다. 로마 시대에는 보통 'ㄷ'자로 앉았기에 가장 상석인 왼쪽에서 두 번째 자리에는 예수님이 앉으셨다. 예수님의 오른쪽에 앉은 사람이 가장 가까운 사람이라 할 수 있는데 그 자리에는 유다가 앉았다. 반면 베드로는 맞은편에 앉았는데, 그 자리는 가장 낮은 자리, 섬기는 자리였다.

　예수님께서는 최후의 만찬에서 누룩이 들어가지 않은 '마짜'라고 하는 무교병을 제자들에게 주셨다. 그리고 저녁을 드신 자리에서 일어나 겉옷을 벗고 수건을 가져다가 허리에 두르시고 제자들의 발을 씻겨주셨다(요 13:4~15).

　이곳에는 역사적인 사건이 또 있다. 사실 예수님을 따르던 제자들은 예수님께서 십자가에서 돌아가신 후에 모두 뿔뿔이 흩어졌다. 심지어 베드로는 예수님을 세 번이나 저주하며 부인했다. 12제자 중 가룟 유다는 자결하였다. 예수님을 따르던 사람들은 도저히 회복할 수 없을 것 같았다. 그러나 예수님께서 승천하시고 50일째 되는 날 놀라운 사건이 일어났다. 120명의 사람들이 모여 기도하는 중에 성령의 충만한 은혜가 임했고, 성령이 말하게 하심을 따라 그들은 다른 언어들로 말하기를 시작했다. 진정한 복음의 사명을 감당하기로 결심한 제자들은 날마다 성전에서 복음을 증거하였다. 성령의 충만함을 받고 시작한 복음의 불씨는 전 세계로 뻗어나갔다. 우리가 잘 알고 있는 이 오순절 성령강림이 임하셨던 장소가 바로 마가의 다락방이다(행 1장, 2장). 마가의 다락방은 복음의 시작이 된 곳이기에 '모든 교회의 머리, 어머니'라고 한다.

현재 남아있는 수도원과 기념교회는 1335년경 프란체스코 수도회가 지은 것이다. 한때는 아래층이 다윗왕의 무덤이라고 전해져 오스만 제국이 차지했으나, 1948년에 이스라엘이 건국되면서 이스라엘 정부가 맡아서 관리하고 있다.

예전에는 찬양을 부를 수도 있고 크게 소리 내어 기도도 했지만 지금은 소음에 민감하다. 그래도 조용하게 이 거룩한 장소에서 기도하고 그때의 감격을 느껴보도록 하자. 우리는 이천 년 전에 있던 놀라운 성령강림과 이천 년 전의 복음의 출발점에 서 있는 자체만으로도 벅찬 은혜를 체험하게 된다.

2. 다윗왕의 가묘

성경은 "다윗이 그의 조상들과 함께 누워 다윗성에 장사 되니(열상 2:10)"라며 다윗의 장사에 대해 언급하고 있다. 다윗성은 역사가 요세푸스의 기록에 따라 시온산에 자리했다고 여겨졌으나, 현재 확인된 다윗성의 위치는 예루살렘성 밖에 있는 기드론 골짜기 아래쪽, 시온산과는 약 200m 동떨어진 곳이다. 따라서 다윗왕의 묘지는 정확히 어딘지 알 수 없다. 이곳은 말 그대로 가짜 묘지이다.

다윗왕의 가묘는 마가의 다락방 1층에 자리하고 있는데, 예수님께서 제자들의 발을 씻기셨던 것을 기념하는 예배당이 있다. 이곳은 다윗왕의 가묘를 가운데 두고 남자는 오른쪽으로만 들어가야 하고, 여자는 왼쪽으로만 들어가야 한다. 통곡의 벽과 같이 남자는 일반 모자나 키파를 입구에서 빌려 쓰고 들어가고, 여자는 머리를 가릴 수 있는 스카프 같은 것을 써야 한다.

내부에 들어가면 전면 위에 왕관이 들어있는 유리관이 있고, 홀로코스트

다윗왕의 가묘 입구

(유대인 학살)가 일어났던 가묘를 덮은 카펫이 있다. 그 유리관에는 히브리어로 된 십계명이 적혀있고, 카펫에는 '이스라엘의 왕 다윗 그가 다시 살아서 여기에 있다'라는 히브리어 문구가 새겨져 있다.

유대인들은 메시아가 다윗과 같은 왕으로 오시리라고 믿고 있다. 그들의 주된 메시아사상은 이스라엘 민족을 고통에서 벗어나게 하고 다윗 왕조의 영광을 되찾을 왕의 재현이다. 따라서 유대인들은 다윗왕과 관련된 것들을 중시한다. 유대인을 상징하는 표식도 다윗의 별이고, 이스라엘 국기에도 다윗의 별이 중심에 새겨져 있다. 다윗왕의 가묘도 유대교 종교인들에게 매우 중요한 장소라서 이곳에는 항상 많은 종교인이 기도하고 있다.

3. 베드로 통곡 교회

시온산의 경사면에는 베드로가 예수님을 세 번 부인하고 통곡하였던 것을 기념하는 교회가 있다. 이곳은 당시 예수님을 고소했던 대제사장 가야바의 집터다. AD 457년에 집터 위에 교회가 세워졌다가 1931년에 프랑스 수도회에 의해 재건되었는데, 교회의 지붕에는 수탉 모형이 상징적으로 자리 잡고 있다.

베드로 통곡 교회 입구에서 10m 오른쪽에는 전망대가 있다. 이곳에서는 기드론 골짜기와 힌놈의 계곡이 내려다보이고, 특별히 가룟 유다가 자결한 아겔다마(피밭)가 아주 잘 보인다. 그리고 교회 안으로 들어가다 보면 중간에 모자이크가 있는데, 예수님께서 결박당하시는 장면의 모자이크다. 교회 내부의 지하 2층이 특별한 곳이다. 로마 시대 당시의 감옥 터가 있다. 학자들은 이곳에 있던 감옥과 주변의 흔적들이 AD 1세기경의 것으로 추정한다. 이곳에서 발굴되었던 감옥 터 중 하나는 가야바에게 재판을 받기 전에 예수님께서 결박당하시고 고문 받으시던 장소라고 한다.

베드로 통곡 교회 뒤편 문으로 가면 베드로가 3번 부인하는 장면의 동상이 있고, 그 뒤에는 2000년 전에 위 도시와 아래 도시를 연결하

베드로 통곡 교회 뒤편에 있는 베드로가 부인하는 장면의 동상

는 로마 시대의 돌계단이 있다. 당시 베드로 통곡 교회가 있는 위쪽은 귀족이 사는 도시였고, 아래쪽은 평민이 사는 도시였다. 이 계단은 예수님께서 최후의 만찬 이후에 겟세마네로 이동하실 때와 본디오 빌라도 법정에 끌려가셨을 때 이용하셨다고 믿어지는 거룩한 계단이다.

베드로 통곡 교회는 지금은 성 밖에 있지만, 2000년 전에는 성 안에 있었다.

시온산에서 내려다본
베드로 통곡 교회 주변 전경

베드로 통곡 교회 전경

✡ 그 외 지역

1. 이스라엘 박물관

예루살렘 중심부에 있는 박물관이다. 이스라엘 박물관에는 고대 성경 시대에서부터 예수님 시대, 근대의 유물과 예술 작품까지 약 50만 점의 유물이 일곱 개의 주요 구역으로 나뉘어 전시되어 있다.

그 가운데 가장 볼만한 장소는 세 군데다. 첫 번째는 '책의 전당'이라고 불리는 전시관으로 사해 사본이 전시되어 있다. 이 전시관의 외형은 사해 사본이 담겨진 항아리의 뚜껑 모양이다. 내부에는 쿰란에서 발견된 BC 3세기부터 AD 1세기까지의 성경 두루마리가 귀하게 전시되어 있는데, 7m나 되는 성경 두루마리는 BC 3~2세기에 쓴 것으로 가장 오래된 성경으로 추정하고

이스라엘 박물관

있다.

두 번째는 야외에 전시된 제2 성전 시대 예루살렘 모형이다. AD 70년 로마가 예루살렘을 파괴하기 이전에 있던 예루살렘의 건물과 사원들을 1/50 크기로 복원해놓은 곳이다.

세 번째는 고고학관으로 고대 이스라엘은 물론 이집트, 이슬람 등의 고고학 유물들이 시대별로 다양하게 전시되어 있다. 이곳에서 주목할 것은 가이사랴에 있는 본디오 빌라도의 비문 진본과 2000년 전에 십자가에 못 박힌 자국이 있는 복숭아뼈다.

이스라엘 일정이 허락된다면 이스라엘 박물관에는 꼭 가보도록 하자.

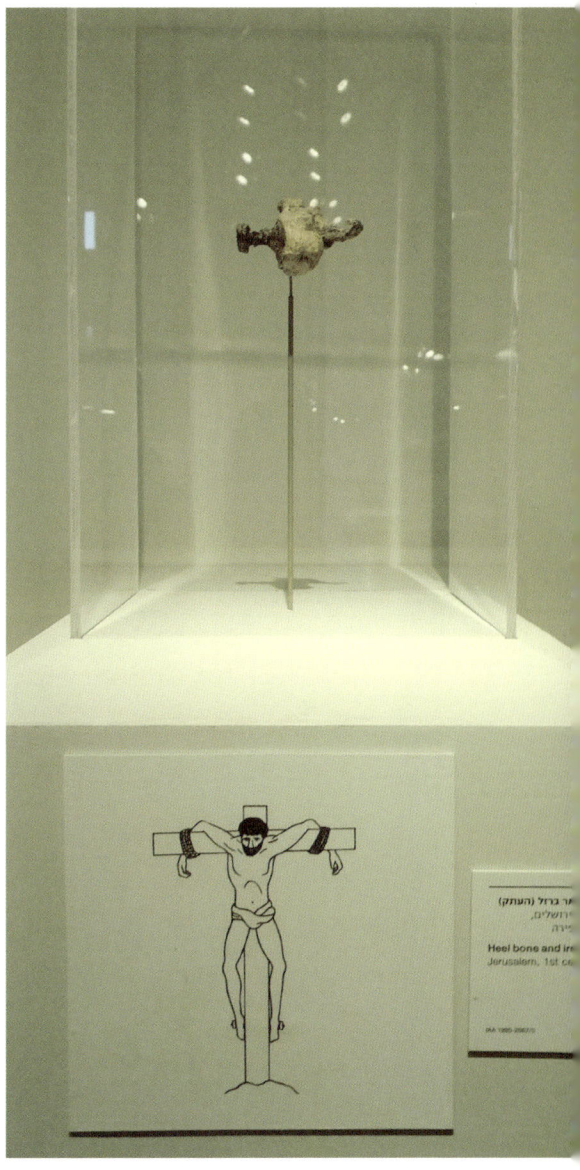

2000년 전에 십자가에 못 박힌 자국이 있는 복숭아뼈

6장 예루살렘 259

2. 육백만 학살 추모 기념관 (야드바쉠)

히브리어로 '야드바쉠'이라고 말한다. '야드'는 '손'이고, '쉠'은 '이름'이라는 뜻이다. 손과 이름은 곧 '기억하다'라는 의미다. 이곳은 2차 세계대전 당시 약 600만 명 이상 희생된 유대인들을 기억하는 추모 기념관으로, '홀로코스트 박물관', '유대인 학살 추모 공원'으로도 불린다.

기념관은 여러 개의 전시관으로 구분되어 있다. 그중에 사진과 영상을 시대별로 구분한 본관에는 1930년대부터 히틀러를 중심으로 한 독일 나치당의 성장 배경, 반유대주의 강화로 인한 게토와 수용소의 확산 등의 자료가 있다. 또한 그 당시 생존자들의 증언을 담은 영상들이 전시되어 있다. 이곳에 방문할 때는 단체는 예약해야 하고, 수신기를 사용해야 한다.

또 다른 전시관은 150만 명 이상의 어린이들이 희생된 사건을 추모하는 어린이 추모관이다. 다섯 개의 촛불을 거울의 반사를 이용해서 수많은 촛불로 만드는 이 추모관도 방문해 보자.

어린이 추모관 뒤쪽에는 유대인 어린이를 감싸고 있는 닥터 코르작의 조각이 있다. 닥터 코르작은 1930년대 폴란드 바르샤바에서 유대인 어린이를 위한 고아원을 경영했던 저명한 의사이며 작가다.

유대인 어린이를 감싸안고 있는 닥터 코르작(육백만 학살 추모 기념관)

엔케렘 전경

3. 엔케렘

예루살렘 동쪽 약 5km 정도 산기슭에 위치한 엔케렘은 '포도밭의 샘'이라는 의미의 장소이다. 그나마 예루살렘에서 가장 수풀이 우거지고 평온한 모습을 지닌 이 마을은 예루살렘의 복잡한 상황에서 벗어나기 좋은 장소이다.

예레미야 6장 1절에 표시된 '벧 하케렘'이라는 이곳은 예전부터 샘이 많아 농작물의 재배가 용이하여 예루살렘성에 농작물을 공급하였다.

이곳은 신약성경에 '유대의 한 고을'로 표시된 장소이다(눅 1:39).

4. 세례 요한 탄생 교회

세례 요한 탄생 교회

버스 주차장을 건너서 30m 걸어가면 '세례 요한 탄생 교회'가 있다. 교회 마당에 들어서면 좌측에 《스가랴의 노래》(눅 1:68~79)가 각 나라말로 전시되어 있고, 한글로 된 《스가랴의 노래》도 전시되어 있다. 최초의 교회는 비잔틴 시대에 세워졌으나 이슬람 시대에 완전히 파괴되고, 1885년에 프란체스코 수도회에서 보수하였다.

교회 내부에서 좌측 편으로 이동하여 10개의 계단을 내려가면 보이는 자연 동굴 같은 곳이 세례 요한 탄생 장소이다. 탄생한 장소에는 '여기에 주님의 선구자가 나셨다'라는 라틴어 문구가 새겨져 있다. 이 장소에서 세례 요한의 삶을 한번 묵상해 보자.

스가랴와 엘리사벳 사이에 태어난 세례 요한은 유대광야에서 낙타 옷을 입고 메뚜기와 석청을 먹으면서 전도활동을 하였다. 그리고 예수님에게 요단강에서 세례를 진행했고, 나중에 헤로디아에게 참수당하는 선지자의 삶을 살았다. 예수님께서는 사람들에게 "여자에게서 태어난 이들 가운데 요한보다 더 큰 인물은 없다(눅 7:28, 마 11:11)"라고 세례 요한에 대해 말씀을 하셨다.

이곳은 메시아의 길을 예비하는 세례 요한의 삶이 우리의 삶이 되기를 염원해보게 되는 곳이다.

5. 마리아 방문 교회

세례 요한 탄생 교회에서 길을 건너 약 1km 정도 걸어가면 산 중턱에 '마리아 방문 교회'가 있다. 마리아가 그녀의 사촌 엘리사벳의 잉태 소식을 듣고 나사렛에서 방문했다는 신약성경의 기록을 바탕으로 지어진 교회이다(눅 1:39~45).

입구 정면에는 매우 인상적인 높은 첨탑의 교회가 있고, 중앙에는 마리아가 나사렛에서 이동하는 모습이 모자이크로 전시되어 있다. 그리고 교회의 1층 내부로 들어서면 3면에 프레스코화가 있다. 좌측은 성전에서 분양하는 스가랴의 모습이고, 가운데는 엘리사벳과 마리아의 만남의 모습이고, 우측은

마리아 방문 교회 마리아의 노래(마니피캇)

베들레헴에서 헤롯왕의 명령으로 2살 미만의 어린아이를 죽이는 모습이다. 성화 밑에는 지름 1m의 동그란 바위가 있다. 세례 요한의 생명이 위험할 때 바위가 갈라지고 돌로 덮어서 세례 요한이 화를 모면했다는 전승이 있는 기적의 바위이다.

교회의 2층 예배당에 올라가면 전면에 엘리사벳을 방문하는 마리아의 모습을 담은 성화가 있다. 척박한 유대광야를 걸어오는 모습은 고난을 이겨내고 꿋꿋하게 살아가는 모습을 상징한다.

마리아와 엘리사벳 동상

마리아 방문 교회

7장 예루살렘에서 브엘세바까지
(다윗이 도피했던 길)

"그날에 다윗이 사울을 두려워하여 일어나 도망하여
가드 왕 아기스에게로 가니 아기스의 신하들이 아기스에게 말하되
이는 그 땅의 왕 다윗이 아니니이까 무리가 춤추며 이 사람의 일을 노래하여 이르되
사울이 죽인 자는 천천이요 다윗은 만만이로다 하지 아니하였나이까 한지라
다윗이 이 말을 그의 마음에 두고 가드 왕 아기스를 심히 두려워하여
그들 앞에서 그의 행동을 변하여 미친 체하고 대문짝에 그적거리며
침을 수염에 흘리매 아기스가 그의 신하에게 이르되
너희도 보거니와 이 사람이 미치광이로다 어찌하여 그를 내게로 데려왔느냐"

사무엘상 21장 10절~14절

1. 나비 사무엘

'나비 사무엘 Nabi Samuel'은 '선지자 사무엘'이라는 의미이고, 현재 사무엘의 가묘가 있는 장소이다.

나비 사무엘은 예루살렘 올드시티에서 북쪽으로 약 10km 거리에 있다. 여기서는 기브온의 전경을 가장 잘 볼 수 있는데, 가장 높은 곳에 가면 북쪽에 베냐민 지파의 평지와, 서쪽에 아얄론 골짜기의 시작점을 볼 수 있다.

건물 내부로 가면 사무엘 선지자의 가묘가 있다. 이곳은 남자, 여자 구분해서 입장해야 한다.

2. 엠마오

엠마오로 가는 두 제자에게 부활하신 예수님의 나타나심은 어릴 적 주일학교 다닐 때부터 알고 있던 익숙한 성경의 장면이다. 그런데 막상 이스라엘에 와보니 학자들은 엠마오로 추정되는 장소가 4군데나 된다고 한다.

엠마오 표지판

예루살렘에서 출발하여 서쪽으로 1번 국도를 타고 내려가다 보면 약 25km 정도 떨어진 곳에 '라투른Ratrun'이라는 표시가 있다. 그 표시를 따라가면 바로 우측에 '엠마오스'라는 갈색 간판이 보인다. 이곳은 크게는 성경 상에 '낮은 땅'이라는 의미의 쉐펠라 지역이고, 가장 유력한 '엠마오'이다.

엠마오라는 지명은 히브리어의 '하맛' 즉 '온천'에서 유래한 것이다. 그리스의 영향을 받던 BC 3세기에는 이 장소를 '승리의 도시'라는 의미의 '니코폴리스'로 칭했다. 요르단의 마다바 지도에도 예루살렘 아래쪽에 "니크로폴리스"라는 단어가 적혀있다.

산지에 머물던 이스라엘 사람들이 낮은 평지에 가까이 오면서 지나가고 머물던 장소로 알려져 있는 이곳은 BC 63년 로마 점령 이후에 파괴되었다가, AD 30년경 작은 마을이 다시 형성되었다. 그리고 AD 3세기경에 로마인들에 의해 복구되어, 비잔틴 시대에는 기독교 공동체가 형성되었다. 그래서

엠마오 기념교회 외관

이 장소에 가면 AD 5~7세기 사이에 세워졌던 비잔틴 교회 터가 남아 있고, 그 교회의 유적 위에서는 십자군 시대의 교회 흔적도 볼 수 있다. 십자군 이후에는 오랜 기간 방치되었다가, 1878년에 베들레헴 카르멜 수도원이 매입하여 지금의 모습이 되었다.

엠마오 길에서 제자들에게 나타나신 예수님을(막 16:12~13, 눅 24:13~35) 이 장소에서 묵상하기 바란다.

3. 벧세메스

쉐펠라에는 다섯 개의 골짜기가 있다. 북쪽에서부터 남쪽으로 순서대로 나열하면 아얄론 골짜기, 소렉 골짜기, 엘라 골짜기, 구브린 골짜기, 라기스 골짜기가 있다. 그중에 소렉 골짜기에 위치한 벧세메스는 예루살렘에서 남서쪽으로 30km 거리에 있고, 이스라엘과 블레셋과의 경계에 위치한 단 지파의 땅이다. '태양의 집'이라는 의미의 '벧세메스'에 도착하면 북쪽으로는 소렉 골짜기와 함께 삼손의 고향인 소라 지역을 멀리 볼 수 있다. 블레셋과의 경계였던 이 지역에는 사무엘상 14장에서 16장에 걸친 삼손과 데릴라의 사건이 있었다. 이곳에서 자라는 약 1m 가까이의 바짝 마른 들풀을 보면, 여우 300마리의 꼬리를 묶어 추수 중이던 블레셋 사람들의 밭과 과수원에 불을 질렀던 사건이(삿 15장) 이해가 된다.

벧세메스에는 중요한 성경의 사건이 또 있다. 실로에 머물던 법궤는 에벤에셀 전투에서 블레셋에 뺏겼다. 법궤는 블레셋의 도시인 아스돗과 에그론에 머물다가 그곳에서 많은 재앙이 일어나자, 결국 멍에를 맨 경험이 없는 암소 2마리에 실려 이곳 벧세메스로 오게 되었다. 그러나 놀랍게도 두 암소는 이곳으로 옮겨질 때 좌로나 우로나 치우치지 않았다(삼상 6:9~18). 나중에 법궤는 20년간 기럇여아림 아비나답의 집에 머물다가 결국 다윗에 의해 예루살렘으로 옮겨졌다.

낮은 언덕으로 되어 있는 벧세메스는 '텔벧세메스'라 불렸다. 주변에는 철기 시대의 주거 흔적과 비잔틴 시대 때의 수도원 자리가 유적으로 남아 있다. 이곳은 정식 국립공원으로 지정되어 있지 않아서 표지판이 없다. 경험자가 아니면 자리를 찾기 매우 어려우니 참고하길 바란다.

4. 엘라 골짜기, 아세가

소렉 골짜기에서 남쪽으로 능선을 따라 버스로 10분 이동하면 '엘라 골짜기'에 도착하게 되고, 유달리 주변보다 약 120m 높은 '아세가^{Azeka}'를 발견하

벧세메스에서 본
소렉 골짜기

엘라 골짜기

7장 예루살렘에서 브엘세바까지

게 된다. 바로 올라가는 길은 없고 뒤쪽으로 돌아가는 길을 이용하여 정상에 올라가면, 엘라 골짜기의 주변 경관과 함께 중앙 산악지대의 지형을 한눈에 볼 수 있다.

'괭이로 판 장소'라는 의미의 '아세가'는 봉우리 정상에 위치한 성채로, 엘라 골짜기를 방어하는 요충지이다. 성경에는 여호수아의 싸움 중에 등장하는데, 하나님께서는 아세가에 우박을 내리셔서 이스라엘을 승리하게 하셨다 (수 10:10~11).

이곳에서는 다윗과 골리앗의 유명한 전쟁이 일어나기도 했다. 엘라 골짜기는 베들레헴과 직접 연결이 되어 있고, 블레셋 지역에서 산악 지역으로 올라가는 통로이기에 전략적 중요성이 큰 골짜기이다. 따라서 베들레헴 출신인 다윗의 아버지 이새는 자신의 형제들과 다윗까지도 보내서 이스라엘과 블레셋 간의 전투에 참전했다. 결국 다윗은 블레셋 지역의 가드 출신인 골리앗을 물맷돌을 던져 이마에 박히게 하여 전쟁을 승리로 이끌었다(삼상 17:1~2). 이후 분열 왕국 시대의 르호보암왕은 아세가를 초기 방어 성읍으로 구축하였다. 또한 아시리아와 바벨론이 유다 왕국을 점령할 때에는 아세가가 항상 마지막까지 버티던 견고한 성읍이었다.

아세가 전망대에는 돌의자가 있다. 돌의자에 새겨진 히브리어로 된 사무엘상 17장의 말씀은 과거의 현장을 더욱 생생하게 증언하는 듯하다.

주변에는 아직도 많은 고고학 발굴의 흔적이 남아있다.

5. 아둘람

이스라엘에는 아둘람 동굴이 여러 개가 있다. 심지어는 수십 개의 동굴이

아둘람 동굴

있다. 이 지역은 석회암 지층이 대부분이라 수많은 석회암 동굴이 존재할 수 있다.

'아둘람'은 '피난처', '격리된 장소'라는 히브리어다. 엘라 골짜기와 스바다 골짜기(구브린 골짜기) 사이에서 좀더 중앙 산지에 가까운 아둘람 지역은 다윗의 도피 여정에 아주 중요하게 등장한다(삼상 22:1, 대상 11:15). 이곳은 다윗을 따르려는 사람들 400명이 일부러 다윗을 찾아갔던 장소이기도 하다. 이스라엘 초대왕인 사울의 올바르지 못한 정책에 억눌린 자, 고통 받는 자, 원통한 자, 새로운 희망을 꿈꾸는 자들이 다윗을 찾아갔다. 다윗은 이들을 모두 품어주었다.

아둘람 동굴 지역은 현재 이스라엘의 국립 자연공원 지역이다. 사람들의 발길이 많이 오가는 동굴 몇 개에는 지금도 젊은 사람들이 동굴 체험을 많이 한다. 또한 다윗의 리더십을 배우려는 이스라엘 학생들의 현장학습이 자주 이곳에서 진행된다. 동굴이 매우 어두우니 꼭 랜턴이나 스마트폰 앱을 다운 받아 조명을 준비해야 한다.

6. 벧구브린(마레사)

누군가 나에게 "이스라엘에서 헬라와 로마, 비잔틴 시대 문화와 유적을 잘 볼 수 있는 장소가 어디인가?"라고 물으면 단연 벧구브린 지역을 추천한다. 헬라를 대표하는 여러 무덤과 주거지가 있으며, 로마를 대표하는 원형 경기장, 비잔틴 시대의 상업 중심이었던 종동굴, 비둘기 사육장, 올리브기름 짜는 곳이 있기 때문이다.

중앙 산지인 예루살렘에서 남서쪽으로 40km 떨어진 벧구브린은 중앙 산악지대에서 내려오는 총 5개의 골짜기 중의 남쪽 4번째 골짜기인 스바다 골짜기에 있다. 벧구브린은 남쪽에 이집트, 북쪽에 레바논과 시리아, 이스라엘에 중앙 산악지대인 예루살렘과 헤브론 등을 연결하는 중요한 교통의 통로 역할을 하였다.

마레사는 벧구브린에서 남쪽으로 1.5km 떨어진 곳에 위치한다. 현재는 벧구브린과 마레사 지역을 합친 '벧구브린-마레사 국립공원'이 있다.

벧구브린은 출애굽한 이스라엘 백성들이 가나안에 정착하여 머물게 될 때, 유다 지파가 거주한 31개의 성읍 중의 하나로 처음 성경에 언급되었다(수 15:44). BC 920년 이후에는 남유다의 초대왕인 르호보암이 애굽의 왕인 시삭과 치열한 전투 후에 요새를 강화한 성읍 중의 하나로 알려져 있다(대하 11:5~8). 그리고 남유다 왕국의 아사왕은 구스 사람 세라와 스바다 골짜기에서 싸워 승리하였다(대하 14:9~15).

이곳은 BC 586년이 전환점인데, 그때는 예루살렘에 있던 1차 성전이 바벨론에게 점령당하고 대부분의 이스라엘 사람들이 바벨론에 끌려갔던 때다. 당시 주인이 없이 비어있던 이 쉐펠라 지역과 남유다 지역으로 요르단 남쪽 지역에 거주하던 에돔 사람들이 거주지를 옮겨 정착하게 되었다. AD 4세기경에는 이스라엘 북쪽의 시돈 지역과 그리스 지역 사람들도 이곳에 정착하게 되면서 이 지역은 문화와 경제의 중심지로 발전하게 되었다.

벧구브린은 면적이 5천 두남(이스라엘에서의 토지 면적 단위, 1250에이커)에 달하는 엄청난 크기라서 유적을 보기 위해서는 대부분 차를 타고 이동한다. 입구에서 약 500m를 직진하여 전면에 가면 일명 '콜롬바리움 Columbarium'이라 하는 동굴로 된 대규모 비둘기 사육장이 있다. 이스라엘 사람들은 비둘기를 여러모로 사용했다. 익히 알고 있듯이 전령의 역할이 있으며, 성전에 번제물로도 사용했다. 우리에게는 익숙하지 않지만 이들은 비둘기를 보양 음식으로 먹기도 하였다.

주변에는 올리브기름 방앗간과 헬라 시대를 중심으로 한 주거지와 지하 건물들이 넓게 자리 잡고 있다. 또한 근처에 BC 3세기경으로 추정되는 시돈 공동체의 무덤이 있는데, 당시의 장례문화를 비롯하여, 예술, 신화적 요소, 동물학에 대한 이해 등을 알 수 있다.

마지막 추천 유적지인 '종동굴 Bell Cave'로 이동해 보자. '종동굴'인 이유는, 상부의 동굴 입구는 좁은데 점점 아래로 내려갈수록 공간이 넓어져 마치 종 모양을 하고 있기 때문이다. 비잔틴 시대와 초기 아랍 시대에 사용되었던 이 종동굴은 원래 연석회석인 백악질 chalky을 캐서 주변에 건축자재로 수출하였다. 이곳은 영화《람보》3편에 주인공 람보가 아프가니스탄 테러리스트의 소굴로 줄을 타고 침투하는 장면의 촬영지로도 알려져 있다. 종동굴은 공명이 잘되어서 찬양을 부르게 되면 더욱 감동이 밀려오는 장소이다.

벧구브린 채석장 전경

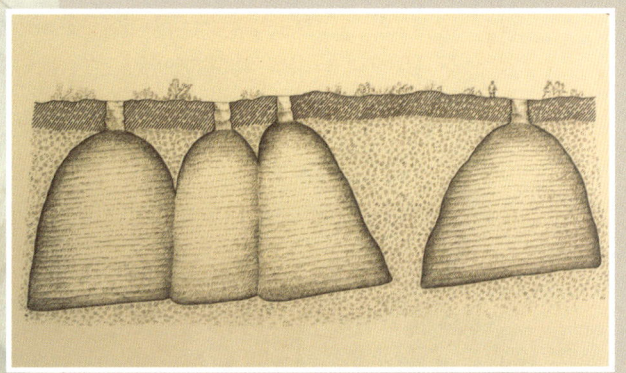

벧구브린 종 동굴 설명도

벧구브린 비둘기 사육장

◀ 벧구브린 종 동굴

7. 라기스

라기스 골짜기는 중앙 산악지대에서 지중해 해안 평야로 내려오는 커다란 5개의 골짜기 중에서 가장 남쪽에 있다. 예루살렘에서 남서쪽으로 약 45km에 위치한 라기스는 예루살렘과 헤브론을 방어하는데 중요한 전진기지였다. 또한 산 정상에서 해안 평야와 유대 산지로 가는 도로를 볼 수 있어서 전략적 요새지였다.

성경에는 여호수아에 대항하기 위해 예루살렘을 중심으로 연합한 곳으로 처음 언급되었다(수 10:3). 이때 여호수아는 하나님의 도우심으로 가나안의 31개 성읍 중 하나였던 라기스를 정복하였고, 이곳을 유다 지파에게 분배하였다(수 15:39). 남유다의 초대왕인 르호보암은 유다 지방의 15개의 성읍을 정비하면서 라기스도 포함시켰다(대하 11:9). 또한 남유다의 왕인 아마샤는 반란을 피해서 라기스에 도피했지만 이곳에서 피살당했다(왕하 14:17~20).

우리에게 가장 잘 알려진 성경의 사건은 히스기야왕 제위 14년에 아시리아의 산헤립왕이 라기스를 먼저 점령하고 후에 예루살렘으로 진격한 사건이다(왕하 18:13~16). 라기스를 점령하지 않고는 예루살렘을 점령하기 쉽지 않다. 먼저 라기스를 철저하게 파괴한 산헤립왕의 이야기는 그 당시 아시리아의 수도였던 니느웨의 산헤립 왕궁에 벽부조로 발견되었다. 이 벽부조는 이스라엘 국립박물관의 고고학관에 모조본이 있다. 진본은 대영 박물관에 소장되어 있는데, 이 부조물은 성경이 역사적 사실이라는 것을 증명하는 것이다.

라기스에서 볼 수 있는 유적으로는 입구 좌측에 있는 여섯 개의 방 구조의 성문과 성을 점령하기 위한 공성탑 그리고 라기스성 중앙에 있는 신전의 일부이다. 특히 이곳 성문 근처에서는 1935년부터 1938년 사이에 '라기스 서신'이 발견되었다. 라기스 서신은 예레미야 선지자 당시인 BC 589년경 라기스 전

초기지로부터 라기스의 지휘관에게 보낸 공문서들이 토기에 기록된 것이다.

8. 브엘세바

'단에서 브엘세바까지'라는 표현이 있듯이(삿 20:1, 삼상 3:20, 왕상 4:25), 브엘세바는 가나안 땅의 남방 한계선이다. 이스라엘에서는 네 번째로 규모가 큰 도시이고, 교통의 요충지이기도 하다.

'브엘세바'는 '일곱 개의 우물' 또는 '맹세의 우물'로 번역된다. '일곱 개의 우물'은 아브라함과 이삭이 땅을 파서 물을 얻었던 일곱 군데의 우물에서 유래된 것이고, '맹세의 우물'은 아브라함과 아비멜렉이 맺은 맹세를 의미하는 것이다(창 21:22~34).

네게브광야의 중심 도시로 고대부터 번영을 누려왔던 브엘세바에는 성경에 의하면 아브라함, 이삭, 야곱이 거주한 적이 있으며, 아브라함의 순종함을 나타냈던 장소이기도 하다.

◉ 텔브엘세바

예루살렘에서 남쪽으로 약 90km 떨어진 해발 약 300m 고원 지역에 텔브엘세바가 위치한다. 아브라함이 에셀나무에서 하나님께 영생을 간구하고 이방인 아비멜렉과의 언약을 통해 하나님의 자비하심을 몸소 실천한 장소가 브엘세바 지역이다(창 21:33).

텔브엘세바 입구에 들어서면 우선 우측 편 약 1.2m의 네 귀퉁이에 뿔 달린 제단을 발견하게 된다. 그건 모조본이고, 진본은 이스라엘 박물관 고고학관에 전시되어 있다. 성지순례를 다니면서 각 현장에서 접했던 성경 상의 유물을 이스라엘 박물관에서 만나게 된다면 이보다 즐거운 것이 없다. 성경과 성지순례는 아는 만큼 보이게 된다.

텔브엘세바의 성문에 가면 입구 맞은편에 오래된 우물이 있는데, 자세히 보면 매우 깊은 것을 알 수 있다. 그 옛날 아브라함과 이삭이 이러한 우물을 파기 위해 노력했던 모습이 아련하게 그려지곤 한다. 물을 얻기 위해 그토록 치열하게 싸웠지만 아브라함은 블레셋의 영주인 아비멜렉과 전쟁을 이제 하지 않겠다며 우물을 앞에 두고 서로 맹세하였다(창 21:30).

또한 브엘세바에서 아브라함은 가장 중요한 선택을 해야만 했다. 사라와 하갈의 갈등이 있을 때 아브라함은 광야에서 하나님의 응답을 받고, 이 브엘세바에서 하갈을 남쪽 바란광야로 보내게 되었다. 이후 하갈과 이스마엘은 넓게는 아랍 민족의 조상이 되었다.

이곳에는 성경에서 중요한 사건이 또 하나 있다. 하나님은 아브라함의 믿음을 보시려고 브엘세바에서 3일 거리에 있는 예루살렘 모리아산에 가서 하나님의 은혜로 100세에 낳았던 이삭을 번제로 드리라고 했다. 이를 순종하여 따르려 하자 하나님의 천사는 아브라함의 믿음을 확인할 수 있었다(창 22장).

지리적으로 볼 때 예루살렘에서 브엘세바는 90km 정도 되고, 고대부터 현대까지 보통 보병의 하루 진격 거리는 30km이다. 성경 말씀에는 "브엘세바에서 예루살렘까지 3일 거리"라고 쓰여 있다. 이는 지리적 사실과 성경 말씀의 일치함, 성경 말씀의 사실성을 보여주고 있는 것이다.

텔브엘세바 내부에는 여러 유적이 남아 있다. 특히 성벽과 성문이 볼만하며, 고대 시장과 같은 스토어 하우스와 물을 저장하는 수로 등도 살펴보면 좋다.

텔브엘세바 제단 안내 표지판

텔브엘세바 제단 모조본
(진본 이스라엘 박물관)

텔브엘쉐바 전경

8장 네게브광야 (말씀의 기억을 찾아가는 길)

"둘째 해 둘째 달 스무날에 구름이 증거의 성막에서 떠오르매
이스라엘 자손이 시내광야에서 출발하여 자기 길을 가더니
바란광야에 구름이 머무니라"

민수기 10장 11절~12절

1. 아브닷

아브닷은 가자에서 브엘세바로 이어지는 고대 사막을 관통하는 무역로인 '향료길' 중심에 있다. 고대 페트라를 중심으로 무역을 하던 나바테아 민족 중의 '오보다 2세' 왕을 신으로 여기면서 이 장소를 '아브닷'이라 불렀다고 한다. 고대 나바테아인들은 사막의 배인 낙타를 이용하여 가자와 아라비아반도 남쪽의 예멘과 인도를 연결하는 약 2천km 이상의 엄청난 사막 길을 이동해서 무역하던 민족이다. 네게브광야에 진정한 주인이라 할 수 있다.

아브닷은 BC 3세기부터 AD 1세기까지 나바테아인들의 주요 거주지였으나, AD 106년에 로마 제국의 침공을 받아 로마의 중요한 군사 기지가 되었고, 5세기에는 큰 지진으로 완전히 무너졌다. 현재는 파괴되었던 유적 터 위에 세워진 비잔틴 시대의 교회 터와 수도원 터, 로마 시대의 거주지와 망대

아브닷 전경

가 일부 남아 있다.

📍 에인 아브닷

지명 중에 '에인'이라는 단어가 있으면 항상 물을 연상하면 된다. 샘이 있는 에인 아브닷에는 벤구리온 부부의 무덤이 입구에 있다. 이스라엘을 건국했던 벤구리온은 아브닷 근처의 30평 남짓한 키부츠의 한 집에서 살았으며 국립묘지에 묻히지 않은 유일한 수상이다.

차를 타고 약 10분 정도 안쪽으로 들어가면 석회암으로 형성된 절경의 절벽과 사막에서 샘이 폭포수로 떨어지는 장면을 목격하게 된다. 이곳에서는 광야에 서식하는 들염소와 조류들도 볼 수 있다. 광야 체험의 최적 장소로 이곳을 강력히 추천한다.

에인 아브닷 전경

에인 아브닷 석회암 지층

에인 아브닷 폭포

2. 맘쉬트

이곳은 가자에서 시작되어 요르단의 페트라, 사우디아라비아반도, 예멘과 인도로 통하는 일명 '향료길'을 통과할 때 거쳐 가야 하는 지역이다. 맘쉬트는 사막이지만 무역의 중심지였기에 세틀먼트 즉 정착지나 여관이 필요한 장소였다. 이런 것은 나바테아인들이 BC 1세기에 잘 정비하였다.

이천 년 전에 나바테아인들은 사막을 통과하는 무역에 익숙했으면서도 농경을 중심으로 하였다. 연간 강우량이 150mm밖에 안 되는 이 지역에서 빗물을 최대한 잘 저장하여 농사를 지었다는 사실이 놀랍다. 또한 이곳은 광야에서 말을 사육하여 나중에는 유명한 아라비아 말$^{\text{Arabian Horse}}$을 기르는 중심 도시가 되었다.

AD 1세기 이후에 로마의 점령지로 변했던 맘쉬트는 AD 6세기 이후부터 오랜 시간 방치되었다가 1981년에 이스라엘 국립공원으로 지정되었다.

총 40두남 정도로 이천 년 전에 제법 규모가 있었음을 알 수 있는 이곳에는 현재 비잔틴 시대의 두 교회 터가 있다.

3. 미츠페라몬

네게브 사막의 중심부에 있다. 미츠페라몬은 바다로 덮여있던 지층이 바다 위로 융기된 후에 화산이 폭발하고, 오랜 세월 풍화와 침식 과정을 거쳐 형성된 높은 분화구들이다. 이 중에 가장 큰 분화구는 길이가 약 38km, 폭이 약 8km이다. 오래된 지층임이 분명하다.

미츠페라몬은 '라몬 전망대'라는 의미이다. 전망대 건물에 가면 신광야의

미츠페라몬 전망대

모습이 넓게 그려진다. 네게브는 약 13,000Km²로 이스라엘 국토의 절반가량을 차지하는 광야로, 신광야, 진광야, 바란광야, 아라바광야 등이 세부적으로 나누어져있다. 이러한 광야 어딘가에서 38년 이상이나 생활한 이스라엘 민족을 생각하면 가슴이 뭉클해진다.

4. 팀나 국립공원

팀나 국립공원에는 다양한 볼거리가 있다. 솔로몬의 구리광산, 풍화작용에 의한 두 개의 버섯 바위, 갈라진 바위틈으로 빗물이 뚫고 들어가 형성된 솔

팀나 국립공원 성막 모형

팀나 국립공원 버섯바위

팀나 국립공원 원형바위

◀ 팀나 국립공원 솔로몬의 기둥

로몬의 기둥, 성막 모형이 있다. 특히 성막 모형은 모세의 장인 이드로가 성막을 지었다고 전해지는 자리에 만든 것으로, 현재 이스라엘에서 재현한 가장 정확한 크기의 성막 모형이다. 성막에 대한 규례를 잘 반영하였기에 성서 연구에 많은 도움이 된다.

이곳에서는 시간을 거슬러 구리와 철이 가장 중요했던 청동기·철기 시대에 온 듯한 착각을 불러일으키는 자연 환경을 만끽하게 된다. 만약 에일랏을 방문할 예정이라면 2~3시간 정도 더 시간을 내서 이곳도 방문해 보자.

5. 에일랏

홍해에 위치한 3천 년 전의 최대 무역항구이다. 지금은 이스라엘 최대의 휴

양도시로, 유럽인들에게 가장 잘 알려진 도시 중의 하나이다. 일 년 내내 더운 여름철 기후이고, 가장 추운 1~2월에도 낮 기온이 약 23도이기 때문이다.

에일랏은 홍해의 아카바만 끝에 있고 이스라엘의 최남단에 있다. 매우 덥고 척박한 땅이었음에도 지리적인 이점으로 고대부터 유향과 몰약의 교역로로 이용되었다. 구약성경에는 '엘바란', '엘시온게벨'로 언급되어 있는데, 출애굽하던 이스라엘 민족은 이곳을 거쳐 요단 건너편으로 이동했다고 한다(민 33:36, 신 2:8). 또한 솔로몬 시대에는 솔로몬왕의 배들이 에시온게벨을 중심으로 오갔으며, 그 후에도 이곳은 남유다 왕국의 중요한 항구이자 상업도시로 언급되었다(열상 9:26, 열하 8:17~18, 열하 20:35~37). 현재는 요르단의 항구도시 아카바와 이집트의 시나이반도와 국경을 접하고 있다.

에일랏은 1948년 이스라엘이 독립했을 때 효자 역할을 했다. 근처 팀나에서 채굴한 구리를 주변 국가에 수출하는 것이 당시의 가장 중요한 수입원이

코랄비치 국립공원 전경

8장 네게브광야

었다. 하지만 1975년 이후에는 관광과 휴양도시로 탈바꿈하였다. 많은 호텔과 관광 인프라를 구축하였으며, 수심이 2km 이상이나 되는 바다의 환경을 구축하였다. 수많은 열대어와 산호초가 많은 이곳의 바다는 전 세계 다이버들의 로망이 되어 있다.

에일랏은 면세 도시라서 약 15% 이상의 물품이 다른 지역보다 저렴한 것이 특징이다.

📍 코랄비치 국립공원

스노클링을 좋아하면 코랄비치 국립공원에 방문하길 추천한다. 이곳은 홍해의 가장 많은 열대어와 산호^{coral}들이 자연적으로 서식하는 것을 스노클링하면서 보는 장소이다. 스노클링 장비를 사전에 구매하면 가장 좋고, 카운터에서 렌트해도 된다.

바다에 들어가서 열대어를 감상할 때는 동작을 최소화해야지 도망가지 않는다. 환경오염 방지와 생태계의 순환을 위해 먹이도 주지 말아야 한다. 다양하게 서식하고 있는 산호도 감상할 수 있는데, 아무리 아름다워도 보호 차원에서 눈으로만 보자.

코랄비치에는 두 개의 다리가 해변에서 바다로 향해 있다. 이 중 우측에 있는 다리에서 전면 약 10m 지점에 있는 '모세의 섬'이라는 산호 바위가 유명하다.

이곳에서 수중 카메라를 들고 인증샷을 찍으면 아마도 이스라엘 순례의 마무리를 하게 되는 느낌이 올 것이다.

📍 홍해 수족관

스노클링을 하지 않고 그냥 눈으로 홍해에서 서식하는 열대어와 산호를

코랄비치 국립공원의 산호 해안

보게 되는 수족관이다. 수족관에는 상어관, 거북이관이 있고, 4차원 체험관, 해저관에서는 바닷속에 들어가서 열대어를 감상할 수 있다. 홍해에 수많은 물고기를 보는 체험이야말로 에일랏에서 누리는 호사이다.

코랄비치 국립공원의 니모 물고기

8장 네게브광야 **293**

③ 이스라엘, 그곳을 알고 싶다

1. 역사 연표

이스라엘		한국사 / 세계사
천지창조, 아브라함 이전(원역사)	태초 ~ BC 3000년경	메소포타미아 문명, 이집트 문명 발생(BC 3000년경)
아브라함 - 이삭 - 야곱 시대	BC 2000년경	황하 문명, 인더스 문명 발생 (BC 2500년경) 한국, 단군 고조선 건국 (BC 2333년)
모세의 출애굽	BC 1280년	바빌로니아, 함무라비 법전 편찬 (BC 1728년경) 중국, 상나라 건국(BC 1600년) 페니키아, 알파벳 사용(BC 1500년경)
여호수아가 가나안 땅을 정복하고 12지파를 세움	BC 1250년	아시리아, 바빌로니아 정복 (BC 1240년경)
군주제 성립. 사울(베냐민족)이 이스라엘의 첫 번째 왕이 됨	BC 1200 ~ 1020년	
다윗(유다족)이 이스라엘의 두 번째 왕이 됨. 다윗이 예루살렘을 수도로 정함(BC 1000년)	BC 1004년	
솔로몬(다윗의 아들)왕 즉위	BC 965년	중국, 주나라 건국(BC 1000년)
솔로몬왕이 예루살렘에 성전 건축	BC 960년	
솔로몬왕이 죽은 후 남북으로 분열되어 이스라엘의 이름을 이어받은 열 부족의 북이스라엘과 유다, 베냐민 두 부족의 남유다 왕국이 세워짐	BC 922년	그리스에 폴리스 형성(BC 900년) 페니키아, 카르타고 건설(BC 814년)
아시리아의 침략으로 북이스라엘의 왕정 몰락	BC 721년	그리스, 올림피아에서 고대 올림픽 대회 개최(BC 776년경) 중국, 춘추 시대 돌입(BC 770년) 한국, 고조선의 발전(BC 770년)

이스라엘		한국사 / 세계사
이스라엘에 유대 왕국의 히스기야왕이 다윗성의 기혼샘으로부터 실로암 못까지 바위 터널을 팜	BC 701년	
바벨론의 느브갓네살왕이 예루살렘 성전을 파괴하고 유대 사람들을 바벨론으로 끌고 감 이때부터 유대민족은 바벨론에서 포로 생활을 시작	BC 586년	아시리아, 오리엔트 통일(BC 671년) 아시리아 멸망(BC 640년) 석가 탄생(BC 600년)
페르시아의 고레스가 바벨론을 정복하고 유대인들이 귀환하기 시작함 스룹바벨을 중심으로 예루살렘 성전을 재건하기 시작	BC 539년	인도, 불교 성립(BC 6세기경) 페르시아, 조로아스터교 성립 (BC 583년경) 중국, 공자 탄생(BC 551년) 페르시아 통일(BC 539년)
성전 완성	BC 520년 ~ 525년	
헬라(그리스)의 알렉산더 대왕이 팔레스타인을 정복 그의 사후 알렉산더의 후계자였던 톨레미 왕들이 팔레스타인(유대 지방)을 다스림	BC 334년	펠로폰네소스 전쟁 (BC 431~BC 404년) 중국, 전국 시대 돌입(BC 403) 중앙 아메리카, 마야 문명 전성 (BC 300년경)
톨레미 왕들을 물리치고 시리아 셀루코스 왕조의 안티오쿠스 3세가 팔레스타인을 다스림	BC 198년	중국, 맹자 탄생(BC 289년) 일본, 야요이 문화 시작(250년경) 중국, 진시황 통일(BC 221년) 중국, 한나라 건국(BC 206년) 중국, 한 건국(BC 202년) 한국, 위만 조선 건국(BC 194년)
안티오쿠스 4세가 성전에서 이방신에게 제사를 지내는 등 성전을 모독	BC 175년	
맛다디와 그의 다섯 아들이 셀루코스 왕들을 물리치고 유대 땅을 다스림	BC 167년	중국, 비단길 개척(BC 139년)

이스라엘		한국사 / 세계사
로마의 폼페이 장군이 팔레스타인을 점령	BC 63년	그리스 멸망(BC 146년) 한국, 위만조선 멸망, 한사군 설치(BC 108년)
로마의 힘에 의지하여 팔레스타인의 분봉왕이 된 헤롯이 BC 4년까지 다스림	BC 39년	한국, 박혁거세 신라 건국(BC 57년)
예수 그리스도가 탄생하고 십자가에서 돌아가심	BC 4년 ~ AD 30년	한국, 주몽 고구려 건국(BC 37년) 한국, 온조 백제 건국(BC 18년)
예루살렘성에서 로마를 향한 유대인들의 폭동이 있었음	AD 66년	로마, 네로 황제 즉위(54년)
로마의 티투스 장군이 유대인들의 반란을 진압하고 예루살렘 성전을 파괴	AD 70년	로마, 네르바가 황제가 되어 5현제 시대 개막(96년) 중국, 후한의 환관 채륜 종이 발명(105년)
두 번째 유대인 폭동이 예루살렘에서 있었음 로마의 황제 히드리아누스 황제가 이 폭동을 진압하고 예루살렘을 "엘리아 카피톨리아"라는 로마의 도시로 만듦	AD 132년 ~ AD 135년	중국, 삼국시대(220년)
콘스탄티누스 황제가 기독교를 로마의 국교로 정함 유대 땅은 비잔틴의 지배 아래로 들어가면서 예루살렘과 팔레스타인에 많은 교회가 세워짐.	AD 313년 ~ AD 634년	사산 왕조 페르시아 성립(227년) 진 중국 통일(280년) 로마 제국, 크리스트 교 공인(밀라노 칙령)(313년) 인도, 굽타 왕조 건국(320년) 한국, 고구려 국립대학인 태학 설치(373년) 로마 제국, 동·서로 분열(395년) 서로마 제국 멸망(476년) 프랑크 족의 클로비스, 프랑크 왕국 건설(481년) 무함마드 메카에서 탄생(570년) 수 중국 통일(589년)

이스라엘		한국사 / 세계사
페르시아 사람들이 팔레스타인을 침범하여 많은 기독교도들을 살해하고 교회를 파괴함	AD 614년	아라비아, 무함마드가 이슬람교 창시(610년) 당 건국(중국 618년) 무함마드 사망(632년)
회교도들이 팔레스타인을 점령하여 예루살렘을 회교의 3대 성지로 삼음 압둘말리크가 예루살렘에 바위돔 세움(691)	AD 638년	사산 왕조 페르시아, 이슬람에 멸망(642년) 한국, 신라 삼국 통일(676년) 한국, 대조영 발해 건국(698년) 당, 탈라스 전투에서 이슬람 군에 패배(751년) 일본, 헤이안 시대 돌입(794년) 한국, 장보고 청해진 설치(828년) 프랑크 왕국 분열(843년) 캄보디아의 앙코르 왕조 성립(890년경) 한국, 견훤 후백제 건국(900년) 한국, 궁예 후고구려 건국(901년) 거란 건국(916년) 한국, 왕건 고려 건국(918년) 한국, 고려 후삼국 통일(936년) 중국, 송 건국(960년) 러시아, 그리스 정교로 개종(987년)
이슬람의 칼리프 하킴이 성묘교회 등 많은 기독교 성전을 파괴하자 로마의 교황 우르반 2세가 무슬림 지배하의 성지 탈환을 위한 최초 십자군 전쟁 선포(1095년) 십자군 전쟁(1096~1270년)	AD 1095년	한국, 천리장성 축조(~1033년) 기독교, 동·서 교회로 분열(로마 가톨릭 교회와 그리스 정교회)(1054년)
십자군이 예루살렘 점령(1099년)	AD 1099년	여진족, 금 건국(1115년) 중국, 금나라가 북송을 멸망시킴(1127년) 한국, 김부식 삼국사기 편찬(1145년) 한국, 무신정변(1170년)
이집트의 회교도 왕자 살라딘이 십자군이 성지 이스라엘에 세웠던 Kingdom of Jerusalem을 물리치고 십자군의 시대를 마감시킴	AD 1187년	한국, 최충헌이 정권 장악, 최씨 무신 정권 수립(1196년) 칭기즈칸이 이슬람 제국 침공 시작(몽골 1219년)

이스라엘		한국사 / 세계사
시리아의 한 부족이 예루살렘을 점거	AD 1244년	한국, 몽고의 침입으로 이후 40년간 전쟁을 치름(1231년)
이집트의 회교도 마멜루크 정권이 팔레스타인의 지중해 해안에 남아 있던 십자군을 격퇴시키고 약 250년 동안 이스라엘의 해안 도시들을 점령	AD 1263년	한국, 삼별초의 대몽 항쟁(1270년) 중국, 원 제국 성립(1271년) 오스만 튀르크 건국(1299년) 영국과 프랑스, 백년 전쟁 (1337~1453년) 한국, 고려 멸망, 조선 건국(1392년) 중국, 명 건국(1368년) 한국, 최영의 왜구 토벌(1376년) 한국, 이성계의 위화도 회군(1388년) 한국, 고려 멸망, 조선 건국(1392년)
몽고족이었던 티무르왕이 팔레스타인을 침공	AD 1400년	중앙 아메리카의 아스텍 문명, 중앙 멕시코 지배(1428년) 남아메리카의 잉카, 안데스 지역 정벌로 제국 성립(1440년경) 한국, 훈민정음 반포(1446년) 오스만 튀르크, 콘스탄티노플 점령(1453년) 영국, 장미 전쟁(1455~1485년) 마야 문명 멸망(1460년경) 일본, 전국 시대 돌입(1467년) 독일, 종교개혁자 마틴 루터 탄생(1483년) 독일, 루터가 로마 가톨릭교 비판, 종교 개혁 시작(1517년) 에스파냐, 멕시코 정복, 아스텍 제국 멸망(1521년) 오스만 제국, 신성 로마 제국의 수도 빈 공격(1529년) 에스파냐의 피사로, 잉카 제국 정복(1533년)
터키의 오스만 제국이 팔레스타인을 정복하여 약 400년 동안 지배	AD 1517년	도요토미 히데요중앙 아메리카의 아스텍 문명, 중앙 멕시코 지배(1428년) 남아메리카의 잉카, 안데스 지역 정벌로 제국 성립(1440년경) 한국, 훈민정음 반포(1446년)

이스라엘	한국사 / 세계사
	오스만 튀르크, 콘스탄티노플 점령(1453년)
영국, 장미 전쟁(1455~1485년)
마야 문명 멸망(1460년경)
일본, 전국 시대 돌입(1467년)
독일, 종교개혁자 마틴 루터 탄생(1483년)
독일, 루터가 로마 가톨릭교 비판, 종교 개혁 시작(1517년)
에스파냐, 멕시코 정복, 아스텍 제국 멸망(1521년)
오스만 제국, 신성 로마 제국의 수도 빈 공격(1529년)
에스파냐의 피사로, 잉카 제국 정복(1533년)
도요토미 히데요시 일본 통일(1590년)
한국, 임진왜란(1592년)
영국, 동인도 회사 설립(1600년)
한국, 허준 동의보감 완성(1610년)
여진족의 누르하치, 후금 건국(1616년)
독일, 30년 전쟁(1618~1648년)
한국, 인조반정(1623년)
한국, 병자호란(1636년)
영국, 청교도 혁명(1642년)
명 멸망, 청이 중국 지배(1644년)
한국, 대동법을 전국적으로 확대 실시(1708년)
영국에서 산업 혁명 시작(1760년경)
미국, 독립 선언(1776년)
한국, 이승훈, 천주교 전도(1784년)
프랑스, 프랑스 혁명, 인권 선언(1789년)
나폴레옹이 이집트 정복(1798년)
한국, 신유박해(1801년)
프랑스의 나폴레옹, 황제 즉위, 법전 제정(1804년)
이집트, 무함마드 알리 집권(1805~1840년)
한국, 루터교 목사 칼 귀츨라프가 처음 한국에 개신교 전파(1832년)
청, 아편 전쟁(~1842년)
프랑스, 2월 혁명(1848년)
오스트리아·독일, 3월 혁명(1848년)

AD 1517년

이스라엘		한국사 / 세계사
	AD 1517년	일본, 메이지 유신(1868) 한국, 서학 금지(1886년) 한국, 최제우 동학 창시(1860년) 미국, 남북 전쟁(1861~1865) 한국, 미국 선교사 언더우드가 참석한 가운데 한국인 14명이 국내 최초의 개신교 교회인 새문안교회 설립(1887년) 한국, 동학 농민 운동, 갑오개혁 실시(1894년) 청·일 전쟁(1894~1895년) 한국, 대한 제국 수립(1897년) 러·일 전쟁(1904~1905년) 한국, 을사조약(1905년) 한국, 한·일 병합(1910년)
	AD 1914년	제1차 세계대전. 우스만 터키가 영국과 프랑스에 대항하여 독일과 연합
세계 1차 세계대전 중에 영국의 알렌비 장군이 팔레스타인을 통치하였으며 이때부터 세계 곳곳에 흩어져 있던 유대인들이 팔레스타인으로 귀향하기 시작	AD 1917년	제1차 세계대전 종식(1918년) 한국, 3·1 운동, 대한민국 임시 정부 수립(1919년) 인도, 간디의 비폭력·무저항 운동(1919년) 프랑스의 시리아 점령(1919년) 미국, 대공황 발생(1929~1932년)
제1차 세계 대전 이후 국제연맹은 영국을 팔레스타인 위임 통치국으로 지정	AD 1922년	일본, 만주사변 일으킴(1931년) 페르시아, 나라 이름을 이란으로 개칭(1935년)
유럽에 거주했던 유대인이 팔레스타인에 이주한 인구가 전체인구의 30%를 차지함	AD 1936년	제2차 세계 대전(~1945년) 한국, 광복군 창설(1940년) 일본, 하와이 진주만 기습 공격(1941년) 한국, 8·15 광복(1945년) 프랑스가 시리아, 레바논에서 철수(1945년) 아랍연맹 창설(1945년)

이스라엘		한국사 / 세계사
영국의 위임 통치가 끝나고 5월 14일 이스라엘 민족협의회가 주축이 되어 유대인들이 팔레스타인들이 살고 있는 땅에 이스라엘 공화국을 세움 제1차 중동전쟁 발발 : 이집트, 시리아, 요르단, 레바논이 연합군을 결성해 다음날인 5월 15일부터 전쟁 시작. 이스라엘의 승리로 유대인들은 영토의 78%와, 예루살렘 절반인 서예루살렘을 점령함. 서예루살렘과 동예루살렘 사이에 있는 도로 '로드 넘버 원'을 따라 이스라엘과 요르단 사이에 휴전선이 그어짐(~1949년): 이스라엘 건국	AD 1948년	한국, 대한민국 정부 수립(1948년) 중국, 중화 인민 공화국 수립(1949년) 한국전쟁 발발. 유엔군 터키에 의해 한국에 최초 이슬람 전파(1950년) 한국, 휴전 협정 조인(1953년)
제2차 중동전쟁 발발	AD 1956년	쿠바 혁명(1957년) 한국, 4.19 혁명(1960년) 한국, 박정희 정부 성립(1963년) 팔레스타인 해방기구 창설(1964년)
제3차 중동전쟁(6일 전쟁) 발발 : 6월 5일 이스라엘은 점령하지 못한 가자 지구와 서안 지구와 동예루살렘을 공격. 이스라엘이 승리함으로 이스라엘은 시나이반도 전체와 골란고원과 요단강의 서안을 점령하게 되었으며, 가자 지구, 서안 지구, 동예루살렘도 이스라엘의 식민통치 아래 놓이게 됨	AD 1967년	아랍 석유 수출국 기구(OPEC) 결성 (1968년) 중국, 문화 대혁명 (1966~1977년) 한국, 새마을 운동 시작(1970년)
제4차 중동전쟁 발발 : 10월 6일 이스라엘과 아랍 국가와의 전쟁이 다시 시작되었고 16일 간의 교전 끝에 휴전	AD 1973년	한국, 박정희 대통령 10월 유신 선포 (1972년) 미국, 1차 석유 파동(1973년) 중국, 개혁개방 시작(1978년)
이집트의 사다트 대통령이 이스라엘을 방문하여 두 나라 간의 평화협정 체결	AD 1979년	소련의 아프가니스탄 침공(1979년) 이라크-이란 전쟁(1980~1988년)

이스라엘		한국사 / 세계사
	AD 1979년	한국, 5.18 민주화 운동(1980년)
시나이반도를 이집트에 반환	AD 1982년	소련, 체르노빌 원자력 발전소 방사능 누출 사고(1986년) 한국, 6월 민주 항쟁(1987년) 팔레스타인, 독립국 선언(1988년)
노르웨이의 오슬로에서 이스라엘과 팔레스타인 해방 기구(PLO)는 요르단 서안지구와 가자 지구에 팔레스타인 자치구역을 마련하여 평화적 협정의 틀을 마련	AD 1993년	한국, 한글 맞춤법 고시, 서울 올림픽 대회 개최(1988년) 독일, 베를린 장벽 무너짐(1989년) 소련 공산주의 몰락(1990년) 중앙아시아의 이슬람 국가들 독립(1990년) 이라크 쿠웨이트 점령(1990) 걸프전 발발 : 연합국 이라크 공격(1991년) 한국, 김영삼 정부 출범(1992년)
헤브론 지역과 요르단 서안 지역으로부터 이스라엘 군이 철수하는 협정을 맺음	AD 1997년	영국, 중국에 홍콩 반환(1997년) 한국, 김대중 정부 출범(1998년)
팔레스타인의 테러에 대비하여 이스라엘 국토에 방어벽을 설치하기 시작	AD 2002년	미국, 9·11 테러(2001년) 한국, 한일 월드컵 대회 개최, 미군 장갑차 여중생 치사 사건(2002년) 브라질, 루이스 이나시우 룰라 다 시우바 취임(2003년) 한국, 노무현 정부 출범(2003년)
가자 지구의 팔레스타인의 테러와 레바논 남부의 헤즈볼라 테러에 대항해 군사적 작전을 시작함	AD 2006년	미국, 서브프라임 모기지 사태 발생(2007년) 프랑스, 니콜라 사르코지 취임(2007년)
가자 지구를 공격	AD 2008년	한국, 이명박 정부 출범(2008년) 미국, 오바마 취임(2008년)
레우벤 리블린 대통령 선출(2014년) 베냐민 네타냐후를 총리로 한 리쿠드당이 정부 출범(2015년)	현재	일본, 후쿠시마 원전 참사(2011년) 미국, 도널드 트럼프 취임(2016년) 한국, 문재인 정부 출범(2017년)

성경 시대, 꼭 알아야 할 제국

1. 애굽(이집트) 제국 : 인류의 4대 문명의 발상지였던 애굽은 이미 BC 2000년 전부터 농사를 짓고 있었다. 애굽은 성경의 창세기에서부터 등장하는 나라다. 하나님께서는 요셉을 애굽의 총리가 되게 하시고 야곱과 가족을 애굽으로 내려가게 하셨다. 이들은 애굽에서 큰 민족을 이룬 후에 다시 가나안으로 돌아오게 되었다. 애굽은 창세기, 출애굽기, 레위기, 민수기, 신명기, 여호수아 등의 성경과 관련이 있다.

2. 앗수르(아시리아) 제국 : 티그리스강 근처 니느웨(니네베)를 수도로 한 아시리아는 BC 900년경부터 점점 강성해졌다. BC 745년부터 제국주의의 면모를 갖추기 시작한 아시리아는 BC 721년 북이스라엘 왕국을 멸망시키고, 남유다 왕국에게 조공을 강요했다. 앗수르 제국은 열왕기하, 역대하 등의 성경과 관련이 있고, 이 시기 활동한 선지자로는 요나, 나훔, 이사야, 아모스, 호세아 등이다.

3. 바벨론 제국 : BC 2000년 직후부터 역사에 기록되었던 바벨론은 이라크의 옛 이름이다. 바벨론은 BC 606년 아시리아를 물리치고, BC 586년 예루살렘을 철저하게 파괴한 후에 유대 민족을 포로로 잡아갔다. '유대인'이라는 말이 이때부터 시작되었다. 바벨론은 각 나라에서 끌어온 사람들을 구분하였는데 남유다 사람들을 유대인이라고 불렀다. 남유다의 구성원이 유다 지파와 베냐민 지파이기 때문이다. 한편 애굽에서는 '히브리인'이라고 불렀으며, '이스라엘'이라는 명칭은 출애굽하면서 아브라함의 자손들이 스스로 부른 것이다. 바벨론 제국은 예레미야, 예레미야애가, 다니엘, 에스겔, 하박국, 스바냐, 열왕기하, 역대하 등의 성경과 관련이 있고, 이때 활동한 선지자로는 예레미야, 에스겔, 다니엘, 오바댜, 요엘, 미가, 나훔, 스바냐, 하박국 등으로 대부분이 남유다 선지자다.

4. 바사(페르시아) 제국 : 일반적으로 아케메네스 왕조의 페르시아를 페르시아 제국이라고 부르지만 서양의 역사학자들은 1935년까지 이란 영토에 있는 여러 제국을 모두 페르시아 제국이라 부른다. BC 539년 바벨론을 멸망시킨 페르시아는 바벨론으로 포로로 잡혀갔던 남유다 사람들을 세 번에 걸쳐 귀환시켰다. 1차 포로귀환은 페르시아의 총독이 된 유대인 스룹바벨의 인도에 의해서고, 2차 포로귀환은 아론의 16대 후손인 왕의 자문 학사 겸 제사장 에스라에 의해서고, 3차 포로귀환은 유대 출신 총독 느헤미야에 의해서다. 페르시아 제국은 다니엘, 학개, 스가랴, 에스더, 에스라, 느헤미야, 말라기, 역대하 등의 성경과 관련이 있고, 이때 활동한 선지자로는 이사야, 학개, 스가랴, 말라기 등이다.

5. 헬라(그리스) 제국 : BC 431년부터 BC 404년까지 있던 '펠로폰네소스 전쟁'에서 스파르타는 아테네를 물리치고 승리했다. 이때 그리스의 여러 도시 국가들이 전쟁의 기술을 발전시키면서 스파르타는 많은 전쟁을 하게 되었다. 마케도니아는 이 틈을 타서 등장한 세력이다. 마케도니아를 세운 왕인 알렉산더는 페르시아 제국을 무너뜨리고, BC 334년 헬라 제국을 역사에 등장시켰다. 헬라 제국과 관련된 성경으로는 아모스, 이사야, 예레미야, 에스겔, 다니엘 등이다. 헬라는 구약의 말라기에서 신약의 마태복음으로 넘어가는 BC 334에서 BC 146까지 400년의 긴 기간에 유대를 지배한 제국이다.

> **6. 로마 제국** : BC 800년경에 로물루스와 레무스 쌍둥이 형제 신화에서 생겨났다. BC 63년 로마의 폼페이는 팔레스타인을 정복했다. 이때 에돔 사람 안티파터가 유대의 통치자로 임명되었고, 그의 아들 헤롯은 BC 37년부터 BC 4년까지 유대를 다스렸다. 이후 여러 헤롯이 등장하게 됨으로 안티파터의 아들을 헤롯 대왕으로 부르게 되었다. 로마는 예수 그리스도 당시 세계를 지배했기에, 마태복음부터 요한계시록까지 신약성경 27권 전체가 로마 제국과 관련되어 있다.

2. 정치와 외교

이스라엘의 정치는 대통령을 수반으로 하는 의회 민주주의를 바탕으로 하고 있으며 정부 형태로는 내각 책임제를 채택하고 있다. 국가는 입법부, 행정부, 사법부 삼권 분립에 의해 운영되고 있다.

◉ 대통령

국가의 원수인 대통령은 국회의 과반수의 지지를 받아 선출된다. 대통령의 임무는 대부분 의례적이고 형식적인 것으로, 일반 선거 후 신내각을 구성하는 절차를 시작하도록 국회에 요청, 국회에서 채택된 법률 및 조약에 서명, 주요 기관장의 임명과 사면 등의 의전적인 행사에 국한된다. 히브리어로 대통령은 '나시^{Nasi}'로 명칭하고, 현재 대통령은 2014년 선출된 레우벤 리블린$^{Reuven\ Rivlin}$이다.

◉ 국회(입법부)

크네셋^{Knesset}이라 불리는 이스라엘의 국회는 4년마다 열리는 일반 선거를 통해 선출된 120명의 의원으로 구성되어 있다. 국회의 주요 임무는 법을 제정하고 정부의 일을 감독하는 것으로, 국회 내에는 경제 위원회, 교육 및 문화 위원회, 금융 위원회, 외무 및 국방 위원회 등 15개의 상임 및 특별 위원회가 있다.

이스라엘은 전국이 하나의 선거구로서 정당별 비례대표제를 채택하고 있다. 그러나 의석 확보를 위한 최소 득표율은 상대적으로 낮아(2%) 많은 정당의 의회 진출이 가능하다. 이스라엘 독립 이후 어느 정당도 국회 과반수 의석을 차지한 적이 없기 때문에 제1당은 여타 중소 규모의 종교, 중도, 진보, 민족, 아랍 정당들과 연립 정권을 세우게 된다.

현재는 베냐민 네타냐후$^{Benyamin\ Netanyahu}$가 총리로, 2015년 3월 18일에 열린 총선 결과 네타냐후가 이끄는 리쿠드$^{Likud,\ 단결}$당이 전체 의석 120석 중 단일 정당으로는 최다인 30석을 확보하여 제1당이 되었다. 리쿠드당의 네타냐후(68) 총리는 1996년 만 46세의 나이로 최연소 총리에 올랐던 강경 보수파 정치인이다. 리쿠드당은 2015년 5월 14일 제34기 정부를 재출범시켰다.

◉ 정부(행정부)

이스라엘 정부는 국가의 안보를 포함한 국내외 관련 업무 등을 담당한다. 정부 내각은 국회와 마찬가지로 4년을 임기로 하며, 정기적으로 각료회의를 가져 자체 업무 및 정책을 결정하게 된다. 총리는 이스라엘 행정부의 수반이다. 따라서 일반 국회의원 선거 직후 대통령은 각 정당 당수들과 협의하여 총리 후보를 선정, 연정 구성권을 부여하게 된다. 동 당수가 연정 구성에 성공하여 구성안을 국회 및 대통령의 승인을 받게 되면 총리직을 시작하게 된다.

◉ 사법부

사법부의 독립은 법으로 보장되어 있으며 법관은 대법원 판사, 법조계 인사 등 각계로 구성된 특별위원회의 추천을 거쳐 대통령이 최종 임명한다. 이스라엘에는 민사 및 경범죄 등을 담당하는 치안재판소, 항소심, 민사 및 형사 관할을 담당하는 지방법원과 상고심 및 정부기관에 대한 청원 심리를 담당하는 대법원 등 3종류의 일반 법원이 있으며, 이외에도 종교, 노동, 군사, 지방자치 단체 등에 관련된 각각의 특별 행정법원이 존재하고 있다.

지방자치

이스라엘에는 2012년 기준 256개의 자치지방단체가 있으며 이들은 건축 허가, 수도 공급, 교육, 도로 관리, 소방, 문화 등의 서비스를 주민들에게 제공하고 있다. 지방선거는 5년 간격으로 실시되며 다음 선거는 2018년 실시될 예정이다.

외교

이스라엘은 161개국과 외교 관계를 맺고, 94개의 대사관을 가지고 있다. 그러나 이슬람 국가와는 적대적이라 이집트, 요르단과만 외교 관계를 맺고 있다. 우리나라와는 1962년 대사 관계를 수립하여 우호적인 관계를 유지하고 있다. 한국이 원유 수급과 건설시장 확보를 위해 아랍 국가와 교류를 하자 잠시 위축되어 1978년 주한 이스라엘 대사관이 철수하였으나, 1992년에 재개설되어 다시 우호적으로 되었다.

3. 경제

이스라엘의 명목 GDP는 2015년 기준 2,989억 달러(약 360조 원)이고, 1

인당 GDP는 35,702달러이다. 실업률은 2015년에는 5.5%였으나 2016년에는 5.3%로 개선되어가고 있다.

이스라엘은 한국과 유사한 것이 많다. 자원이 별로 없고, 사람의 노력에 의한 것이 많고, 수출 위주의 경제다. 이스라엘은 15대 수출품목이 있는데 다이아몬드, 의약품, 과학 장비, 전자부품, 기계 및 장비, 통신장비, 운송장비, 플라스틱 및 고무, 항공기, 광업 및 채석, 금속제품, 전기 모터 및 액세서리, 석유정제, 담배 제품, 컴퓨터이다. 15대 수입품목은 다이아몬드 원석, 석유(원유), 석유(원유제외), 승용차, 휴대전화기, 반도체 장비, 석탄, 전자집적회로, 의약품, 컴퓨터 및 부품, 화물자동차, 플라스틱 원료, 밀, 화학제품, 디스플레이이다.

이스라엘은 선택과 집중을 잘한다. 자기네가 잘하는 건 열심히 잘하고, 그렇지 않은 것은 수입한다. 가장 대표적인 것이 자동차다. 이스라엘은 기술이 뛰어나서 자동차를 충분히 만들 수 있는데, 자동차는 다 수입해서 사용하고 있다. 그래서 이스라엘 사람들은 "우리들은 탱크도 만들고, 전투기도 만들고, 다 만들 수 있는데, 자동차는 인구가 적어서 일부러 안 만든다"고 말한다.

이스라엘은 수출로 돈을 많이 버는 기관 사업이 대여섯 개 있다. 그중 대표적인 게 무기 산업이다. 큰 무기로는 미사일이 있고, 조그만 무기로는 '우지'라는 세계적으로 유명한 기관총이 있다. 최근에는 '다볼'이라는 기관총이 나와서 명성을 얻고 있다. 이스라엘은 여러 번의 전쟁을 치르면서 무기 산업이 발달함과 동시에 군사보안적인 것도 발달했다. 근래에는 방어 시스템인 미사일 '아이언 돔'을 한국에서 배치 고려했으며, 예전에 한국에 연평도 사건이 났을 때는 이스라엘의 '스파이크 미사일'을 수입해서 배치했다.

이스라엘은 금융법과 다이아몬드도 유명하다. 전 세계 금융 자본의 80~90%가 유태인 자본이라고 볼 수 있다. 예전부터 유태인들은 금융업으로 많이 전환했기 때문에, 전 세계 금융업을 좌지우지하고 있다. 다이아몬드 생산은 전 세계 40% 이상을 차지하고 있다. 원석은 남아프리카 공화국이나 인도에서 나온다. 그 다이아몬드가 세공 공장이 많은 이스라엘로 넘어와서 가공되어 재수출되고 있다. 유태인들은 유럽에 있을 때 세공업 쪽에 많이 종사했었다. 정착하다가 쫓겨나서 살아야 했기에 다이아몬드나 현금이 늘 필요했다. 이 때문에 금융과 다이아몬드 산업이 중요한 국가의 기관 산업일 수밖에 없다. 텔아비브에 가면 '부사'라는 센터가 있다. 그곳에 가면 2만여 명의 다이아몬드 관련 일을 하는 사람들이 전 세계 다이아몬드를 분류, 공급, 유통하고 있다.

이스라엘의 주요 산업 중 하나는 관광업이다. 1년에 350만 명 정도의 성지 순례객이 온다. 이스라엘은 국교가 유대교이고 기독교를 박해함에도 불구하고, 기독교의 성지이며, 예수님의 사역과 죽음과 부활이 있는 아이러니한 곳이다.

이스라엘은 이외에도 첨단 IT 기술, 생명 공학, 의료, 특수 산업 등이 발달했다. 미국이나 유럽 쪽에 유태인들이 많이 있는데, 그들과의 연결을 통해서 기업 상장, 인수, 합병 등에서 엄청난 부가가치를 창출하고 있다. 이스라엘에서는 지중해 연안의 도시들을 미국의 실리콘 벨리처럼 '실리콘 와디'라고 한다. 또한 하이파의 하이파대학교, 하이파테크니온공대, 텔아비브의 텔아비브대학교는 이스라엘의 뛰어난 이공계 학생들이 모이는 곳이다. 하이파대학교는 중동의 MIT라고 부른다.

이스라엘은 농업도 선진국이다. 땅이 좋아 다양한 농작물이 있는 지역은 물론이거니와 척박한 남쪽 광야에서도 개간하여 농사를 짓고 있다. 중동은 일반적으로 물이 부족하다. 그래서 대부분 갈릴리호수나 지중해의 물을 담수로 만들어 농사짓는 데 활용하고 있다. 농사를 지을 때는 스프링클러, 물파

이프 등이 잘 되어 있어서 모든 농지에 물을 공급할 수 있도록 시스템화되어 있다. 이스라엘산 여러 농작물은 한국에서도 심심치 않게 보인다. 특히 이스라엘산 자몽은 많이 알려져 있다.

우리나라와는 1994년 문화협력에 관한 협정, 과학 및 기술 협력에 관한 협정을 시작으로 원만한 관계를 유지하고 있다. 한국 대이스라엘 주요 수출 품목은 자동차, 전기제품 등이고, 수입 품목은 집적회로 반도체, 항공기부품 등이다.

이스라엘에서는 한국 차가 많이 보이는데, 한국에서 판매되는 소비자가의 2배 정도이다. 거의 세금이 자동차 가격만큼 붙기 때문이다. 이스라엘은 세금을 이용해서 국방비 등에 써야 하기에 자동차, 기름값 같은 것이 비싸다. 기름값도 한국보다 2배 정도 된다. 휘발유, 경유 다 2천 원이 넘는다. 전체적으로 물가수준이 높은 편이다. 소득이 4만 불 가까이 된다지만 물가가 높아서 삶의 질은 한국보다 검소하게 살 수밖에 없는 구조다. 자동차가 다니는 것도 보면 큰 차가 없다. 20, 30년 된 차들을 한국에서는 폐차하지만, 그런 차들도 이스라엘에서는 중고로 고가에 판매되고 있다. 건조해서 오래 차를 탈 수 있는 환경이지만 물가가 너무 비싸서 오래된 차도 고쳐서 타고 다닌다.

이스라엘의 산업구조를 살펴보면 금융·상업이 26.0%, 정부 서비스가 15.5%, 제조업이 12.8%, 호텔·도소매가 8.9%, 운송·통신이 6.3%, 건설이 4.9%, 농업·어업이 1.7%, 전기·수도가 1.4% 등이다.

4. 교육

이스라엘은 다양한 인종, 종교, 문화, 정치적 배경을 가진 사람들이 함께 살아가는 곳이기에, 민주적이고 다원론적인 사회의 책임 있는 구성원이 될 수 있도록 가르치는 것을 목표로 한다.

6세에서 18세까지 의무 무상 교육으로 이루어지는 이스라엘의 교육은 정규교육과 비정규교육이 있다. 정규교육은 유아교육, 초등교육, 중등교육(중학교와 고등학교)의 3단계로 구성되어 있으며, 학제는 초등학교 6년(1~6학년), 중학교 3년(7~9학년), 고등학교 3년(10~12학년)이다. 비정규교육은 다양한 교육 분야의 사회활동, 청소년 활동, 성인교육 등이 있다.

인종적, 종교적, 문화적, 사회적 다양성으로 인해 이스라엘 교육 시스템은 약간 복잡하면서 독특하다. 다양한 종류의 학교가 있으며, 각 학교는 자기만의 언어, 문화, 종교에 적합하도록 교과 과정을 운영한다. 물론 정통 유대계, 세속 유대계, 종교계, 아랍계, 드루즈계 등의 공통교과과정은 있다.

학교는 가장 크게 히브리어계 교육기관과 아랍어계 교육기관으로 구분된다. 그리고 히브리어계 부문의 공교육 시스템은 공립학교와 공립신학교로 나누어진다. 대부분의 학생은 공립학교에 다니고, 교육과정에서 종교가 차지하는 비율이 더 큰 것을 중시하는 학생들은 공립신학교에 다닌다. 아랍어계에서는 아랍과 드루즈의 역사, 종교, 문화를 중점적으로 지도하는 아랍 및 드루즈 학교, 다양한 종교적, 국제적 지원으로 운영되는 사립학교가 있다.

최근에는 부모들이 교육에 관심이 커지자 특정 집단의 부모와 교육자들의 철학과 신념을 반영한 새로운 학교들이 설립되었다.

이스라엘에는 공학자, 건축가, 도시 계획가의 상당수를 배출한 테크니온대학교, 전 세계의 가장 유수한 학과들 중 하나로 손꼽히는 유대학부를 가진 예루살렘히브리대학교, 물리학, 화학, 수학, 생명과학 연구 분야의 대학원 과정이 널리 인정받고 있는 와이즈만과학연구소, 이스라엘 최대의 대학교인 텔아비브대학교 등이 있다.

부록 성서의 땅 요르단

요르단은 이스라엘 못지않게 성경의 역사를 지니고 있는 나라다. 모세의 여정과 출애굽의 무대이며 과거 유대 왕국 시절부터의 구약성경의 역사를 품고 있다. 신약에서는 세례 요한과 사도바울의 사역 현장이기도 하다.

요르단의 정식 국명은 '요르단 하심 왕국The Hashemite Kingdom of Jordan'이고, 수도는 암만이다. 암만은 요르단의 부촌인데 기독교인들이 많이 살고 있다. 요르단의 기독교인들은 대체로 생활수준이 높은 편이다. 이슬람 국가인 요르단에 기독교인들이 있을 수 있는 것은 헌법에 종교의 자유가 보장된 나라이기 때문이다. 물론 이슬람교가 92%이고 기독교는 8% 정도이다. 하지만 중동 국가 중 가장 개방되어 있어서 국민 각자가 자신이 가진 종교의 예배, 절기, 안식을 다 지킬 수 있다. 정치도 종교의 자유를 인정하고 있어서 4년에 한 번씩 치러지는 국회의원 선거에서 기독교인 중 2석을 의무적으로 선출하고 있다.

요르단은 중동 지역임에도 석유가 나지 않는다. 그리고 세계에서 가장 물이 부족한 국가 중 하나이다. 전국적으로 연평균 강수량이 우리나라는 1,274mm이나 요르단은 280mm에 불과하며, 겨울철 3~4개월에만 비가 내린다. 게다가 70~80%가 증발되고 있어서 사용 가능한 양은 전체의 약 5~8%밖에 안 된다. 물 부족 현상이 심해서 수도인 암만에서조차 일반 가정에는 일주일에 한 번씩 식수가 공급된다. 호텔에서도 물을 아끼기 위해 욕조에 마개를 없앴다.

요르단의 면적은 한국보다 조금 작은 약 92,300km²이다. 하물며 그리 넓지 않은 국토임에도 80%가 사막이다. 위치를 보면 북쪽에 시리아가 있다. 시리아는 성경에 '아람'이라는 나라로 등장한다. 남동쪽에는 사우디아라비아가 있는데, 사우디아라비아는 성경에 '미디안'으로 나온다. 그리고 동쪽으로는 이라크, 서쪽으로는 이스라엘, 그 위에는 레바논이 있다. 요르단의 밑으로는 홍해가 있는데, 홍해 옆으로 이집트가 있다. 이렇게 요르단 주변에는 강성 아랍 국가와 유대 국가인 이스라엘이 있다. 그래서 만약 요르단이 없다면 시리아, 이집트, 사우디아라비아 등의 국가가 바로 이스라엘로 오기 때문에 요르단은 완충 지대 역할을 하고 있다.

요르단의 1인당 명목 GDP는 약 5,600달러로 높지 않은 편이다. 그러나 굉장한 프라이드를 갖고 있는 나라다. 현재 요르단의 국왕인 압둘라 이븐 후세인 2세는 이슬람을 창시한 마호메트의 43대 직계 후손이기 때문이다. 요르단은 외교를 실리적으로 하고 있기에 아랍 국가 중 드물게 이스라엘과 자유왕래가 가능하다. 덕분에 성지순례 하는 분들은 이스라엘과 요르단의 국경을 넘나들 수 있다.

요르단 국경을 보면 2개의 국왕 사진이 있다. 한 사진은 1999년에 서거한 '후세인' 전 국왕의 모습이고, 다른 사진은 현재 국왕의 모습이다. 후세인은 4명의 왕비를 두었는데 그중 영국 출신의 왕비에게서 난 아들 '압달라'가 현재 국왕이 되었다. 요르단은 입헌군주제로 하원, 상원으로 구성된 의회가 헌법에 의존하고 있다. 하지만 모든 실권은 왕이 갖는다.

요르단은 '중동 지역 문화유산 보고'라고 불릴 정도로 훌륭한 관광자원을 보유하고 있다. 페트라, 제라쉬, 사해, 와디럼 등의 관광산업이 중요한 국가 핵심 사업이다. 특히 페트라는 '세계 7대 불가사의' 중 하나로, 페트라 입장료로 벌어들이는 수익이 1인당 명목 GDP의 30% 정도라고 한다.

요르단의 전체 인구는 그리 많지 않다. 2015년 기준 약 815만 명이고, 요르단 남부에 위치한 항구도시 아카바에만 약 19만 명이 살고 있다. 아카바는 요르단에서 단 하나밖에 없는 항만 시설이 들어서 있는데, 아카바(평균해발 고도

109m)를 제외한 다른 곳은 평균해발 800m 고지대이다. 참고로 페트라는 해발 600~1400m이다.

요르단의 특이점은 중동의 22개 국가 중에서 가장 교육열이 높다는 것이다. 초등 6년, 중등 3년, 고등 3년, 대학 4년으로 우리나라와 비슷한 교육 시스템을 갖고 있는데, 고등학교 졸업고사가 있어서 점수가 모자라면 1년 정도 더 공부해야만 한다. 그리고 고등학교까지는 무상교육이며, 고등학교 성적으로 대학을 진학한다.

1. 마다바

요르단고원에 있는 마다바는 암만에서 약 30km 떨어지고, 카락에서 약 85km 떨어진 한국의 작은 읍 정도의 마을이다.

성경에는 '메드바'라는 지명으로 나오는데, 메드바는 '물이 많은 시내'라는 뜻이다. 이곳은 아모리인의 시혼왕이 다스리고 있던 곳이다. 출애굽한 이스라엘 백성이 자신의 영토를 통과하는 것을 못마땅하게 생각한 시혼왕은 이스라엘을 치려고 광야로 나왔다. 시혼왕은 이스라엘과 싸웠으나, 오히려 이스라엘이 승리하여 이 지역을 르우벤 지파에게 분배하였다(민 21:30, 수 13:9~16). 다윗왕 때에는 암몬인의 소유였으며, 다윗왕과 암몬의 싸움으로 메드바는 전쟁터가 되기도 했다(대상 19:1~19). 모압 왕 메사의 명령으로 제작된 '메사의 석비^{Mesha Stela}'에 의하면 메드바는 북이스라엘의 오므리왕과 그의 아들 아합왕 때까지 40년간은 이스라엘에 속했다고 기록되어 있다. 그러나 모압의 메사가 이곳을 탈환하고 재건하였다고 전한다.

마다바는 비잔틴 시대에는 최대의 기독교 도시였다. 로마와 비잔틴 시기에는 모자이크 예술이 전성기였기에, 이때 지어진 교회나 저택의 바닥은 거

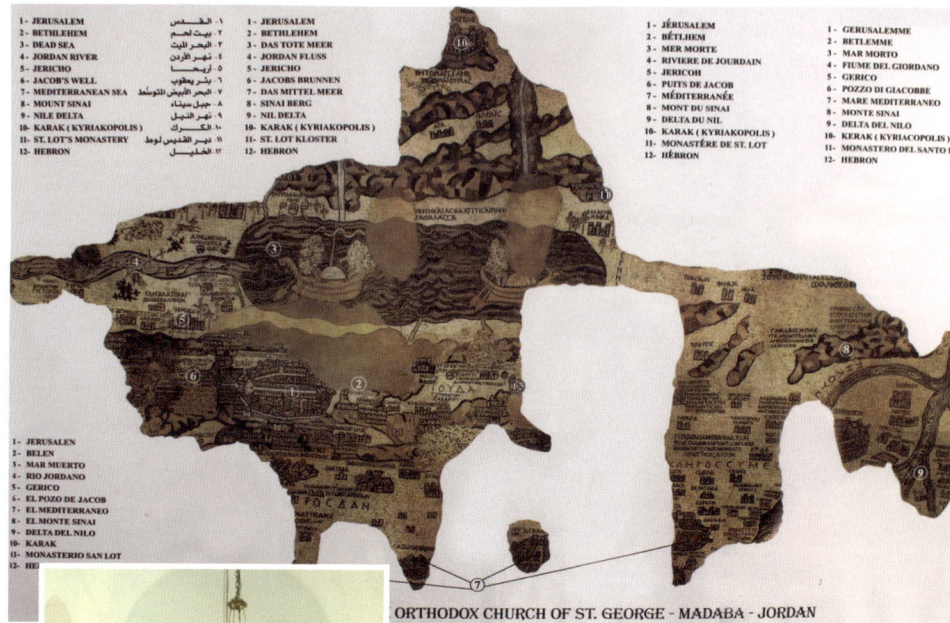

ORTHODOX CHURCH OF ST. GEORGE - MADABA - JORDAN

성조지 교회 별관에 있는 마다바 지도 모형

마다바 성조지 교회

의 모자이크로 장식되었다. 마다바는 모자이크 예술의 중심 도시이기도 해서 뛰어난 장인들이 모여들었다. 덕분에 많은 교회가 세워졌으며, 교회 바닥에는 어김없이 모자이크 거장들의 작품이 남겨졌다. 그중 최고가 그리스 정교회에서 세운 '성조지 교회' 바닥의 '마다바 모자이크 지도'이다.

가로 5.6m, 세로 15.7m의 이 대형지도에는 AD 542년 11월 20일에 봉헌된 예루살렘의 '네아 교회'가 그려져 있다. 그런 것으로 볼 때 이 지도는 유스티니아누스 황제인 AD 527년에서 AD 565년 사이에 만들어진 것으로 추정한다. 지금까지 발견된 성서 지도 중 가장 오래된 지도인 것이다. 당시 모자이크는 자연석을 소재로 만들었기 때문에 견고하고 잘 훼손되지 않는다. 그러나 AD 614년 페르시아의 침략으로 마다바는 파괴되었고, 8세기 중반에 이 지역을 강타한 지진은 도시를 폐허로 만들었다. 마다바는 19세기 말까지 버려진 땅이 되었다.

1880년 초에는 카락에 살던 기독교인 2000여 명이 무슬림의 박해를 피해 아무것도 없었던 마다바로 오게 되었다. 마다바로 이주한 기독교인들은 고대 교회 터 위에 새 성전을 짓기 위해 발굴 작업을 하였다. 그 와중 1887년도에 이 모자이크가 발견되었다. 이 모자이크 지도를 바닥으로 하고 1896년 성 조지 교회가 완공되었다. 현재 교회 바닥에는 모자이크 지도가 있고, 예배를 볼 때는 모자이크 위에 카펫을 깔고 그 위에 서서 한다.

원래 마다바 지도는 가로 7m, 세로 21m의 크기로 약 200만개의 모자이크 조각으로 이루어졌지만 현재는 3분의 2 가량이 훼손되어 150여 군데 기독교 성지만 남아있다. 안타까운 일이지만 그나마 다행인 것은 동편 끝의 약간을 제외하고는 예루살렘 부분이 잘 보존되어 있다는 것이다.

이 지도는 북쪽 레바논의 시돈과 두로, 남쪽 이집트의 델타 지역까지 그려 있다. 희랍어로 기록하고 그림으로 표현했는데 요단강의 모습을 보면 당시에는 물살이 급하고 폭도 상당히 넓었던 것으로 추측된다.

2. 느보산

성경과 관련된 지명이 요르단에는 대략 94개가 된다. 그중에서 로마 가톨릭은 다섯 군데를 중요한 성지로 지정했다. 예수님께서 세례를 받으셨던 '세레터', 세례요한이 순교했던 '마케루스', 엘리야 선지자의 고향 '디셉', 어머

① 모세의 지팡이
② 느보산 모세기념교회
③ 느보산
④ 느보산 기념비

니 마리아상이 눈물을 흘렸다고 하는 '안자라 성당', 그리고 모세가 최후를 맞이했던 '느보산'이다. "벳브올 맞은편 모압 땅에 있는 골짜기에 장사되었고 오늘까지 그의 묻힌 곳을 아는 자가 없느니라"라는 신명기 34장 6절 말씀처럼 모세가 묻힌 곳은 벳브올 맞은편인 느보산의 한 지역으로 보고 있다. 느보산에서 예루살렘까지의 거리는 46km로 가깝다.

이곳은 성경에 '아바린산', '비스가산', '느보산'의 지명으로 나온다. 헷갈릴 수 있는데 '아바린'이라는 산맥에 '비스가'라는 산이 있고, 거기에 '느보'라는 봉우리가 있다고 이해하면 된다. 아랍인들은 느보산을 '사야가'라고 부르는데 '수도원'이라는 뜻이다. 313년 콘스탄티누스 황제의 기독교 공인 이후 어머니 헬레나 황후의 영향으로 이곳 사막에서도 영성 운동이 일어났다. 그러면서 이곳에 수도원과 교회가 세워지기 시작해 40개 정도가 있었다고 한다. 수도사들의 꿈은 모세처럼 죽어서 느보산에 묻히는 것이었다. 느보산에서는 수도사들의 무덤을 막아 놓았던 둥그런 돌문도 볼 수 있다.

느보산에 올라가는 입구에는 2000년에 교황이 방문한 것을 기념해서 비가 세워졌다. 기념비 앞면에는 라틴어로 '하나님은 유일하신 하나님입니다'라는 문구가 있다. 뒷면은 아랍어로 '여러분을 천국의 문으로 초대합니다'라고 적혀있고, 전면을 봤을 때 오른쪽에는 모세와 예수님의 제자와 성인들의 모습이 조각되어 있다.

느보산은 해발 770m 고지에 있지만 버스가 정상까지 간다. 모세기념교회에 들어가기 전에 있는 전망대에서는 날이 맑으면 사해, 예루살렘, 헤브론, 베들레헴, 여리고의 모습까지 보인다. 전망대 옆에는 커다란 놋뱀 십자가가 있다. 놋뱀 십자가는 히스기야왕 때 없어졌으나 1980년 이탈리아 조각가가 만들었다고 한다.

느보산 정상에 모세의 무덤 위에 지었다는 '모세기념교회'는 AD 394년에 처음 세워졌으나, 지진으로 무너지고 다음해에 재건되었다. 597년에는 그 기초 위에 예배당을 다시 완성하면서 마다바의 장인들을 모아 모자이크로 바닥을 치장했다. 안타깝게도 이 교회는 8세기경에 났던 큰 지진으로 또다시 폐허가 되어 잊혀졌다. 프란체스코회 성서연구소는 1933년부터 1976년까지 이곳에서 많은 건축물을 발굴해냈고, 최근에는 지난 9년 동안 리모델링을 해서 2016년 10월에 오픈했다.

3. 암만

'암만'은 구약의 '암몬'에서 나왔다(창 18:30~38). 소돔과 고모라가 멸망을 하자 롯은 두 딸과 함께 소알성 뒷산으로 피신했다. 그곳에서 첫째 딸과의 사이에서 태어난 아들이 '아비의 소생'이라는 '모압'이고, 둘째 딸과의 사이에서 태어난 아들이 '나의 백성의 아들'이라는 의미를 지닌 '벤암미'이다. 그리고 이 벤암미는 암몬 족속의 조상이 되었고, '암몬' 족속이라는 이름이 유래가 되어서 '암만'이라는 도시 이름이 나왔다. 그러나 암몬 족속과 이스라엘 족속은 서로 적대적 관계에 있었다(삿 3:12~30).

암만은 성경에는 '암만 족속의 랍바(신 3:11, 삼하 12:26)', '물들의 성읍 랍바(삼하 12:27)'라는 이름으로 등장한다. '물의 성읍 랍바'라는 이름에서 알 수 있듯이 암만은 얍복강의 근원지이다. 비도 1년에 800mm 정도 내린다. 이렇게 물이 풍부한 곳이기에 이곳에는 고대부터 사람이 살아왔고, 전 세계적으로 농사를 최초로 지은 지역 중의 한 군데가 되었다.

성경의 역사를 보면, 이스라엘이 남과 북으로 분열이 되었을 때 암만은 앗수르가 지배하는 곳이었다. 그 뒤를 이어서는 바벨론이 지배했다. 바벨론이 물러나니 페르시아가 등장했고, 페르시아가 물러나니 그리스 제국이 세워지면서 알렉산더 대왕이 이곳을 점령하였다. 알렉산더 대왕이 죽고 나자 그의 부하 네 명은 땅을 나눠 가졌는데, 이 지역은 '프톨레미'라는 부하가 차지하게 되었다. BC 259년에 프톨레미 2세는 자기가 태어난 고향 '필라델푸스'의 이름을 따서 이곳을 '필라델피아'라고 불렀다.

이곳은 AD 4세기 초에서 7세기 초에는 기독교의 전파로 인해 주교가 있는 중심도시가 되었다. AD 325년의 '니케아 공의회'와 AD 451년의 '칼케돈 공의회'에 대표를 보내기도 하였다. '암만'이라는 지명은 비잔틴 시대가 끝나고 635년에 아랍 사람들이 들어와서 불렀던 이름이다. 그리고 747년에 큰 지진이 나면서 암만은 폐허가 되어 잊혀졌다.

암만이 다시 각광받게 된 것은 1914년 1차 세계대전이 발발하고 나서다. 그때 생긴 난민들은 암만에 있는 수용소에 수용되었다. 이곳은 1946년 요르단이 영국으로부터 독립한 이후 수도가 되었으며 현재는 인구 160만 명이 넘는 요르단 최대의 도시가 되었다.

4. 제라쉬

요르단에서 로마문화의 유적을 보고 배울 수 있는 장소가 있다. 일명 '중동의 폼페이'라고 하는 제라쉬다. 필자는 1995년에 처음 제라쉬를 방문했다. 사전자료가 부족해서 별 기대하지 않고 찾았던 곳인데 유적의 웅장함과 규모에 무척이나 놀랐다.

제라쉬는 성경에는 '데가볼리' 지방으로 표시되어 있다. 데가볼리는 '10개의 헬라식의 도시'를 뜻하는 말로, 제라쉬가 데가볼리의 도시 중의 하나임을

제라쉬

제라쉬 열주대로

하드리아누스 황제의 개선문

◀ 제라쉬 전경

알 수 있다. 한편 요르단에서는 마가복음 5장에 언급된 '거라사인의 땅'을 이곳 '제라쉬'라고 주장하고 있다.

길르앗 산지에 속해 있는 제라쉬는 갈릴리호수에서 약 50km 남동쪽, 암만에서 약 45km 북쪽에 있어 지정학적으로 매우 중요한 위치에 있다고 볼 수 있다. 남북의 '왕의 대로'와 서쪽의 벧산과 연결되는 교통의 요충지였으며, 로마제국에는 동방의 거점으로 번성하게 되었다.

제라쉬 남쪽으로 들어가면 하드리아누스 황제의 개선문을 제일 먼저 보게 된다. AD 129년의 로마 황제 하드리아누스는 유일하게 로마 제국의 식민지였던 이스라엘 지역과 요르단 지역을 방문했다. 이것을 기념하는 개선문이 이곳에 웅장하게 서 있다.

개선문을 지나가면 좌측에 약 15000명을 수용할 수 있는 대전차경주장 유적이 있다. 이스라엘과 요르단을 합쳐서 대전차경주장 유적이 두 군데 남아있는데, 하나는 이스라엘의 가이사랴에 있고, 다른 하나는 이곳 제라쉬에 있다. 이곳에서 북쪽으로 더 들어가면 엄청난 규모의 포럼(다원형 광장)을 보게 된다. 직선 길이 약 90m의 광장에는 어마어마한 규모의 이오니아식 기둥들이 둥글게 세워져 있다. 포럼 좌측에는 약 3천여 석 규모의 로마 원형극장이 세워져 있고, 이곳에서는 현지 직원들이 자주 흥겨운 연주를 한다.

맞은편 약 1.5km 길이의 열주대로를 따라 걸어가 보자. 걸어갈수록 과거로 돌아가는 기분이 든다. 웅장한 돌로 만든 도로, 마차 바퀴 자국, 주변에 대형 기둥과 상점들의 흔적이 있다. 지금도 이곳에서는 현지인들이 가끔 가판 장사를 한다.

이곳에서는 현지 가이드들이 바지 뒷주머니에 숟가락을 차고 다니는 것을 종종 볼 수 있다. '배고파서 얼른 밥 먹으려고 숟가락을 차고 다니나?'라고 생각했는데 용도는 놀랄만했다. 바람에 흔들린다는 몇몇 돌기둥 밑에 숟가락을 넣고 기둥을 힘껏 움직이자 숟가락이 조심스럽게 위아래로 움직였다. 이렇게 위험해 보이는 기둥은 부실 공사나 부식된 것이 아니고, 잦은 지진으로 인한 충격을 최소화하기 위한 고대 건축기술이라 한다.

시간적인 여유가 있다면 제라쉬에 있는 신전터를 둘러보도록 하자. 제우스 신전, 님프 여신전, 아르테미스 신전 등 로마 시대 당시의 수많은 신전이 여기 제라쉬에 모여 있다. 그리고 아르테미스 신전 주변에는 약 14개의 비잔틴 시대 이후의 여러 교회 터가 남아 있다.

5. 아르논 골짜기

미국에 '그랜드 캐니언'이 있다면, 요르단에는 아르논 골짜기가 있다. '아르논'의 뜻은 '격류', '포효하는 강'이라는 뜻이다. 이곳은 협곡을 이루기 때문에 '아르논 골짜기'라 하고, 우기에는 많은 지류가 합류하여 흐르기 때문에 '아르논강'이라고 불리고 있다. 아르논강은 험난한 골짜기와 도로를 끼고 바위산들이 둘러싸여 있는 모압 최대의 강이다.

아르논강은 요단강 동편이 발원지이며 모압과 아모리 사이의 경계지를 흘러 사해로 들어간다(민 21:13~26). 그리고 아르논 골짜기의 길이는 13km 정도 되고, 높이는 1100m에서 400m이다. 이곳은 성경에도 지리적 특성 때문에 '아르논 골짜기', '아르논강', '아르논 가', '아르논' 등으로 언급되었다. 성경의 역사를 보면 모세가 아모리 족속의 두 왕(아모리의 시혼왕과 바산의 옥왕)에게서 이 땅을 빼앗았다(신 3:8). 또한 모압 왕 발락이 출애굽한 이스라엘 백성을 저주하기 위해 발람 선지자를 초청해서 맞이했던 장소를 이곳

으로 추정하고 있다(민 22:36). 이사야 선지자와 예레미야 선지자는 모압의 멸망을 예언하면서 이곳을 언급하기도 했다(사 16:2, 렘 48:20).

암만에서 '왕의 대로'를 따라 남쪽으로 85km 가면 아르논 골짜기를 보게 되는데, 무척 가파른 경사지이다. 지금은 상류에 큰 댐이 건설되어 있다.

6. 모세의 샘

이곳에는 모세가 지나갔다고 해서 이름 붙은 '와디 무사(모세의 계곡)'와 '아인 무사(모세의 샘)'가 있다. '와디 무사'라는 마을 입구의 3개의 흰색 돔 건물 안에 있는 것이 '모세의 샘'이다.

성경에 의하면, 모세가 이스라엘 백성들을 이끌고 가나안 땅으로 가는 도중 그의 손을 들어 지팡이로 반석을 두 번 치니 물을 얻게 되었다고 한다(민

아르논 골짜기

20:11). 모세의 샘 옆에는 모세가 내리쳤다고 하는 바위가 있다.

'모세의 샘'에서는 1년 내내 샘물이 솟는다. 하지만 이 근처는 풀 한포기 자라지 못하는 황무지이다. 1.5km 떨어진 고대도시 페트라에도 물이 없기에 이곳에 수로를 연결하여 물을 공급받았다고 한다.

모세의 샘

7. 페트라

'바위'라는 뜻의 페트라는 성서에 '셀라'로 기록되어 있다(왕하 14:7, 사 16:1). '셀라'는 히브리어로 '바위'라는 뜻이다. '셀라'는 아브라함의 다른 후손인 에돔족의 수도였다. 에돔은 야곱의 형인 에서의 별칭으로, 야곱에게 장자권을 빼앗기고 셀라에 정착했다.

성경에 의하면 모세가 유대민족을 이끌고 출애굽하여 약속의 땅인 가나안으로 향하던 중 당시 에돔의 수도였던 이곳의 통행 허가를 못 받아 우회하여 느보산으로 갔다고 나온다.

신약 시대에 와서 보면, 사도바울이 사도들을 만나기 위해 예루살렘으로 가지 않고 아라비아로 갔다가 다시 다메섹으로 돌아갔다는 기록이 있다(갈 1:17). '다메섹'은 현재 시리아의 수도 '다마스커스'를 말하며, '아라비아'는 '페트라'인 것으로 추정한다.

암만에서 서남쪽으로 150km, 사해에서 동남쪽으로 75km에 위치한 페트라는 고대 무역로의 중심도시를 잇는 '왕의 대로'를 따라 형성된 곳이다. 페트라에 도시를 세운 민족은 아라비아반도에서 활약한 아랍계 유목민 '나바테아인'이다. 에돔족이 BC 6세기경에 빠져나가자 그 비어있던 곳에 나바테아인이 정착한 것이다. 나바테아인들은 직접 대상무역을 하거나 지나가는 상인들에게 통행세를 받으면서 막대한 소득을 올렸다. 이렇게 BC 1세기부터 AD 1세기까지 아시아와 아프리카 교역의 중심지였던 페트라는 로마의 표적이 되었다. 로마는 AD 106년에 이곳을 점령해서 무역의 중심을 시리아로 바꿔버렸다. 무역로를 잃자 수입원이 끊긴 나바테아인들은 흩어져버렸다. 설상가상으로 6~7세기에 일어난 지진으로 도시는 심한 피해를 보았다. 수자원마저도 고갈되자 사람들은 도시를 떠나버렸다.

페트라 알카즈네

페트라 시크 입구

페트라 로마시대 원형극장

페트라 왕가의 무덤

◀ 페트라 알데이르

꽤 오랜 세월 숨겨졌던 페트라는 스위스 탐험가 부르크하르트^{Burckhardt}가 고대 왕들의 보물이 숨겨져 있다는 소식을 듣고 남쪽으로 내려가다가 1876년에 우연히 발견하였다. 페트라는 '사람이 죽기 전에 꼭 가봐야 할 명소' 중에 한 군데이고, '세계 7대 불가사의'에 들어가고, 1985년에는 '세계문화유산'으로 지정되었다.

어원대로 모든 지역이 바위로 구성된 페트라의 중앙으로 가기 위해서는 절벽으로 둘러싸인 협곡 '시크'를 지나가야 한다. 시크는 지각변동으로 바위산이 갈라져 만들어진 길이다. 시크 입구부터 인공 수로가 있는데, 나바테아인들은 돌을 깎아 빗물이 자연스럽게 흐를 수 있도록 홈을 파서 수로를 만들었다. 이들은 수로, 저수지, 약 200개의 저수조의 물 관리 체계로 도시에 있는 2만여 명의 사람들에게 충분한 물을 공급했다.

빛에 따라 색채가 변하는 붉은 사암의 시크에는 두 사람이 뽀뽀하는 모습의 일명 '키스 바위', 앞에서 보면 코끼리이고 옆에서 보면 물고기 모양의 바위가 나온다. 더 가다 보면 사람 하체와 낙타 발 모양의 조각이 있다. 이렇게 신비로운 시크를 1km 정도 지나면 알카즈네가 바위틈 사이로 빛과 함께 나타난다.

알카즈네는 '보물창고'라는 뜻이다. 베두인들은 알카즈네 제일 위 가운데에 있는 항아리 형태 조각물 안에 보물이 있다고 생각했다. 그러나 보물은 어디에도 없었고 오히려 알카즈네 내부에는 특별할 것 없이 텅 빈 방만 3개 있었다. 알카즈네의 용도는 학자들 간에 여러 의견이 있었지만 대체로 나바테아 왕 아테라스 3세의 무덤으로 추정하고 있다.

알카즈네는 위에서부터 조각해서 내려왔다. 여러 양식으로 만들어졌는데, 우선 위층은 그리스와 로마 양식이다. 기둥 사이에 조각된 사람은 아마존의 댄서로 보고 있다. 아래층의 기둥도 역시 그리스와 로마 양식이다. 아래층 좌

사람 하체와 낙타 발 모양의 조각

우에는 각자 다른 방향을 향해 있는 두 사람이 있는데, 제우스의 두 아들로 보고 있다. 그중 한 명은 천국을 향하고, 다른 한 명은 지옥을 향하고 있다. 중간에는 이집트 양식의 가로로 긴 일곱 개의 잔이 있는데, 그것은 일주일을 상징한다. 그리고 그 위에 서른 개의 꽃 모양은 한 달을 상징한다. 제일 꼭대기의 함 같은 것은 그리스에서는 '톨로스'라고 하는데, 당시에는 무덤을 나타낼 때 그런 모양을 만들어서 사용했다고 한다. 내부로 들어가면 큰 룸이 있고, 세 군데로 들어가는 문이 있다. 방 하나는 제사를 지냈던 장소이고, 가운데와 다른 방 하나는 제사나 장례를 준비했던 장소로 여겨진다.

알카즈네는 영화《인디아나 존스3 - 최후의 성전》의 촬영지로 유명하다. 국내에서는 인기 드라마《미생》마지막 회에서 페트라 야간 신이 나왔다.《미생》촬영을 위한 연출이라고 생각할 수 있으나, 원래 페트라에서는 일주일에 두 번 야간 투어를 한다. 알카즈네까지 수많은 촛불로 밝힌 길은 이국적인 사막의 야경을 멋지게 연출하고 있다. 또한 능숙한 베두인의 피리 연주와 그들의 삶을 알카즈네 앞에서 들으며 절벽 사이로 보이는 밤하늘을 보면 사막의 묘한 매력에 빠지게 된다.

페트라의 하이라이트인 알카즈네는 페트라의 입구이자 출구 역할을 한다. 페트라의 안쪽으로 더 들어가면 알카즈네 말고도 수많은 신전과 무덤이 있다. 고대 도시 페트라의 중심지였던 넓은 광장과 최초의 나바테아인들의 장례식장이었던 것으로 추정되는 야외 원형극장이 있다. 로마군인 무덤, 알카즈네와 비견될 수 있을 정도로 규모가 큰 알데이르, 전망대 등도 있다.

페트라는 현재 20%만 발굴되었을 뿐인데도, 지금의 페트라 유적을 전부 보려면 3일 정도 걸린다.

8. 와디럼

성경에 구체적인 언급은 없으나 이동 경로를 볼 때 모세와 이스라엘 민족이 와디럼을 지나갔을 거라고 많은 사람이 추측한다.

요르단의 붉은 사막 와디럼은 사하라사막처럼 넓게 펼쳐진 모래 언덕이 아니다. 대신 800m 높이의 사암 바위, 협곡, 기암괴석이 절묘하게 어우러진 세계에서 가장 아름다운 사막이다. 동서로는 2km, 남북으로는 130km인 이곳은 자연보호구역으로 지정되었으며, 2011년에는 유네스코 세계유산으로 등록되었다.

와디럼은 영화《아라비아의 로렌스》로 알려지기 시작했다. 이곳에서는 실제로 아랍 독립전쟁이 벌어졌고, 그때 실존인물인 토마스 에드워드 로렌스

(1888~1935)가 이곳에 거주했다. 로렌스 역을 맡은 피터 오툴은《아라비아의 로렌스》로 아카데미 주연상에 후보로 지명되는 등 일약 스타가 되었다.

와디럼은 뛰어나고 이색적인 경치로 인해《아라비아의 로렌스》외에도 스크린에 자주 등장했다.《트랜스포머2》에는 이집트의 피라미드와 요르단의 페트라가 외계인들의 비밀을 간직한 곳으로 나오는데, 거기 나오는 사막이 와디럼이다. 또한 2015년에 큰 히트를 기록한 영화《마션》의 배경 또한 와디럼이다.《마션》의 주인공인 맷 데이먼은 그가 본 가장 대단하고 아름다운 장소 중 하나로 와디럼을 꼽았다. 지구 어디에도 없는 풍경이기에 2000년 작《레드 플래닛》, 2012년 작《프로메테우스》등의 영화에서도 외계 행성의 배경으로 이곳을 촬영했다. 국내에서는 드라마《미생》에서 와디럼과 페트라, 암만이 나와서 익숙하게 된 장소이기도 하다.

와디럼은 일출이나 일몰 전에 지프투어로 경험하는 것이 좋다. 로렌스 계곡,《미생》촬영지, 기암괴석의 바위들을 보면서 붉은 사막의 매력에 빠져보자. 또한 베두인 텐트에서 숙박하며 밤하늘에서 쏟아지는 무수한 별들을 감상해 보자. 잊지 못할 경험이 될 것이다.

와디럼 전경

와디럼 로렌스 계곡

와디럼 버섯바위

와디럼에서 투어 중인 지프차

◀ 와디럼 전경

성서의 현장을 찾아서
이스라엘 성지순례 가이드북

초판 1쇄 2018년 2월 20일
초판 4쇄 2022년 12월 1일

글쓴이   이철규
펴낸이   주상욱
편 집   김수현
디자인   신유민
마케팅   정희원, 정보영, 정진욱

펴낸곳   도서출판 보리별
등 록   2018년 1월 25일 제2009-000248호
주 소   서울시 마포구 성미산로 28길 15, 402호
전 화   02-6673-0421
팩 스   0505-673-0421
이메일   bodhistar@naver.com
유튜브   성지순례TV

ⓒ2018 이철규
ISBN 978-89-966460-8-2 (13910)

• 저작물의 내용을 쓰고자 할 때는 저작자와 출판사의 허락을 받아야 합니다.
• 잘못된 책은 바꾸어 드립니다.

이 도서의 국립중앙도서관 출판사도서목록(CIP)은
서지정보유통지원시스템 홈페이지(http://seoji.nl.go.kr)와
국가자료공동목록시스템(http://www.nl.go.kr/kolisnet)에서 이용하실 수 있습니다.
(CIP제어번호 : CIP2018003575)